BÁSI la Langue espagnole

Sylvie Kourim-Nollet
Professeur agrégée

2e édition

13, rue de l'Odéon 75006 Paris

Références des textes et illustrations
p. 7 : Francesc Vila i Rufas, "Cesc", *No es broma,* Ed. Planeta.
pp. 10, 11 : Herederos de Federico García Lorca.
p. 12 : Rafael Alberti.
p. 14 : Pablo Neruda y herederos de P. Neruda.
p. 17 : *Stock de coque* - pp. 42, 43, 49, 204 : *El tesoro de Rackham el Rojo* - pp. 52, 88, 89, 90, 91, 92, 93, 95, 96, 97, 109, 113, 121, 196 : *El asunto Tornasol* - pp. 55, 56, 57, 58, 67, 70, 72 : *La estrella misteriosa* - Hergé : Art/Casterman, Text/Juventud.
pp. 18, 44, 46, 63, 64, 120, 126, 156, 173 : *Mafalda 2* - pp. 21, 40, 122, 200 : *10 años con Mafalda* - p. 21 : *Mafalda 7* - p. 39 : *Mafalda 4* - pp. 46, 114, 115, 135 : *Mafalda inédita* - pp. 107, 189 : *Déjenme inventar* - Glénat, Quino.
pp. 34, 35, 40, 41, 77, 79, 80, 104 : *El Quijote* - pp. 51, 69, 74, 81, 83, 85, 167, 203 : *El Lazarillo* - Chiqui de la Fuente.
pp. 60, 61, 106 : *Astérix en Hispania* - p. 183 : *Astérix y los godos* -
© 1992 LES ÉDITIONS ALBERT RENÉ/GOSCINNY-UDERZO
pp. 101, 102, 109 : *Etiqueta hoy,* Creative Publishing Concepts, Inc.
pp. 102, 117, 140, 141, 142, 149, 151, 161, 164, 165, 177, 185 : *Guía para jóvenes visitantes,* Instituto de la Juventud, 1990.
p. 111 : Eduardo Mendoza.
pp. 120, 203, 204 : Catherine Faure.
p. 124 : Graphito.
p. 125 : *El País*/Romeu, 1991.
pp. 132, 145 : El Perich.
pp. 143, 154 : *El País.*
p. 147 : *No fumes Quico* - p. 168 : *Oscar* - Ediciones B, J.L. Martín.
p. 161 : Vitruvio.
pp. 163, 170, 201 : Renfe.
p. 176 : Tandem DDB N Madrid.

Nous avons recherché en vain les éditeurs ou les ayants droits de certains textes ou illustrations reproduits dans ce livre. Leurs droits sont réservés aux Éditions Didier.

Maquette couverture et intérieur : Katy Lhaïk et Marie-Christine Favre.
Photocomposition et photogravure : Touraine Compo.

« La loi du 11 mars 1957 n'autorisant, au terme des alinéas 2 et 3 de l'article 41, d'une part, que les copies ou reproductions strictement réservées à l'usage privé du copiste et non destinées à une utilisation collective » et, d'autre part, que les analyses et les courtes citations dans un but d'exemple et d'illustration, « toute représentation ou reproduction intégrale, ou partielle, faite sans le consentement de l'auteur ou de ses ayants droit ou ayants cause, est illicite. » (alinéa 1er de l'article 40) – « Cette représentation ou reproduction, par quelque procédé que ce soit, constituerait donc une contrefaçon sanctionnée par les articles 425 et suivants du Code Pénal. »

© Les Éditions Didier, Paris, 1992   Imprimé en France
ISBN 2-278-03899-0

Ami lecteur,

BÁSICO *a été conçu pour vous apporter, de façon* **simple et agréable**, *tout ce qui pourra vous être* **utile au long de vos études** *d'espagnol :*
— *il vous aidera à améliorer votre langue en vous donnant* **les éléments essentiels pour comprendre et vous exprimer** *(Básico 1).*
— *vous le consulterez pour mieux connaître la géographie, l'histoire, la littérature, les arts, en un mot* **la civilisation** *des pays dont vous étudiez la langue (Básico 2).*
Il sera pour vous un ami fidèle que vous garderez tout au long de votre scolarité : **vous pourrez en tirer profit quel que soit votre niveau.**
Dans BÁSICO 1, les éléments essentiels au bon maniement de la langue sont indiqués en gros caractères, les autres étant imprimés en caractères plus petits. Dans BÁSICO 2, un résumé reprenant les connaissances de base précède chaque chapitre.
Vous pourrez ainsi faire facilement la différence entre ce qui est important et ce qui l'est moins et choisir d'approfondir les sujets qui vous intéressent.

Chaque information — *qu'elle soit linguistique ou de civilisation* — **est toujours replacée dans son contexte** *ce qui vous permettra de mieux la comprendre et* **de faire le lien entre différents cours de l'année d'études :** *si vous n'avez pas conservé vos manuels, vous retrouverez dans ce petit livre les œuvres des écrivains et des artistes que vous aurez appris à aimer grâce à votre professeur et, pendant l'année scolaire, il vous fournira des repères clairs et précis qui vous permettront d'être plus réceptif et actif en classe.*

BÁSICO vous sera d'autant plus précieux que vous l'aurez manié souvent et longtemps, *vous familiarisant ainsi avec lui et en tirant le bénéfice et le plaisir maximum.*
BÁSICO est remis à jour périodiquement car l'actualité change très vite. Si vous avez quitté les bancs de l'école, vous retrouverez dans cet ouvrage de quoi **vous remettre vite à niveau et réactualiser vos connaissances.**
Prenez le temps aussi de **lire attentivement les introductions à chaque volume :** *pour se servir au mieux d'un instrument, il faut savoir comment il fonctionne. Et si vous voulez bien me faire part de vos remarques, envoyez votre lettre chez l'éditeur qui me la transmettra. Je pourrai ainsi améliorer ce BÁSICO que j'ai conçu avec l'aide de mes élèves, de mes enfants, de mes collègues et de lecteurs "naïfs" non-hispanisants, que je remercie ici.*

Sylvie KOURIM

Explication
des symboles employés

♯ : indique un verbe irrégulier. Reportez-vous aux pages 29-31.

[ue] : indique que le verbe diphtongue. La voyelle concernée est imprimée en gras : ex : j**u**gar [ue]. Reportez-vous à la page 23.

[i] : signale un verbe à affaiblissement. La voyelle concernée est imprimée en gras : ex : p**e**dir [i]. Reportez-vous à la page 24.

ø : ce signe indique qu'il n'y a rien, pas d'article ou pas de préposition, contrairement au français :
decidir ø marcharse : *décider de s'en aller.*

(se) : la parenthèse indique
— soit une utilisation facultative :
"reír(se)" : le verbe "reír" *(rire)* peut être ou non pronominal :
La chica rió.
— soit la construction d'un verbe :
"estar (en)" : Pedro está en Madrid.

a/de : cette barre indique une double possibilité :
"irse a/de" : le verbe "irse" peut être suivi de "a" ou de "de" :
Me voy a Madrid : *Je vais à Madrid.*
Me voy de Madrid : *Je m'en vais de Madrid.*

≠ : "le contraire de"
"alegre ≠ triste".

(litt.) : littéralement, au sens propre (par opposition au sens figuré) :
Tomar el pelo : *(litt. prendre les cheveux) se moquer.*

Introduction

On ne peut parler une langue sans connaître un **minimum de vocabulaire et de grammaire :** je propose donc ici ce minimum souhaitable en m'appuyant à la fois sur ce qui est l'espagnol fondamental ("le niveau seuil" : *"el nivel umbral"*) et l'espagnol utilisé en cours.

Deux niveaux de lecture

Un élève acquiert normalement pendant le **premier cycle** les connaissances imprimées en **gros caractères** et pendant le **second cycle** et premières années post-baccalauréat celles qui sont imprimées en **petits caractères**.

Une progression en deux parties

On trouvera dans une **première partie** les mots et tournures générales indispensables au maniement de la langue : il m'a semblé important de ne pas dissocier la grammaire de la situation dans laquelle elle s'exerce, c'est pourquoi les chapitres s'organisent autour des situations de la vie quotidienne ou de la classe. Dans la **seconde partie**, je fournis un **vocabulaire plus spécifique,** réuni lui aussi autour de thèmes généraux.

Un outil efficace et commode

Des conseils simples de méthode pour analyser les différentes sortes de documents généralement étudiés en classe sont contenus dans les chapitres "Analyser et Commenter". En fin de volume, un **appendice** recense tous les mots proposés ainsi que les notions et termes grammaticaux et permet de les retrouver facilement dans leur contexte.

Chacun peut utiliser cette partie linguistique comme bon lui semblera et suivra l'ordre qui lui conviendra le mieux. Rien n'oblige, par exemple, à apprendre un chapitre entier avant de passer au suivant. **Des lectures** suivent chaque chapitre. * signale les exercices faciles (1er cycle), ** ceux d'un niveau plus avancé.

1. Pronunciación y acentuación

Prononciation et accentuation

L'ALPHABET

L'espagnol possède trois consonnes qui lui sont propres : **ch, ll, ñ.**

Attention : lorsque vous chercherez un mot dans le dictionnaire, l'ordre n'est pas tout à fait le même qu'en français : vous trouverez "callar" après "calzón", "niña" après "ningún".

Les lettres sont de genre féminin : *una "a"*.

a (la a)	g (la ge)	m (la eme)	s (la ese)
b (la b)	h (la ache)	n (la ene)	t (la te)
c (la ce)	i (la i)	ñ (la eñe)	u (la u)
ch (la che)	j (la jota)	o (la o)	v (la uve)
d (la de)	k (la ka)	p (la pe)	x (la equis)
e (la e)	l (la ele)	q (la cu)	y (la i griega)
f (la efe)	ll (la elle)	r (la erre)	z (la zeta)

N.B. : Lorsque vous voulez couper un mot en fin de ligne, rr et ll ne peuvent être divisés : pá-rrafo ; maravi-lla.

LA PRONONCIATION

Souvenez-vous que :

1. — toutes les lettres se prononcent, à l'exception de **h toujours muet.**
   la **h**arina, la **a**rena : la syllabe initiale se prononce de façon identique.
   u dans les syllabes **gue** [ge], **gui** [gi], **que** [ke], **qui** [ki].
   la **gui**tarra, *la guitare* : la syllabe initiale se prononce comme en français.

2. — le **b** et le **v** se prononcent de la même façon.
   ¡Viva Bilbao!

3. — la **jota** est un son particulier en espagnol. Il s'articule au fond de la gorge, comme notre "r" parisien,

comme le "h" fortement aspiré ou le "ch" dur allemand.
g + e, g + i se prononcent également ainsi.
   jugar, **j**ardín, **gi**rasol.

4. — le **r** espagnol ne s'articule pas dans la gorge comme en français mais en plaçant la pointe de la langue contre le palais, juste derrière les dents. Il s'articule au même endroit que le "d" et laisse passer l'air en vibrant comme un "l". Le "r" initial et le "rr" s'articulent de la même façon, mais vibrent davantage.
   pe**r**o, pa**r**a, po**r** eso.

5. — le **s** et le **z** ne se prononcent jamais [z] comme dans le nom français "rose" [roz].
Le **s** se prononce [s] comme dans "passer".
   pa**s**ar, de**s**hacer.
Le **z** (ou le **c devant e** ou **i**) se prononce [θ], un peu comme le "th" anglais.
   la rique**z**a, la fuer**z**a.

6. — les **voyelles** conservent toujours le même son, même lorsqu'elles sont suivies d'une nasale : dans le "om" et le "en" de c**om**pr**en**der, vous devez entendre sonner le "m" et le "n" derrière le "o" et le "e" et ne pas nasaliser comme pour le "om" [õ] ou le "en" [ã] français.
   apr**en**der, **an**dar

Il en va de même lorsqu'elles sont suivies de "u" ou de "i/y" : "la c**au**sa" se lit [au] et non [o], "la **rei**na" [ei] et non [e].

7. Comparaison entre les principaux sons français et espagnols.
Un son est caractérisé par son point d'articulation (la région de la bouche où il se prononce), la façon dont il est articulé (suivant que l'on ouvre plus ou moins la bouche) et sa sonorité (suivant que les cordes vocales vibrent — phonème sonore — ou non — phonème sourd —).
Les phonèmes non communs aux deux langues sont indiqués en gras. Les mots en français sont écrits en *italique*.

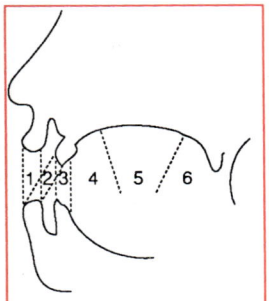

1 - Les bilabiales	4 - Les dentales et alvéolaires
2 - Les labiodentales	5 - Les palatales
3 - L'interdentale	6 - Les vélaires

cf. zone dessin	labiales		dentales		palatales	vélaires
	bilabiales 1	labiodentales 2	interdentales 3	dentales et alvéolaires 4	5	6
occlusives (bouche fermée)	p/b			t/d		k/g
affriquées					č (chimenea)	
fricatives		f/v (valise)	θ (paz)	s/z (rose)	š/ž (chapeau, jouer)	x (jugar)
nasales	m			n	ṇ (niña, grogner)	
vibrantes				r, rr (pero, perro)		r (train, gare)
latérales				l	ḷ (Sevilla)	

voyelles					i ü
					     (mur)
					e oe
					     (fleur)
						u
						(mou, luna)
						o

ouverture maximale					a	

L'ACCENT TONIQUE

1. Il tombe sur **l'avant-dernière syllabe** des mots terminés par une **voyelle** ou par une marque du pluriel (-s pour les noms, -n pour les verbes). **Ces mots sont appelés "llanos"**.
   La mu**cha**cha **be**be.
   Las mu**cha**chas **be**ben.

2. Il tombe sur la **dernière syllabe** des mots terminés par une **consonne** sauf -s et -n (y est une consonne). Ces mots sont appelés "agudos" :
   be**ber**
   la pa**red**
   es**toy**.

3. Il **est écrit lorsqu'il est irrégulier.**
   la **pá**gina
   Pa**pá** es**tá** a**quí**.

N.B. : L'accent écrit peut aussi être un accent grammatical servant à distinguer des catégories grammaticales :

él	pronom		**el** árbol	article
sé	verbe saber		**se** sienta	pr. personnel réfléchi
¡**qué** tiempo!	exclamatif		el tiempo **que** hace	pr. relatif

Les mots exclamatifs et interrogatifs portent toujours un accent écrit.

Te toca a ti

1. Exercices pour prononcer la jota (la syllabe accentuée est en gras).
de**j**a - ba**j**a - hi**j**o - qué o**j**os - **j**uegas - no **j**uego ja**más**.

2. Exercices pour prononcer le r. Pensez "d", prononcez "l".
pato - **pa**lo - **pa**ro - pe**dal** - pe**lad** - pe**ral** - **mi**des - **mi**les - **mi**res - **pu**do - **pu**lo - **pu**ro
para - pa**ró** - es**pe**ra - espe**ró** - **mi**ra - mi**ró** - **o**ra - o**ró** - **cu**ra - cu**ró**
se mori**rá** - lo tira**rí**a - la au**ro**ra
de **pri**sa - lo a**brí** - la en**tra**da - un la**drón** - lo **cre**o
un **to**ro **bra**vo - los o**bre**ros - para a**trás** - i**rá** cre**cien**do - lo logra**rá** - la a**ra**ña **gris**
un **pá**jaro - un gira**sol** - un traje **vie**jo - la **mon**ja **bor**da - **gru**ñe a lo **le**jos - **sie**te **pá**jaros del **pris**ma.

3. Textes d'application.
Attention : **accentuez bien la syllabe tonique (en gras).**

<pre>
* La **mon**ja gi**ta**na.   La nonne gitane
  Si**len**cio de **cal** y **mir**to.   Silence de chaux et de myrte.
  Malvas en las **hier**bas **fi**nas.   Mauves dans les herbes fines.
  La **mon**ja **bor**da alhe**lí**es   La nonne brode des giroflées
  sobre una **te**la pa**ji**za.   Sur une toile couleur de paille.
  Vuelan en la a**ra**ña **gris**   Dans le lustre gris volent
  siete **pá**jaros del **pris**ma.   les sept oiseaux du prisme.
  La i**gle**sia **gru**ñe a lo **le**jos   L'église grogne au loin
  como un **o**so **pan**za a**rri**ba.   comme un ours, le ventre en l'air.
  ¡**Qué** bien **bor**da! ¡Con **qué** **gra**cia! Comme elle brode bien ! Avec quelle grâce !
  Sobre la **te**la pa**ji**za   Sur la toile couleur de paille
  Ella qui**sie**ra bor**dar**   la nonne aimerait broder
  flores de su fanta**sí**a.   des fleurs de sa fantaisie.
  ¡**Qué** gira**sol**! ¡**Qué** mag**no**lia Quel tournesol ! Quel magnolia
  de lente**jue**las y **cin**tas!   de paillettes et de rubans !
     Fede**ri**co Gar**cí**a **Lor**ca.
(Attention : Federico n'a qu'un seul "r".)

** ¿Por **qué** **co**rres U**li**ses?   Pourquoi cours-tu Ulysse ?
   NAU**SI**CA — ¿Por **qué** de**jas**te a   NAUSICA — Pourquoi as-tu quitté
     esas **dos** mu**je**res?   ces deux femmes ?
   ¿A Ca**lyp**so y a **Cir**ce?...   Calypso et Circé ?
   A **qué** se dedi**ca**ban **to**do el **dí**a? Que faisaient-elles dans la journée ?
</pre>

Bueno, el **tiem**po que **tú** les de**j**a**b**as **l**ibre...	*Enfin, pendant le temps libre que tu leur laissais.*
ULISES — A te**j**e**r**.	*Elles tissaient.*
N. — ¿**Có**mo?	*Comment ?*
U. — A te**j**e**r**.	*Elles tissaient.*
N. — Ah, a**h**o**r**a me lo ex**pl**ico. No las de**j**a**b**as satis**f**e**ch**as. Una mu**j**er que le **t**e**j**e un **j**er**s**e**y** a un **h**om**b**re está a **p**un**t**o de de**j**a**r**lo por **o**tro. Te**j**er ocu**p**a las **m**anos, **p**ero **d**e**j**a **l**i**b**re la imagina**ción**...	*Ah, maintenant je comprends tout. Tu les laissais sur leur faim. Une femme qui tricote un pull pour un homme s'apprête à le laisser pour un autre. Tisser, ça occupe les mains, mais pas la tête...*
U. — Pues Pe**né**lope te**j**í**a**. **T**odas las mu**j**eres de mi **v**i**d**a eran **b**ue**n**as te**j**e**d**oras.	*Pourtant, Pénélope tissait. Toutes les femmes de ma vie tissaient.*
N. — ¿A **qué** He**l**ena **no**? (ULISES **n**ie**g**a) ¿Pe**né**lope has **d**i**ch**o? ¿**Quién** es ésa?	*Et Hélène ? Je parierais que non. (Ulysse fait signe que non) Tu as dit Pénélope ? Qui c'est celle-là ?*
U. — Una mu**j**er por la que he de**j**a**d**o a las **o**tras : la **mí**a.	*Une femme pour laquelle j'ai laissé toutes les autres : la mienne.*
N. — Ah, ¿eres ca**s**a**d**o?	*Ah, tu es marié ?*
U. — **Sí**... **E**lla me es**p**e**r**a en **Í**taca.	*Oui... Elle m'attend à Itaque.*
An**t**o**n**io **G**ala	

4. Exercices pour prononcer j - r - rr.
el **mar** - a co**mer** - vas a **ir** - **qué** ca**lor** - al **sur**
un **car**go - se **pier**de - de**c**i**r**lo - **cor**to
el **bar** - el **barr**o - el **mar** - ma**rrón** - ven**cer** - el **cerr**o
ríe - se **rí**e - **ro**jo - un peti**rro**jo - **ra**dio - tu **ra**dio
un **cer**o - un **cerr**o - a**h**o**r**a - a**horr**a - **pa**ra - la **parr**a
el **perr**o **corr**e - ir escaleras a**rr**iba - aprende a ba**rr**er - **pa**ra a**rr**iba - el **pa**ro **r**ural
un **pá**jaro **ro**jo - un **vi**ejo **tr**a**j**e **ro**to - **b**a**j**a **rá**pido **pa**ra **ir** al co**l**e**g**io.

5. Textes d'application.
* La gui**tarr**a

La gui**tarr**a	*La guitare*
Em**p**ie**z**a el **ll**an**t**o de la gui**tarr**a.	*Commencent les larmes de la guitare.*
Se **rom**pen las **co**pas de la madru**g**a**d**a.	*Se brisent les coupes du petit jour.*
Em**p**ie**z**a el **ll**an**t**o de la gui**tarr**a.	*Commencent les larmes de la guitare.*
Es in**ú**til ca**ll**a**r**la. Es impo**s**i**b**le ca**ll**a**r**la.	*Inutile de l'arrêter (la faire taire). Impossible de l'arrêter.*
Llora mo**nó**tona como **llo**ra el **a**gua, como **llo**ra el **vien**to **so**bre la ne**v**a**d**a. Es impo**s**i**b**le ca**ll**a**r**la.	*Elle pleure, monotone, comme pleure l'eau, comme pleure le vent sur la neige. Impossible de l'arrêter.*
Llora por **co**sas le**j**a**n**as.	*Elle pleure pour des choses lointaines.*

Arena del **Sur** ca**lien**te
que **pi**de ca**me**lias **blan**cas.
Llora **fle**cha sin **blan**co,
la **tar**de sin ma**ña**na,
y el pri**mer pá**jaro **muer**to
sobre la **ra**ma.
¡Oh, gui**ta**rra!
Cora**zón** male**ri**do
por **cin**co es**pa**das.
    Federico Gar**cía Lor**ca

Sable du Sud brûlant
qui réclame des camélias blancs.
Elle pleure la flèche sans but,
le soir sans lendemain,
et le premier oiseau mort
sur la branche.
Oh, guitare!
Cœur mortellement blessé
par cinq épées.

** El carre**te**ro

¿Por **qué** me **mi**ras tan **se**rio,
carre**te**ro?
Tienes **cua**tro **mu**las **tor**das,
un ca**ba**llo delan**te**ro,
un **ca**rro de **rue**das **ver**des,
y la carre**te**ra,
toda,
para **ti**,
Carre**te**ro,
¿**Qué más quie**res?
    Ra**fa**el Al**ber**ti

Le charretier

Pourquoi me regardes-tu d'un air si
sombre, charretier?
Tu as quatre mules grises,
un cheval en avant,
une charrette avec des roues vertes,
et la route,
tout entière,
pour toi,
Charretier,
que veux-tu de plus?

6. Exercices pour prononcer s - c/z.
cosa - **pri**sa - **be**so - be**sar** - fai**sán** - me**són**
desembar**car** - desam**pa**ro - di**se**ño - na**sal**
ca**zar** - cora**zón** - cono**cer** - me**cer** - **me**zo - **hi**zo - hi**cie**ron
la **luz** - el **pez** - la **paz** - fu**gaz** - Vera**cruz**
el pece**ci**to - la luce**ci**ta - la organiza**ción**
la lec**ción** - la dic**ción** - la ac**ción** - el diccio**na**rio
desenla**zar** - desmorali**zar** - descen**der** - ascen**sor**
no es **cier**to - po**drás** de**cir** - los sacer**do**tes - necesi**tar** - resuci**tar** - las **co**sas
sen**ci**llas - es ce**lo**so - la **paz** so**cial** - eres cons**cien**te.

7. Exercices pour prononcer les voyelles, g et q.
campo - am**bien**te - ante**rior** - can**ti**na - **cuan**do - represen**tan**te - intere**san**te -
constante**men**te
fai**sán** - **ai**re - ra**íz** - bai**lar** - fre**ír** - **rei**na - de**lei**te - **cau**sa - au**tor** - autori**dad** -
au**ro**ra - au**gus**ta - au**lli**do
agua - guar**dar** - guarni**ción**
guerra - gui**ar** - **quin**ce - qui**tar** - que**rer** - mi que**ri**do Mi**guel**
gene**ral** - **gen**te - **ge**nio - gi**rar** - **má**gico.

8. Textes d'application.
  * El Arqui**tec**to y el Empera**dor** de A**si**ria   L'architecte et l'Empereur d'Assyrie
EMPERADOR — Con lo sen**ci**llo que es.   C'est tellement simple.
A **ver**, re**pi**te.   Allons, répète.
ARQUITECTO — Ascen**sor**.   Ascenseur.
E. — **Lle**vo dos **a**ños en la **Is**la,   Ça fait deux ans que je suis dans cette Île,
dos años **dán**dote lec**cio**nes   deux ans que je te donne des leçons
y a**ún tie**nes **du**das.   et tu hésites encore.
Hu**bie**ras necesi**ta**do   Pour toi, il aurait fallu

PRONUNCIACIÓN Y ACENTUACIÓN 13

que el mis**mí**simo Aris**tó**teles
se dig**na**ra resuci**tar**
para ense**ñar**te
cuánto **su**man dos **si**llas **más dos me**sas.
A. — Ya sé ha**blar,**
¿no es **cier**to?
E. — **Bueno**; por lo **menos**
si un **dí**a **al**guien **cae** en **es**ta **is**la
per**di**da po**drás** de**cir**le **A**ve **Cé**sar.
A. — **Pe**ro hoy me **tie**nes que
ense**ñar...**
E. — **A**hora **mis**mo.
Es**cu**cha **có**mo **can**ta mi **mu**sa
la **có**lera de A**qui**les.
 Fer**nan**do Arra**bal**

*Mi **ca**sa y mi cora**zón**

Si **sal**go un **dí**a a la **vi**da
mi **ca**sa no ten**drá lla**ves :
a**bier**ta **siem**pre a los **hom**bres,
al **sol** y al **ai**re.

Que **en**tren la **no**che y el **dí**a.
Y la **llu**via a**zul.** La **tar**de.
El **ro**jo **pan** de la auro**ra.**
El **cam**po : sus **ver**des **más**tiles.

Que la amis**tad no** de**ten**ga
sus **pa**sos en mis um**bra**les.
Ni la golon**dri**na, el **vue**lo.
Ni el a**mor,** sus **la**bios. **Na**die.

La **ca**sa y el cora**zón**
nunca cerra**dos** : que **pa**sen
los **pá**jaros, los a**mi**gos,
el **sol** y el **ai**re.
 Marcos **A**na

*Gui**ller**mo **Tell tie**ne los **o**jos **tris**tes

UNO — **Tar**dan.
DOS — **Sí.**
UNO — ¿Los ha**brán** sorpren**di**do?
TRES — No **cre**o.
CUATRO —
Ahora han **pues**to **mu**cha vigi**lan**cia
por la **no**che.
CINCO —
Se de**di**can a ca**zar no**vios.
Nadie es**pe**ra **u**na **co**sa **co**mo **és**ta.
TRES —
Cuando les **man**dan asesi**nar** a al**guien,**
lo asesi**nan. Pe**ro es**tán** desmorali-
zados. Les **fal**ta organiza**ción.**
 Al**fon**so·**Sas**tre

qu'Aristote lui-même
veuille bien ressusciter
pour t'apprendre
combien font deux chaises plus deux tables.
Je sais parler,
n'est-ce pas ?
Bon ; au moins
si un jour quelqu'un arrive dans cette île
perdue, tu pourras lui dire Ave Cesar.
Mais aujourd'hui, il faut que tu
m'apprennes...
Tout de suite.
Écoute comme ma muse chante
la colère d'Achille.

Ma maison et mon cœur

Si je retourne un jour à la vie
ma maison n'aura pas de clés :
toujours ouverte aux hommes,
au soleil et au vent.

Qu'y pénètrent la nuit et le jour.
Et la pluie bleue. Le soir.
Le rouge pain de l'aurore.
La campagne : ses mâts verdoyants.

Que l'amitié n'arrête pas
ses pas sur mon seuil.
Ni l'hirondelle, son vol.
Ni l'amour, ses lèvres. Personne.

La maison et le cœur
jamais fermés : qu'entrent
les oiseaux, les amis,
le soleil et le vent.

Guillaume Tell a les yeux tristes

Ils sont en retard.
Oui.
On les a peut-être surpris.
Ça m'étonnerait.

Ces temps-ci, ils ont renforcé
la surveillance de nuit.

Ils passent leur temps à chasser
les amoureux.
Personne ne s'attend à quelque chose
de ce genre.

Quand on leur ordonne d'assassiner
quelqu'un, ils l'assassinent. Mais ils n'ont
plus le moral. Ils manquent d'organisation.

****Can**to Gene**ral**
   Como fai**sa**nes deslum**bran**tes
   descen**dí**an los sacer**do**tes
   de las esca**le**ras az**te**cas...
   Los esca**lo**nes triangu**la**res
   soste**ní**an el innume**ra**ble
   re**lám**pago de las vesti**du**ras.
   Y la pi**rá**mide au**gus**ta
   piedra y **pie**dra, ago**ní**a y **ai**re,
   en su estruc**tu**ra domina**do**ra
   guar**da**ba **co**mo una al**men**dra
   un cora**zón** sacrifi**ca**do.
   En un **true**no como un au**lli**do
   ca**í**a la **san**gre por
   las escali**na**tas sa**gra**das.
      Pablo Neruda

Chant Général
Comme des faisans éblouissants
les prêtres descendaient
les escaliers aztèques...
Les marches triangulaires
soutenaient l'innombrable
éclair des parures.
Et la pyramide auguste
pierre par pierre, air et agonie,
dans sa structure dominatrice
conservait tel une amande
un cœur sacrifié.
Dans un grondement de tonnerre
hurlant le sang dévalait
les gradins sacrés.

***Lle**gan al **mar** de **Mé**xico
  1519 (**mil** qui**nien**tos dieci**nue**ve)
  A Vera**cruz** va el **vien**to ase**si**no.
  En Vera**cruz** desem**bar**can los
  ca**ba**llos.
  Las **bar**cas van apreta**das** de **ga**rras
  y **bar**bas **ro**jas de Cas**ti**lla.
  Son **A**rias, **Re**yes, **Ro**jas,
  Maldo**na**dos,
  hijos del desam**pa**ro caste**lla**no,
  conoce**do**res del **ham**bre en in**vier**no
  y de los **pio**jos en los me**so**nes.
     Pablo Neruda

Ils arrivent à la Mer du Mexique
1519
Sur Veracruz souffle le vent assassin.
A Veracruz ont débarqué
les chevaux.
Sur les barques se pressent griffes
et barbes rousses de Castille.
Ils s'appellent Arias, Reyes, Rojas,
Maldonados,
fils du désarroi castillan,
ils connaissent la faim en hiver
et les poux dans les auberges.

2. Vocabulario y ortografía

Vocabulaire et orthographe

LE VOCABULAIRE

1. L'espagnol, comme le français, est une langue d'origine latine. On retrouve donc des **correspondances entre les deux langues**.

Français	Espagnol	Genre	Exemples
st- sp-, etc.	est- esp-, etc.		es**t**ilo, es**p**ectáculo
f	h		**h**arina, **h**uir
ch	ca		**ca**mino, **ca**misa
au + consonne	al		**al**to, f**al**ta (cf. : cheval, chevaux; chaleur, chaud)
-t- entre deux voyelles, éventuellement à côté d'un "r" ou d'un "l"	-d-		servi**d**or, cruel**d**ad
-c- entre deux voyelles, éventuellement à côté d'un "r" ou d'un "l"	-g-		sa**g**rado
Terminaisons -tion	-ción	Fém.	ac**ción**, crea**ción**
-sion -ssion	-sión	Fém.	dimen**sión**, expre**sión**
-eur	-or	**Masc.**	el cal**or**, el dol**or**
-ment	-mento -miento	Masc.	ele**mento**, movi**miento**
-té	-ad -ez	Fém.	liberta**d**, carida**d** rapid**ez**, arid**ez**
-esse	-ez -eza	Fém.	vej**ez** *(vieillesse)* riqu**eza**, trist**eza**
-aire	-ario		propiet**ario**, destinat**ario**
-if	-ivo		significat**ivo** (notez la forme féminine française en -*ive*)

2. **Les préfixes**
   in- indique une négation, tout comme en français.
   capaz — **in**capaz; moral — **in**moral.
   des- inverse le sens du mot (cf. "dé-" en français : *défaire*).
   hacer — **des**hacer; honra — **des**honra *(déshonneur)*.

Attention : Ces indications peuvent vous aider à découvrir la signification d'un mot inconnu et à acquérir le sens de la langue, mais elles ne vous permettent pas d'inventer le vocabulaire qui vous manque.
Vérifiez toujours dans le dictionnaire les mots dont vous n'êtes pas sûr. Apprenez le genre des substantifs, les verbes irréguliers. N'oubliez pas d'écrire toujours les accents. **Soyez très rigoureux et vous ferez des progrès durables.**

L'ORTHOGRAPHE

1. **Vous ne trouverez jamais en espagnol**

~~qua, quo~~	mais **ca, cua, co, cuo**	la calidad
~~ze, zi~~	mais **ce, ci**	las voces
~~th~~	mais **t**	la teoría
~~ph~~	mais **f**	una foto
~~-ss-, -tt-, -mm-~~, etc.	mais **-s-, -t-, -m-**	pasar, atento.

2. **Les lettres ne sont jamais doublées,** sauf celles qui apparaissent dans le prénom **CaRoLiNe**. Encore convient-il de signaler que :
   * **rr** n'a pas le même son que **r**
     el ca**rr**o es ca**r**o *(La voiture — mexicanisme — est chère).*
   * **ll** n'a pas le même son que **l**
     la **ll**anura *(la plaine)* ≠ la **l**ana *(la laine).*
   * **cc** n'a pas le même son que **c**
     la a**cc**ión : le 1ᵉʳ "c" a le son [k],
     le 2ᵉ "c" a le son interdental [θ] : "ci".
   * Lorsque le **n** est doublé, il s'agit d'un préfixe et on entend très nettement les deux "n" : la i**n-n**ovación.

3. **Le y en espagnol joue un rôle de consonne.** Vous le trouverez :
   * à la fin d'un mot : un re**y**, esto**y**
   * à l'initiale : **y**o, la **y**ema *(le jaune d'œuf)*
   * au milieu d'un mot, après une voyelle, comme initiale d'une syllabe :
     (désinence verbale) : ca-**y**ese *(qu'il tombât),* le-**y**ó *(il lut),* o-**y**endo *(entendant)*
   * vous ne le trouverez **jamais après une consonne** comme dans les mots savants français :
     cycle → ciclo
     type → tipo
     physique → físico

3. La frase

La phrase

L'INTERROGATION

¿**Es usted francesa?**
Notez : – le **point d'interrogation à l'envers** au début de la question.
– l'**inversion du sujet.**

Les mots interrogatifs (adverbes, pronoms, adjectifs) se placent en tête de phrase et portent toujours un **accent écrit.**

¿**Quién?** ¿**Quiénes?** *qui?*
  ¿Quiénes son estos señores? *Qui sont ces messieurs?*
  ¿Con quién hablas? *À qui parles-tu?*

¿**Qué?** *que, quoi*
  ¿Qué quieres? *Que veux-tu?*

¿**Cuál?** ¿**Cuáles?** *quel, lequel (quelle, quels, quelles)?*
  ¿Cuál de los dos te gusta más? *Lequel des deux préfères-tu?*
  ¿Cuáles son sus maletas? *Quelles sont vos valises?*

¿**Cuándo?** *quand?*
  ¿Cuándo llegaste? *Quand es-tu arrivé?*

¿**Dónde?** ¿**Adónde, de dónde, por dónde...?** *Où?*
  ¿Adónde vas? *Où vas-tu?*

¿**Por qué?** *pourquoi?*
  ¿Por qué lo hiciste? *Pourquoi as-tu fait cela?*

¿**Para qué?** *pourquoi, dans quel but?*
  ¿Para qué sirve esta mesa? *À quoi sert cette table?*

¿**Cómo?** *comment?*
  ¿Cómo lo sabes? *Comment le sais-tu?*

¿Cuánto? ¿Cuánto, cuánta, cuántos, cuántas? *combien, combien de?*
   ¿Cuánto vale este coche? *Combien vaut cette voiture?*
   ¿Cuántos hermanos tienes? *Combien de frères as-tu?*

RÉPONDRE

contestar : *répondre*
sí : *oui*   afirmar : *affirmer*
no : *non*   negar (ie) : *nier*
no lo sé : *je ne sais pas* (inf. saber)
quizás, tal vez, puede ser, es posible : *peut-être, c'est possible*
no entiendo : *je ne comprends pas.*
también : *aussi*   tampoco : *non plus*
   Soy feliz ¿y tú? – Yo también : *je suis heureux et toi? – Moi aussi.*
   No soy feliz ¿y tú? – Yo tampoco : *je ne suis pas heureux et toi? – Moi non plus.*

LA NÉGATION

1 seule négation + verbe
Pedro **no está** en casa.

Deux constructions sont souvent possibles :
no + verbe + **nunca**   **nunca** + verbe : *jamais*
No se sabe nunca.   **Nunca se sabe.**
   On ne sait jamais.

no + verbe + **nadie**   **nadie** + verbe : *personne*
No ha venido nadie.   **Nadie ha venido.**
   Personne n'est venu.

no + verbe + **nada**   **nada** + verbe : *rien*
No veo nada.   *Je ne vois rien.*

adjectif + nom : **ningún, ninguna,** *aucun, aucune*
no + verbe + **ningún (a)** + nom
   No se oye **ningún** ruido. *On n'entend aucun bruit.*
ningún (a) + nom + verbe
   Ningún ruido se oye. *On n'entend aucun bruit.*

pronom employé seul : **ninguno, ninguna,** *aucun, aucune*
no + verbe + **ninguno (a)**   **ninguno (a)** + verbe
No rió **ninguno** de ellos.   **Ninguno** de ellos rió.
   Aucun d'entre eux n'a ri.

no + verbe + **tampoco**   **tampoco** + verbe : *non plus*
   Pedro no está en casa. Juan **tampoco** está.
   Pedro no está en casa. Juan **no** está **tampoco**.
   Pierre n'est pas à la maison. Jean non plus.

ni... ni : *ni... ni*
Ni come ni bebe. *Il ne mange ni ne boit.*
ni, ni siquiera : *ne... pas même*
Ni lo sabes tú. *Tu ne le sais même pas toi-même.*

LE RENFORCEMENT DE L'AFFIRMATION

aceptar : *accepter*
afirmar : *affirmer*
ya + verbe, bien + verbe : souvent ne se traduit pas en français ou peut être rendu par "bien".
 ¡A comer! – Ya voy. *À table! – J'arrive (j'y vais).*
Bien lo sabes. *Tu le sais bien.*

sí (que) : renforce plus énergiquement que "ya" ou "bien".
El chocolate sí (que) me gusta. *Le chocolat, oui j'aime ça.*
Eso sí que no. *Ça non! Il n'en est pas question!*

---

* **Lisez et essayez de comprendre.**

Acaban de robar un cuadro en el Museo del Prado. El detective Pepe Rey investiga el caso. Habla con el vigilante.
– ¿Usted estuvo aquí toda la mañana?
– Sí señor.
– ¿Y no vio nada raro?
– No señor. El domingo vino muy poca gente.
– ¿A qué hora se fue a comer?
– A las tres menos veinte o menos cuarto.
– ¿Qué hizo antes de irse?
– Pues estuve mirando las salas para ver si estaban vacías. Luego bajé para cambiarme de ropa y después me fui a mi casa a comer y a ver el partido de fútbol.
– ¿Y su compañero? ¿A qué hora se fue?
– ¿Mi compañero? ¿Cuál?
– Sí, el otro vigilante, el chico joven que también estaba el domingo en esta planta...
– Perdone, señor, pero en esta planta, los domingos no hay ningún otro vigilante.

Loreto DE MIGUEL y Alba SANTOS, *¿Dónde está la marquesa?*,
Edelsa - Edi 6, 1987.

On vient de voler un tableau au musée du Prado à Madrid. Le détective Pepe Rey enquête sur cette affaire. Il parle avec le gardien.
– *Vous avez été là toute la matinée ?*
– *Oui, Monsieur.*
– *Et vous n'avez rien vu de bizarre ?*
– *Non, Monsieur, dimanche dernier (cf. p. 34, emploi de l'article défini), il y a eu très peu de gens.*
– *À quelle heure êtes-vous allé manger ?*
– *À trois heures moins vingt ou moins le quart.*
– *Qu'est-ce que vous avez fait avant de partir ?*
– *Eh bien, j'ai regardé les salles pour voir si elles étaient vides. Ensuite, je suis descendu pour changer de vêtements et après je suis allé chez moi manger et regarder le match de football.*
– *Et votre collègue ? À quelle heure est-il parti ?*
– *Mon collègue ? Lequel ?*
– *Eh bien, l'autre gardien, le jeune homme qui était aussi dimanche à cet étage...*
– *Excusez-moi, Monsieur, mais à cet étage, le dimanche, il n'y a pas d'autre gardien.*

Te toca a ti

* 1. Mettez à la forme négative les phrases suivantes :

1. Hace buen tiempo.
2. Juana es bonita y también es simpática.
3. Estoy contenta.
4. Esta chica siempre sonríe.
5. Alguien me ha llamado.
6. Algún chico te ha llamado.

Vérifiez : 1. No hace buen tiempo. - 2. Juana no es bonita y tampoco es simpática (*ou* : no es simpática tampoco). - 3. No estoy contenta. - 4. Esta chica nunca sonríe (*ou* Esta chica no sonríe nunca). - 5. Nadie me ha llamado (*ou* No me ha llamado nadie). - 6. Ningún chico te ha llamado (*ou* No te ha llamado ningún chico).

* 2. Quelle question a-t-on posée pour obtenir la réponse suivante ?

1. Ha venido Carmen.
2. Llegué a las tres.
3. Fui al cine.
4. Fui al cine con Carmen.
5. Fuimos andando.
6. Tengo tres hermanas.
7. Ésta se llama Eva.

Vérifiez : Avez-vous pensé au point d'interrogation à l'envers au début de la phrase et à l'accent sur le mot interrogatif ?
1. ¿Quién ha venido? - 2. ¿A qué hora llegaste? - 3. ¿Adónde fuiste? - 4. ¿Con quién fuiste al cine? - 5. ¿Cómo fuisteis? - 6. ¿Cuántas hermanas tienes? - 7. ¿Cuál se llama Eva?

4. El verbo

Le verbe

MODE, TEMPS ET PERSONNE

Une forme verbale se compose d'un **radical** et d'une **terminaison,** laquelle indique le mode et le temps, et éventuellement la personne.

RADICAL + | **marque temps-mode** | + **marque personne**

La marque de la personne est la même à tous les temps sauf à l'impératif et au passé simple.

La personne de tutoiement est la 2e personne (singulier et pluriel). **Pour vouvoyer, on emploie la 3e personne (singulier : Usted et pluriel : Ustedes).**

	Tous les temps	Impératif	Passé simple
sing. 1re pers. yo	-		-
2e pers. tú	-s	-	-ste
3e pers. él, ella et pers. politesse : Vd.	-	-	-
plur. 1re pers. nosotros, as	-mos	-mos	-mos
2e pers. vosotros, as	-is	-d	-steis
3e pers. ellos, ellas et pers. politesse : Vdes.	-n	-n	-ron

Il existe trois groupes de conjugaison caractérisés par la terminaison de leur infinitif :

-**AR** : cantar
-**ER** : comer
-**IR** : vivir

Les verbes en **-ar** conservent le **a** caractéristique de l'infinitif dans la plupart des terminaisons, sauf au subjonctif présent.

Les verbes en **-er** et **-ir** conservent une dominante palatale **e, i, ie** dans la plupart des terminaisons, sauf au subjonctif présent et ne se différencient que pour la conjugaison de quelques personnes du présent.

LES TROIS PRÉSENTS

1. La formation du présent de l'indicatif

RADICAL + | marque présent indicatif -AR → a -ER/-IR → e/i | + marque personne

(Pour retrouver le radical, il suffit d'ôter la marque de l'infinitif : cant**ar** → cant- ; com**er** → com- ; viv**ir** → viv-).

-AR			-ER			-IR		
RADICAL	o	–	RADICAL	o	–	RADICAL	o	–
–	a	s	–	e	s	–	e	s
–	a	–	–	e	–	–	e	–
–	a	mos	–	e	mos	–	i	mos
–	á	is	–	é	is	–	í	s
–	a	n	–	e	n	–	e	n

cantar : canto, cantas, canta, cantamos, cantáis, cantan
comer : como, comes, come, comemos, coméis, comen
vivir : vivo, vives, vive, vivimos, vivís, viven.

N.B. : Afin que la consonne finale du radical conserve le même son, on peut être amené à effectuer certaines modifications orthographiques :
coger - cojo ; seguir - sigo ; cocer - cuezo.

2. La formation du présent du subjonctif

Le présent du subjonctif se forme **à partir de la 1re personne du singulier du présent de l'indicatif.**

radical repris de la		marque du subj. présent		marque de la
1re pers. ind. prés.	+	-AR → e -ER/-IR → a	+	personne
cantar → cant**o**		→ cant-		→ cant-e
estar → est**oy**		→ est-		→ est-é
tener → teng**o**		→ teng-		→ teng-a
construir → construy**o**		→ construy-		→ construy-a

-AR			-ER			-IR		
RADICAL	**e**	—	RADICAL	**a**	—	RADICAL	**a**	—
—	**e**	s	—	**a**	s	—	**a**	s
—	**e**	—	—	**a**	—	—	**a**	—
—	**e**	mos	—	**a**	mos	—	**a**	mos
—	**é**	is	—	**á**	is	—	**á**	is
—	**e**	n	—	**a**	n	—	**a**	n

cantar (canto) : que cante, cantes, cante, cantemos, cantéis, canten.
tener (tengo) : que tenga, tengas, tenga, tengamos, tengáis, tengan.
vivir (vivo) : que viva, vivas, viva, vivamos, viváis, vivan.

N.B. : Afin que la consonne finale du radical conserve le même son, on peut être amené à effectuer certaines modifications orthographiques :
pagar : No quiero que pagues tú. *Je ne veux pas que ce soit toi qui payes.*

3. La formation de l'impératif

L'impératif reprend les formes du présent du **subjonctif sauf aux deuxièmes personnes de tutoiement** du singulier et du pluriel ("tú", "vosotros") qui conservent la voyelle de l'infinitif.

Ind. présent		Impératif		Subj. présent
cantas chute du "s"	→	canta		—
—		cante	←	cante
—		cantemos	←	cantemos
—	inf. cantar (r → d) →	cantad		—
—		canten	←	canten

comer : come, coma, comamos, comed, coman.
vivir : vive, viva, vivamos, vivid, vivan.

4. Les verbes à diphtongue

Il y a des verbes dont **la voyelle (o, u, e) du radical se transforme** à certaines personnes du présent, par exemple : p**o**der → p**ue**do.

Lorsqu'une voyelle (o,u,e) reçoit l'accent tonique, on a tendance à la prononcer plus longuement et il peut se produire alors un changement du timbre de cette voyelle : ce phénomène est appelé diphtongaison.

Une diphtongue est la combinaison de deux voyelles en une seule émission de voix : ue, ie. Comme elle ne peut avoir lieu que **sous l'accent tonique,** elle ne se produit qu'à certaines personnes des trois **présents**, tous les autres temps étant normalement accentués sur la terminaison (comparez par exemple avec la conjugaison du verbe français *vouloir* → *je veux, nous voulons*).

u → ue	jugar	j**ue**go	*je joue*
o → ue	contar	c**ue**nto	*je raconte*
e → ie	cerrar	c**ie**rro	*je ferme*

La diphtongue se retrouve souvent dans des formes dérivées du verbe lorsque la syllabe reçoit l'accent tonique : jugar → el juego *(le jeu)*; contar → el cuento *(le conte);* cerrar → el cierre *(la fermeture);* calentar → caliente *(chauffer, chaud)*.

Ind. présent	Impératif	Subj. présent
j**ue**go		j**ue**gue
j**ue**gas	j**ue**ga	j**ue**gues
j**ue**ga	j**ue**gue	j**ue**gue
jugamos	jug**ue**mos	jug**ue**mos
jugáis	jugad	jug**ué**is
j**ue**gan	j**ue**guen	j**ue**guen

5. **Les verbes à affaiblissement :** type **pedir, decir, reír**

Le "e" du radical se ferme en **i** lorsqu'il n'y a pas de "i" accentué à la terminaison.

Ind. présent	Subj. présent
pido	pida
pides	pidas
pide	pida
pedimos	pidamos
pedís	pidáis
piden	pidan

6. **Les verbes à diphtongue et affaiblissement**

Ils combinent les deux particularités :

e → ie   o → ue
e → i   o → u

SENTIR		**DORMIR**	
Ind. prés.	Subj. prés.	Ind. prés.	Subj. prés.
siento	→ sienta	duermo	→ duerma
sientes	sientas	duermes	duermas
siente	sienta	duerme	duerma
sentimos	sintamos	dormimos	durmamos
sentís	sintáis	dormís	durmáis
sienten	sientan	duermen	duerman

LA FORMATION DE L'IMPARFAIT DE L'INDICATIF

RADICAL + marque de l'imparfait + marque de la personne
-AR → -aba -ER/-IR → ía

-AR		-ER -IR	
RADICAL aba	–	RADICAL ía	–
– aba	s	– ía	s
– aba	–	– ía	–
– ába	mos	– ía	mos
– aba	is	– ía	is
– aba	n	– ía	n

N.B. : L'accent tonique tombe toujours sur la 1re syllabe de la terminaison.
cantar : cant**aba**, cant**aba**s, cant**aba**, cant**ába**mos (accent écrit), cant**aba**is, cant**aba**n.
comer : com**ía**, com**ía**s, com**ía**, com**ía**mos, com**ía**is, com**ía**n.
vivir : viv**ía**, viv**ía**s, viv**ía**, viv**ía**mos, viv**ía**is, viv**ía**n.

N.B. : Trois imparfaits ont une formation irrégulière :
IR → iba *(aller);*
SER → era *(être);*
VER → veía *(voir).*
Cependant, les terminaisons (marque de la personne) restent régulières ; il suffit donc de retenir la 1re personne pour savoir décliner toutes les autres : iba, ibas, iba, íbamos, ibais, iban.

LA FORMATION DU FUTUR ET DU CONDITIONNEL

futur : inf. + termin. du présent de l'aux. haber
(h**e**, h**as**, h**a**, h**emos**, hab**éis**, h**an**)

cond. : inf. + termin. de l'imparfait de l'aux. haber
(hab**ía**, hab**ías**, etc.)

	Futur		Conditionnel	
Cantar	é	–	Comer ía	–
	á	s	ía	s
	á	–	ía	–
	e	mos	ía	mos
	é	is	ía	is
	á	n	ía	n

N.B. : L'accent tonique tombe toujours sur la syllabe qui suit l'infinitif.

Certains futurs et conditionnels sont irréguliers : l'irrégularité provient souvent de ce qu'une voyelle ou une syllabe non accentuée de l'infinitif disparaît :
 querer → quer(e)ré → querré
 hacer → ha(ce)ré → haré
Une consonne peut alors apparaître pour faciliter la prononciation :
 venir → ven(i)ré → vendré

Lorsque le futur est irrégulier, le conditionnel présente la même irrégularité : querré → querría, haré → haría, vendré → vendría.
Comme les terminaisons restent régulières, il suffit de retenir la 1re personne du futur pour savoir décliner toutes les autres formes du futur et du conditionnel (voir tableau des irrégularités verbales, pp. 29-31).
En espagnol, pour les verbes ''haber'' et surtout ''querer'', l'imparfait du subjonctif remplace très souvent le conditionnel.
 Quisiera hablarte.
 J'aimerais te parler.

LA FORMATION DU PASSÉ SIMPLE ET DES TEMPS QUI EN DÉRIVENT

1. Le passé simple régulier (le parfait)

RADICAL + marque du passé simple (la marque de la personne est spécifique au passé simple).

-AR		-ER -IR	
RADICAL é –		RADICAL í –	
–	a ste	–	i ste
–	ó –	–	ió –
–	a mos	–	i mos
–	a steis	–	i steis
–	a ron	–	ie ron

cantar : cant**é**, cant**aste**, cant**ó**, cant**amos**, cant**asteis**, cant**aron**.
comer : com**í**, com**iste**, com**ió**, com**imos**, com**isteis**, com**ieron**.
vivir : viv**í**, viv**iste**, viv**ió**, viv**imos**, viv**isteis**, viv**ieron**.
N.B. : L'accent tonique tombe toujours sur la 1re syllabe de la terminaison.

2. Les parfaits forts ou irréguliers

Ils sont irréguliers car **l'accent tonique**, au lieu de tomber sur la terminaison, se trouve, à la 1re et 3e personne du singulier, **sur le radical qui en est modifié**. Ils ne portent donc jamais d'accent écrit sur la finale.

Parfaits en "u"	Parfaits en "i"
estar → **estuve**	decir → **dije**
tener → **tuve**	hacer → **hice**
haber → **hube**	venir → **vine**
poder → **pude**	querer → **quise**
poner → **puse**	
saber → **supe**	
andar → **anduve**	

Pour ces verbes les terminaisons sont :
Radical (tuv) + -e, -iste, -o, -imos, -isteis, -ieron.
Radical (pud) : pude, pudiste, pudo, pudimos, pudisteis, pudieron.
Si le radical se termine par une jota : "j" (dij-e, traj-e, conduj-e), **le "i" de la 3ᵉ personne du pluriel disparaît :**
Radical (traj) + -e, -iste, -o, -imos, -isteis, -eron.
Radical (dij) : dije, dijiste, dijo, dijimos, dijisteis, dijeron.

Les verbes **ser** et **ir** ont le même passé simple :
fui, fuiste, fue, fuimos, fuisteis, fueron.

3. Les imparfaits du subjonctif

Ils sont beaucoup plus employés en espagnol qu'en français (cf. p. 59, concordance des temps).
Ils dérivent de la 3ᵉ personne du pluriel du passé simple : **on remplace -ron par -ra ou -se (indifféremment) et on ajoute la marque de la personne :**

RADICAL 3ᵉ pers. pluriel du p. simple	+	marque temps -ra, -se	+	marque personne

-AR		-ER		-IR	
cant-a-**ron** → cant-	a **ra** —	beb-ie-**ron** → beb-	ie **se** —	sint-ie-**ron** → sint-	ie **ra** —
—	a **ra** s	—	ie **se** s	—	ie **ra** s
—	a **ra** —	—	ie **se** —	—	ie **ra** —
—	á **ra** mos	—	ié **se** mos	—	ié **ra** mos
—	a **ra** is	—	ie **se** is	—	ie **ra** is
—	a **ra** n	—	ie **se** n	—	ie **ra** n

N.B. : Remarquez que l'accent tonique tombe toujours sur la même syllabe (la 1ʳᵉ de la terminaison qui, juste après le radical, reprend la voyelle dominante, de l'infinitif) ; c'est pourquoi il faut ajouter un accent écrit sur la 1ʳᵉ personne du pluriel.
L'imparfait du subjonctif en -ra vient du plus-que-parfait de l'indicatif latin. Il garde parfois ce sens en espagnol :
Cervantes, que naciera en 1547, ... *Cervantes, qui était né en 1547, ...*

LA VALEUR DES MODES

Indicatif Indique une réalité, une certitude	français	Subjonctif Mode du subjectif, de l'éventuel
Busco una casa que tiene un jardín. *(la maison existe)*	gérondif à valeur de déterminatif *(maison ayant)*	Busco una casa que tenga un jardín. *(la maison telle que je la souhaite)*
Se iba al trabajo aunque estaba enfermo. *(il était vraiment malade)* (si bien, a pesar de que) Por más que gasta, siempre le queda dinero. *(il dépense vraiment beaucoup)* (por mucho, por más, por muy + adj., + que)	concession ⇐ bien que même si ⇒ avoir beau	Se iba al trabajo aunque estuviera enfermo. *(il pouvait être ou ne pas être malade. C'est une hypothèse)* (aun cuando, así). Por muy difícil que te parezca, lo conseguirás. *(la difficulté est subjective)* (por mucho, por más, por muy + adj., + que)
Si me toca la lotería, me iré de viaje. *(il est possible que je gagne)* = de tocarme la lotería, me iré...	condition	Si me tocase la lotería, me iría de viaje. *(il est peu probable que je gagne)* = de tocarme la lotería, me iría...
Mamá no está en casa: Habrá ido de compras. A lo mejor ha ido de compras. *(il est fort probable qu'elle fasse des courses, je le considère comme certain)*	⇐ probabilité doute ⇒	Mamá no está en casa: quizás haya ido de compras. *(c'est une hypothèse parmi d'autres tout aussi possibles)* (acaso, tal vez, puede ser que)

LA FORMATION DU GÉRONDIF

Le gérondif est invariable. Il se caractérise par la finale **-ndo**.

-AR → -ando   -ER/-IR → -iendo

Il est souvent employé dans la forme progressive :
está cantando, está comiendo.

N.B. : Pour les verbes à affaiblissement (type : pedir, sentir) le *e* ou le *o* du radical se ferment en *i* et *u* respectivement :
i/u - iendo : p**e**dir → p**i**diendo, m**o**rir → m**u**riendo.

LA FORMATION DU PARTICIPE PASSÉ

Lorsqu'il sert à former un temps composé (passé composé, plus-que-parfait, etc.), **il est invariable** et ne peut **être séparé de l'auxiliaire haber.**
Il se caractérise par la finale **-do**.

-AR → -ado   -ER/-IR → -ido

Has cantado bien.   Habían venido en tren.

LES VERBES IRRÉGULIERS

La formation des temps se faisant toujours de la même façon pour chaque temps, et les marques des personnes étant toujours les mêmes pour chaque personne, il suffit de ne retenir que les formes irrégulières indiquées dans le tableau suivant.

Infinitif	Ind. prés. (→ subj. prés.)	P. simple (→ subj. imparf.)	Futur (→ condit.)	Imparfait	Impératif	Gérondif	P. passé
ANDAR *marcher*	–	anduve	–	–	–	–	–
CAER *tomber*	**caigo**, caes	cayó, cayeron	–	–	–	cayendo	–
DAR *donner*	doy, das **subj. : dé**, des	**di**, diste	–	–	–	–	–
DECIR *dire*	**digo**, dices	**dije**	**diré**	–	di	diciendo	**dicho**
ESTAR *être*	estoy, estás **subj. : esté**	**estuve**	–	–	–	–	–
HABER *auxil.*	he, has, ha, **hemos**, habéis han **subj. : haya**	**hube**	habré habría (=hubiera, Cf. p. 26)	había	haya	habiendo	habido
(HAY) *il y a*	hay **subj. : haya**	**hubo**	habrá	–	–	–	–
HACER *faire*	**hago**, haces	**hice**	haré	–	haz	–	**hecho**
IR *aller*	voy, vas **subj. : vaya**	**fui**, fuiste, fue fuimos, fuisteis, fueron	–	iba	ve	yendo	–
OÍR *entendre*	**oigo**, oyes	oyó, oyeron	–	–	–	oyendo	–

EL VERBO

Infinitif	Ind. prés. (→ subj. prés.)	P. simple (→ subj. imparf.)	Futur (→ condit.)	Imparfait	Impératif	Gérondif	P. passé
PODER *pouvoir*	puedo, puedes	**pude**	podré	–	–	pudiendo	–
PONER *mettre*	**pongo**, pones	**puse**	pondré	–	pon	–	**puesto**
QUERER *vouloir*	quiero	**quise**	querré querría (= quisiera, Cf. p. 26)	–	–	–	–
SABER *savoir*	**sé**, sabes **subj. : sepa**	**supe**	sabré	–	–	–	–
SALIR *sortir*	**salgo**, sales	–	saldré	–	sal	–	–
SER *être*	soy, eres, es somos, sois son **subj. : sea**	**fui**, fuiste fue, fuimos fuisteis, fueron	–	era	sé	–	–
TENER *avoir*	**tengo**, tienes	**tuve**	tendré	–	ten	–	–
TRAER *apporter*	**traigo**, traes	**traje**	–	–	–	trayendo	–
VALER *valoir*	**valgo**, vales	–	valdré	–	val	–	–
VENIR *venir*	**vengo**, vienes	**vine**	vendré	–	ven	viniendo	–
VER *voir*	veo, ves, ve	–	–	veía	–	–	**visto**

EL VERBO 31

Infinitif	Ind. prés. (→ subj. prés.)		P. simple (→ subj. imparf.)	Futur (→ condit.)	Imparfait	Impératif	Gérondif	P. passé
Diphtongue	e → ie (Cf. p. 23) o/u → ue							
CERRAR *fermer*	cierro, cierras subj. : cierre		cerré	cerraré	cerraba	cierra	cerrando	cerrado
Fermeture	e → i (Cf. p. 24)							
PEDIR *demander*	pido, pides subj. : pida		pedí, pidió pidieron	pediré	pedía	pide	pidiendo	pedido
Alternance	e → ie/i (Cf. p. 24) o → ue/u							
DORMIR *dormir*	duermo, duermes subj. : durmamos durmáis		dormí, durmió durmieron	dormiré	dormía	duerme	durmiendo	dormido
Verbes en -ACER, -ECER, -OCER, -UCIR								
CONOCER *connaître*	conozco, conoces		—	—	—	—	—	—
Verbes en -DUCIR								
CONDUCIR *conduire*	conduzco conduces		conduje condujeron	—	—	—	—	—
Verbes en -UIR								
CONSTRUIR *construire*	construyo construyes construimos		construí construyó construyeron	—	—	—	construyendo	—
Verbes en -EER								
CREER *croire*	—	—	creyó creyeron	—	—	—	creyendo	—

EL VERBO

Te toca a ti

* Voici quelques phrases que le Chilien Pablo Neruda, Prix Nobel de Littérature, a écrites pour évoquer son travail de poète (le pronom ''las'' remplace ''las palabras'' : *les mots*)

''Me prosterno ante ellas... Las amo, las persigo, las muerdo... Las agarro al vuelo cuando van zumbando... Las siento cristalinas.''

Je me prosterne devant eux... Je les aime, je les poursuis, je les mords... Je les saisis au vol lorsqu'ils passent en bourdonnant... Je les sens cristallins.

Voici l'infinitif des verbes employés ici par Neruda :
prosternarse, amar, perseguir [i], morder [ue], agarrar, ir #, sentir [ie, i]

1. **Présent de l'indicatif (▶ pp. 22-24)**
   Récrivez ces phrases à la 3ᵉ personne du singulier du présent de l'indicatif en commençant ainsi : ''El poeta se prosterna ante ellas...'' ; puis à la 1ʳᵉ personne du pluriel : ''Los poetas nos prosternamos ante ellas...''

2. **Subjonctif présent (▶ pp. 23-24)**
   2ᵉ personne du singulier : reprenez ces phrases en commençant ainsi : ''Hace falta que *(il faut que)* te prosternes ante ellas...''

3. **Imparfait de l'indicatif (▶ p. 25)**
   3ᵉ personne du singulier : récrivez ces phrases en commençant ainsi : ''Neruda escribía que él se prostern...''

4. **Passé simple (▶ p. 26)**
   1ʳᵉ personne du singulier : ''Me prosterné ante ellas...''
   2ᵉ personne du singulier : ''Te prosternaste ante ellas...''
   3ᵉ personne du singulier : ''Se prosternó ante ellas...''

5. **Imparfait du subjonctif (▶ p. 27)**
   1ʳᵉ personne du pluriel : ''Hizo falta que nos prosternáramos (prosternásemos) ante ellas...''

Vérifiez :

1. Présent de l'indicatif
3ᵉ pers. sing. : ''El poeta se prosterna ante ellas... Las ama, las persigue, las muerde... Las agarra cuando van zumbando... Las siente cristalinas.''
1ʳᵉ pers. plur. : ''Los poetas nos prosternamos ante ellas... Las amamos, las perseguimos, las mordemos... Las agarramos cuando pasan zumbando... Las sentimos cristalinas.''

2. Subjonctif présent
2ᵉ pers. sing. : ''Hace falta que te prosternes ante ellas... Que las ames, las persigas, las muerdas... Que las agarres al vuelo cuando van zumbando... Que las sientas cristalinas.''

3. Imparfait
3ᵉ pers. sing. : ''Neruda escribía que se prosternaba ante ellas... Las amaba, las perseguía, las mordía... Las agarraba al vuelo cuando iban zumbando... Las sentía cristalinas.''

4. Passé simple
1ʳᵉ pers. sing. : ''Me prosterné ante ellas... Las amé, las perseguí, las mordí... Las agarré al vuelo cuando fueron zumbando... Las sentí cristalinas.''
2ᵉ pers. sing. : ''Te prosternaste ante ellas... Las amaste, las perseguiste, las mordiste... Las agarraste al vuelo cuando fueron zumbando... Las sentiste cristalinas.''
3ᵉ pers. sing. : ''Se prosternó ante ellas... Las amó, las persiguió, las mordió... Las agarró al vuelo cuando fueron zumbando... Las sintió cristalinas.''

5. Imparfait du subjonctif
1ʳᵉ pers. du plur. : ''Hizo falta que nos prosternáramos (prosternásemos) ante ellas... Que las amáramos (amásemos), las persiguiéramos (persiguiésemos), las mordiéramos (mordiésemos)... Que las agarráramos (agarrásemos) al vuelo cuando fueron zumbando... Que las sintiéramos (sintiésemos) cristalinas.''

5. El grupo nominal

Le groupe nominal

LES MARQUES DU NOMBRE – FORMATION DU PLURIEL

-s : noms et adjectifs terminés par une voyelle
la casa verde → las casas verdes
un chico rico → unos chicos ricos
el papá → los papás

-es : noms et adjectifs terminés par une consonne
("y" est une consonne) ou un **í accentué**
el papel azul → los papeles azules
el rey marroquí → los reyes marroquíes
Attention ! **-z → -ces**
la luz → las luces

Sont **invariables** les mots "llanos" (accentués sur l'avant-dernière syllabe) terminés par **-s** ou **-x**
el martes → los martes,
mais : el autobús → los autobuses

LES MARQUES DU GENRE – FORMATION DU FÉMININ

-o → -a
un chico alto → una chica alta
Dans les autres cas, terminaison inchangée
un chico agradable → una chica agradable
un chico joven → una chica joven
Exceptions : Les adjectifs de nationalité et les mots terminés par -án, -ín, -ón, -or (sauf les comparatifs) ont un féminin en -a
un pueblo andaluz → una ciudad andaluza
un chico trabajador → una chica trabajadora

L'ARTICLE

1. Les articles

	défini sing. plur.	indéfini sing. plur.
masculin	el los	un unos
féminin	la las	una unas
neutre	lo	

a + el → al   de + el → del
la → el | devant un nom féminin singulier commen-
una → un | çant par **a** ou **ha tonique** (accentué) :
el agua fresca (las aguas frescas)
mais
la abe**j**a *(l'abeille)*

2. Les emplois particuliers de l'article défini

— **el de** *(celui de)*, **la de, los de, las de** : el coche de Pedro y **el de** Juan. *La voiture de Pierre et celle de Jean.*

— **el que** *(celui qui)*, **la que, los que, las que** : El que te ha dicho esto es un mentiroso. *Celui qui t'a dit cela est un menteur.*

— Expression de **l'heure** : Son **las** cinco. *Il est 5 heures.*

— **Les jours de la semaine** :
La semaine prochaine ou passée : Nos veremos (nos vimos) **el** lunes. *Nous nous verrons (nous nous sommes vus) lundi.*
La périodicité : **Los** domingos, vamos de paseo. *Le dimanche, nous allons nous promener.*

— **L'âge** : Murió a **los** cien años. *Il est mort à cent ans.*

— **Le pourcentage** : el 50 % (**el** cincuenta por ciento).

— **L'apposition** : Nosotros, **los** españoles, somos muy alegres. *Nous autres, Espagnols, sommes très gais.*

— **Citer une personne** : El señor Pérez ha venido hoy. *Monsieur Perez est venu aujourd'hui.*

— **Le complément du comparatif** :
El asunto es **más** serio **de lo que** en un principio pensábamos. *L'affaire est plus grave que nous ne le pensions au début.*
No cojas **más** flores **de las que** quepan en tu mano.
Ne cueille pas plus de fleurs que ta main ne peut en tenir.
Le verbe de la 2ᵉ proposition (''pensábamos'', ''quepan'') diffère du 1ᵉʳ et ne peut être sous-entendu comme dans une comparaison simple ; le terme comparé (l'adjectif ''serio'', le nom ''flores'') est représenté dans le 2ᵉ membre de la comparaison par l'article (''lo'' pour les adjectifs et les adverbes, ''los'' ''las'' pour les substantifs), lui-même repris par le relatif ''que''.

3. L'omission de l'article défini

— **pour s'adresser** à une personne :
ø Señor Pérez, pase usted, por favor. *Monsieur Perez, entrez, s'il vous plaît.*

— **devant les noms de pays** non déterminés :
ø España es nuestra segunda patria. *L'Espagne est notre seconde patrie.*
mais
La España **del** Siglo de Oro. *L'Espagne du Siècle d'Or.*

— **devant un superlatif** suivant un substantif déjà déterminé :
   La ciudad ø más alta del mundo. *La ville la plus haute du monde.*
— devant **casa, caza, misa, clase, paseo,** etc. et de nombreuses expressions : **a principios, a mediados, a finales, tener tiempo...**
   Mamá está en ø casa. *Maman est à la maison.*
   La profesora está dando ø clase. *Le professeur fait cours.*
   El señor cura está diciendo ø misa. *Monsieur le curé dit la messe.*
   Vuelva usted a ø finales del mes. *Revenez à la fin du mois.*
   No puedo ayudarte ahora, no tengo ø tiempo. *Je ne peux pas t'aider maintenant, je n'ai pas le temps.*

4. **Les emplois particuliers de l'article indéfini**
   — dans le sens de "quelques-uns" (**algunos**) : unos instantes después. *Quelques instants plus tard.*
   — expression de **l'approximation** : una chica de unos quince años. *Une fille d'environ quinze ans.*

5. **L'omission de l'article indéfini**
   — **partitif** : *du, de la, des, de* : **Quiero ø pan.**
   — **indéfini pluriel** : Se ven ø casas. *On voit des maisons.* (Se ven unas casas = algunas casas. *On voit quelques maisons.*)
   — **devant : tal, igual, semejante, otro, tanto, cierto, cualquiera, medio, distinto.**
   Quiero ø medio kilo de patatas. *Je veux une livre (un demi-kilo) de pommes de terre.*
   Dame ø otro periódico. *Donne-moi un autre journal.*

LE NEUTRE "LO"

— il ne peut s'employer devant un nom ;
— **lo** + **adjectif** ou **participe passé** ou **adverbe** : *ce qui est*
   lo dicho, dicho *(ce qui est dit est dit)*
   ▶ peut souvent être traduit par un nom : lo mismo : *la même chose.*
— **lo que** : *ce que, ce qui*
   Lo que me dices es increíble. *Ce que tu me dis est incroyable.*
— **lo... todo** : lorsque "todo" est COD (Complément d'objet direct).
   Lo sé todo. *Je sais tout.*

— **lo de** : l'affaire, l'histoire, en ce qui concerne.
Lo del coche ya está arreglado. *Pour la voiture, c'est arrangé.*
Me causó mucha pena lo de tus padres. *Ce qui est arrivé à tes parents m'a fait beaucoup de peine.*
— il sert à introduire des exclamations indirectes :
lo + adjectif ou adverbe + que : *combien, comme*
Mira lo bonitos que son estos zapatos.
↑_____↑
Regarde comme ces chaussures sont jolies.
Mira lo bien que me sientan. *Regarde comme elles me vont bien.*

Te toca a ti

* 1. Parmi les solutions qui vous sont proposées, choisissez la bonne (▶ pp. 15 et 33-34)
1. Hace ... calor que no tengo ganas de hacer nada.
tanto - tanta
2. (a) ... agua de (b) ... río es muy (c) ...
(a) : el - la ; (b) : el - la - este - esto - esta ; (c) : frío - fría
3. Se casó a ... 50 años.
ø - los
4. Se lo diré ... Señor Director.
a - a el - al - el
5. ... turistas llegan numerosos.
los - las
6. ... malo de llegar tarde es que no te enteras de nada.
lo - el

Vérifiez : 1. tanto (les mots terminés par ''-or'' sont masculins) - 2. el (mot féminin commençant par un ''a'' accentué) - este - fría (''agua'' est féminin) - 3. los - 4. al - 5. Los - 6. Lo.

* 2. Mettez au pluriel les phrases suivantes (▶ p. 33)
una flor bonita - el paraguas azul - esta casa triste - el caso anterior - una luz roja - una ciudad magnífica - un pueblo andaluz - este chico joven.

Vérifiez : unas flores bonitas - los paraguas azules - estas casas tristes - los casos anteriores - unas luces rojas - unas ciudades magníficas - unos pueblos andaluces - estos chicos jóvenes.

6. Designar

Désigner

LES PRONOMS PERSONNELS

1. Les pronoms personnels sujets

a.

	singulier	pluriel
1ʳᵉ pers.	yo	nosotros, as
2ᵉ pers. (tutoiement)	tú	vosotros, as
3ᵉ pers. et pers. de politesse	él, ella usted (Vd.)	ellos, ellas ustedes (Vds.)

b. Ils sont **rarement exprimés** sauf dans un but d'insistance :
  Pienso que tenemos que irnos. *Je pense que nous devons partir.*
  Yo pienso que tenemos que irnos. *Moi, je pense que...*

c. La 2ᵉ personne (même au pluriel) sert à tutoyer :
  Vosotros, niños, escuchadme. *Vous, les enfants (toi, toi et toi), écoutez-moi.*
  La personne de politesse (vouvoiement) est rendue par la 3ᵉ personne :
  Siéntese **Vd.**, Señora. *Asseyez-vous, Madame.*

d. Le "voseo" : dans la langue populaire américaine (Argentine, Uruguay, Paraguay et certains pays d'Amérique centrale), on dit "vos" au lieu de "tú" : "Vos estás nerviosa" *(Tu es nerveuse),* "Mafalda, vos tenés un hermanito" *(Mafalda, tu as un petit frère),* "Vos te acordarás de mí" *(Tu dois bien te souvenir de moi).*
En Amérique, la 2ᵉ personne du pluriel, "vosotros", n'est pas employée. On emploie "ustedes" aussi bien pour vouvoyer que pour tutoyer.

2. Les pronoms compléments directs (COD)

	singulier	pluriel
1ʳᵉ pers.	me	nos
2ᵉ pers. (tutoiement)	te	os,
3ᵉ pers.	lo, la, (le)	los, las
	se *(réfléchi)*	

Mamá ve una casa. → Mamá **la** ve.

Le pronom réfléchi représente la même personne que le sujet du verbe :
Nosotras **nos** sentamos en el suelo. *Nous nous asseyons par terre.*

3. Les pronoms compléments indirects

	singulier			pluriel		
	sans prép.	après prép.	après "con"	sans prép.	après prép.	après "con"
1re pers.	me	para mí	conmigo	nos	por nosotros, as	
2e pers.	te	por ti	contigo	os	de vosotros, as	
3e pers.	le	con él, ella, Vd.		les	con ellos, ellas, Vds.	
réfléchi	se	para sí	consigo	se	para sí	consigo

Martina **me** ha dado un beso. *Martine m'a donné un baiser.*
Este libro es **para ti.** *Ce livre est pour toi.*
Mi hermana me lleva **consigo.** *Ma sœur m'emmène avec elle.* ("consigo" : pronom réfléchi, renvoie au sujet "mi hermana")
Yo voy **con ella.** *Je pars avec elle.* ("con ella" : pronom non réfléchi)

4. L'ordre des pronoms personnels compléments

a. Ils se placent **après le verbe** (enclise)
— **à l'impératif :** Cállate *(Tais-toi)*
▶ Attention : aux formes réfléchies, la consonne finale "s", "d", des 1re et 2e personnes du pluriel tombe :
Sentemos → Sentémonos *(Asseyons-nous)*
Levantad → Levantaos *(Levez-vous)*
S'il ne s'agit pas d'un pronom réfléchi, la consonne se conserve :
Decidle que... *(Dites-lui que...)*
— **à l'infinitif :** Es imposible callarla. *Il est impossible de la faire taire.*
— **au gérondif :** Pensándolo bien... *En y réfléchissant bien...*
Avec la forme progressive, une double construction est possible :
El niño la está mirando. El niño está mirándola. *L'enfant la regarde.*

b. Lorsqu'un verbe a deux pronoms compléments :

	singulier	pluriel
1re pers.	**me lo** (la, los, las)	**nos lo** (la, los, las)
2e pers.	**te lo** (la, los, las)	**os lo** (la, los, las)
3e pers.	**se lo** (la, los, las)	**se lo** (la, los, las)

— Le **pronom indirect** se place **le premier :**
Me lo está contando. *Il me le raconte.*
Cuénta**me**lo. *Raconte-le-moi.*

— Lorsque deux pronoms de la 3ᵉ personne se suivent, **le** se transforme en **se** (en français : **le lui, les leur, vous le,** etc.) :
Se lo digo cada día. *Je **le lui** dis chaque jour.*
Ahora **se lo** daré. *Je **vous le** donne tout de suite.*

c. Le pronom personnel a souvent un **rôle explétif** (son usage est fréquent mais non nécessaire) :
(Le) escribo a mi madre. *J'écris à ma mère.*
Dilo a papá. Dí**se**lo a papá. *Dis-le à papa.*

d. Le réfléchi remplace souvent l'adjectif possessif ; comparez :
Me pongo **el** abrigo. *Je mets mon manteau (sur moi).*
Pongo **mi** abrigo en el armario. *Je mets mon manteau dans l'armoire.*

LES PRONOMS RELATIFS

1. Si le pronom est **sujet ou complément direct : que**
La chica [**que** viene] es mi hermana. *La fille qui (sujet de "vient") vient est ma sœur.*
El coche [**que** miras] es mío. *La voiture que (COD de "regardes") tu regardes est à moi.*

2. Si le pronom est précédé d'une **préposition : article + que,** article + cual
en el que, con la que, a los que, para las que (al que, del que)
por lo que
para el cual, con la cual, en los cuales, a las cuales

S'il s'agit d'une personne :
por el que, a la que, con los que...
del cual...
a quien, quienes

el libro (el señor) al que aludes : *le livre (le monsieur) auquel tu fais allusion*
la chica con la que (con quien) saliste… : *la fille avec laquelle tu es sorti…*

3. Si le pronom introduit un rapport de **possession (complément de nom) : cuyo, a, os, as**

En un lugar de la Mancha **de cuyo nombre** no quiero acordarme… (el nombre del lugar de la Mancha).
Dans un village de la Manche dont je ne veux pas me rappeler le nom…

▶ Remarquez :
que ''cuyo'' s'accorde en genre et en nombre avec le nom qu'il détermine : ''nombre'' : masc. sing. → ''cuyo'' : masc. sing.
– qu'il n'y a pas d'autre déterminant (pas d'article ou de possessif) : **cuyo, a, os, as + ø + nom.**
– qu'il peut être précédé d'une préposition : ''**de** cuyo nombre''.

4. Si le pronom introduit une **circonstance**
de temps : **en que**
de lieu : **donde, adonde, de donde**

La época en que pasó. *L'époque* *où* *c'est arrivé.*
La ciudad adonde voy. *La ville* *où* *je vais.*

5. **La tournure de renforcement :** *c'est… qui*

SER + sujet +	QUIEN, QUIENES (seulement pour les personnes)
	EL QUE, LA QUE...
	EL CUAL, LOS CUALES...
	LO CUAL, LO QUE (renvoie seulement à une proposition ou à un pronom neutre)

On emploie **le même temps et la même personne** pour le verbe SER et celui de la proposition relative (son ↔ llegan ; fuiste ↔ llamaste)

¿Son tus amigos **quienes (los que)** llegan? *Ce sont tes amis qui arrivent ?*
¿Fuiste tú **quien (el que)** llamaste? *C'est toi qui as appelé ?*
Eso es **lo que** me parece difícil. *C'est cela qui me paraît difficile.*

6. La tournure de renforcement : *c'est... que*

SER + **donde** (lieu) : Aquí [es donde] duermo. *C'est ici que je dors.*
SER + **cuando** (temps) : En 1986 [fue cuando] España ingresó en la CEE. *C'est en 1986 que l'Espagne est entrée dans la CEE.*
SER + **como** (manière) : Así [es como] se hace. *C'est ainsi que l'on fait.*
SER + **por (lo) que** (cause) : Por eso [es porque] no podemos venir. *C'est pour cela qu'on ne peut pas venir.*

▶ L'espagnol évite ces tournures un peu lourdes : le complément circonstanciel en tête de phrase ou le pronom personnel sujet suffisent souvent à indiquer l'insistance.

¿Fuiste tú quien llamaste? → ¿Llamaste tú?
Aquí es donde duermo. → Aquí duermo.

MONTRER

1. ¡Mira! : *regarde*
éste es Pedro : *voici Pierre*
ésta es mi madre : *voici ma mère*
(démonstratif attribut du sujet + ser + nom sujet)
ahí llega Pepe : *voici Pepe (qui arrive)*
ahí lo tienes : *il est là, le voici*
(ahí + verbe estar, llegar, tener, ... + nom)
hay (verbe impersonnel ; conjug., voir p. 29) : *il y a*
   Hay mucha gente. *Il y a beaucoup de monde.*
existir : *exister*
la existencia : *l'existence*
mostrar [ue], enseñar : *montrer*
indicar, señalar : *indiquer, montrer*
   señalar con el dedo : *montrer du doigt*
presentar : *présenter*
llamar la atención : *attirer l'attention*
fijarse en : *remarquer, observer*
dar ♯ a conocer : *faire connaître*
hacer ♯ ver, hacer ♯ visible : *faire voir, rendre visible*
saltar a la vista : *sauter aux yeux*
aparecer ♯ : *apparaître*
poner ♯ de relieve, subrayar, poner ♯ de manifiesto :
mettre en relief, souligner, mettre en évidence
manifiesto, a ; evidente, e ; obvio, a : *évident, e*

2. Les démonstratifs

	singulier	pluriel	emploi par rapport à celui qui parle
masculin	este	estos	ce qui est près dans l'espace, le temps
féminin	esta	estas	(yo, aquí, ahora)
masculin	ese	esos	ce qui est près de celui auquel on s'adresse
féminin	esa	esas	(tú, ahí) : peut avoir une valeur péjorative
masculin	aquel	aquellos	ce qui est éloigné de celui qui parle
féminin	aquella	aquellas	(él, allí, entonces)

DESIGNAR 43

Ces trois démonstratifs correspondent, dans l'esprit de la personne qui parle, à une graduation d'éloignement (ils servent à mettre plus ou moins à distance)

— dans l'espace : este libro : *ce livre-ci*
aquel libro : *ce livre-là (là-bas)*

— dans le temps : esta mañana : *ce matin*
aquel día : *ce jour-là*

— dans la phrase :
Cervantes y Velázquez son dos genios: éste (Velázquez, *le dernier nommé*) como pintor, aquél (Cervantes) como escritor. *Cervantes et Velasquez sont deux génies : celui-ci comme peintre, celui-là comme écrivain.*

Les pronoms démonstratifs ont les mêmes formes que les adjectifs mais portent un accent écrit, sauf les trois pronoms neutres : **esto, eso, aquello.**
No vivo en esta (adj.) casa sino en aquélla (pronom). *Je ne vis pas dans cette maison-ci mais dans celle-là.*

LES INDÉFINIS

1.	Phrase affirmative ou interrogative	Phrase négative (cf. la négation, p. 18)
pronoms	**algo** : *quelque chose* **alguien** : *quelqu'un* **alguno, a, os, as** : *un, une, quelques-uns, unes*	**nada** : *rien* **nadie** : *personne* **ninguno, a** : *aucun, e*
	alguna vez : *jamais*	**nunca** : *jamais*
adjectifs	**algún libro, alguna** casa *un livre, une maison* **algunos** niños, **algunas** niñas *des, quelques enfants*	**ningún libro,** **ninguna** casa *aucun livre,* *aucune maison*

¿Ves algo? No veo nada.
Vois-tu quelque chose? je ne vois rien.
¿Me prestas algún libro? No tengo ninguno.
Tu me prêtes un livre? Je n'en ai pas (aucun).

2. la gente : *les gens*
todos, todo el mundo : *tout le monde*
Lo sabe todo el mundo. Lo saben todos. *Tout le monde le sait.*
cada uno, cada una, cada cual : *chacun, chacune*
A cada cual lo suyo. *À chacun son bien.*

quien : *qui*
    Quien va a Sevilla pierde su silla. *Qui va à la chasse perd sa place* (litt. : *qui va à Séville perd sa chaise*).

cualquiera : *quiconque, n'importe qui*
    Cualquiera de ustedes. *N'importe qui d'entre vous.*

todo, a, cualquier + nom : *tout, toute, n'importe quel(le)*
    a cualquier hora : *à n'importe quelle heure.*
    Todo (cualquier) buen ciudadano debe ayudar a la justicia. *Tout bon citoyen doit aider la justice.*

una cosa : *une chose.*

3. Les équivalents de "ON"

— **3ᵉ pers. du pluriel :** sujet indéterminé, individuel ou collectif.
N'employez cette tournure que si elle ne prête pas à confusion dans la phrase.
    Llaman a la puerta. *On* (quelqu'un) *frappe à la porte.*
    Dicen que… *On dit que…*

— **Se + 3ᵉ pers. :** règle, fait d'ordre général.
Cette tournure ne peut être employée avec un verbe réfléchi (pronominal).
    Se llama a la puerta antes de entrar.
    On frappe à la porte avant d'entrer.

Le verbe s'accorde avec le substantif dont il dépend.
    Se ve un árbol, se ve**n tres árboles.**
    On voit un arbre, on voit trois arbres.
Si celui-ci représente un être animé et particularisé, le verbe reste au singulier et le substantif est précédé de "a".
    Se ve **a** tres mujeres. *On voit trois femmes.*

— **1ʳᵉ personne du pluriel :** "on" correspond à "nous".
    ¿Bailamos? *On danse?*

— **Uno, una :** celui qui parle s'implique dans la généralité annoncée.
    ¡Una se cansa con tanto trabajo! *Ça fatigue, tout ce travail! (Je suis fatiguée de tant travailler!)*

LA POSSESSION

1. tener ♯ : *avoir* (**jamais "haber"**)
   ser de ♯, **pertenecer a** ♯ : *être à, appartenir à*
   ¿De quién son estos campos? *À qui sont ces champs ?*
   poseer ♯ : *posséder*
   guardar : *garder*
   Guardar bajo llave. *Garder sous clé.*
   conservar : *conserver*
   depender de : *dépendre de* (ce verbe ne diphtongue pas)
   Depende de quien le paga. *Il dépend de celui qui le paie.*
   dar ♯ : *donner*
   tomar : *prendre*
   recibir : *recevoir*
   la propiedad *(Attention ! un seul "r") : la propriété*
   tener la propiedad de, ser propiedad de
   ser dueño de : *être le maître de*
   propio, a : *propre* ≠ ajeno, a : *d'autrui, de quelqu'un d'autre*
   Vive en casa propia. *Il vit dans une maison à lui.*
   El bien ajeno. *Le bien d'autrui.*

2. **Les possessifs**

   a.

formes atones adjectifs	formes accentuées adjectifs et pronoms
mi, mis	mío, mía, míos, mías
tu, tus	tuyo, tuya, tuyos, tuyas
su, sus	suyo, suya, suyos, suyas
nuestro, nuestra, nuestros, nuestras	
vuestro, vuestra, vuestros, vuestras (voir plus bas)	
su, sus	suyo, suya, suyos, suyas

   b. **vuestro**, a, os, as ne s'emploie que lorsqu'on s'adresse à **plusieurs personnes que l'on tutoie**.
   Lorsque l'on **vouvoie** (une ou plusieurs personnes), on utilise le possessif correspondant à la personne de politesse (**Vd. - 3ᵉ personne) : su, suyo.** Ces formes **su** et **suyo** sont les mêmes, qu'elles renvoient à un possesseur ou à plusieurs (en français : ***votre, vos, son, leur, leurs***).
   Niños, aquí tenéis vuestra merienda. *Voici votre goûter, les enfants.*
   Señora, aquí tiene su taza de té. *Voici votre tasse de thé, Madame.*
   Javier es su hijo : Javier es hijo de Pepe : *c'est son fils.*
   Javier es hijo de Pepe y Ana : *c'est leur fils.*
   Javier es hijo de Vd. : *c'est votre fils.*

c. Les formes atones (non accentuées) sont placées **avant** le nom :
mi libro, tu coche.

d. Les formes accentuées sont placées **après** le nom :
Padre Nuestro que estás en los cielos. *Notre Père qui êtes aux cieux.*
¿Dónde vive ese amigo tuyo? *Où vit ton ami? (cet ami à toi).*

Elles peuvent, dans ce cas, correspondre au français : un de + possessif + nom :
un amigo mío : uno de mis amigos : *un de mes amis.*

Elles peuvent être utilisées comme **attribut :**
Este coche es mío. *Cette voiture est à moi.*

Le pronom possessif est constitué par la forme accentuée précédée de l'article défini.
Este libro es tuyo. ¿Dónde está el mío? *Ce livre est à toi. Où est le mien.*

e. Les possessifs s'emploient beaucoup moins en espagnol qu'en français. On dira rarement : ''Está en **su** oficina'' mais plutôt ''Está en **la** oficina''. *(Il est à son bureau.)*
On remplace souvent le possessif par un pronom personnel indirect. La chanson ne dit pas : ''**Mi** muñeca se ha constipado'' mais ''La muñeca se **me** ha constipado.'' *(Ma poupée s'est enrhumée.)*

Te toca a ti

* 1. Les pronoms personnels (▶ pp. 37-39)
Remplacez par des pronoms les mots soulignés.
1. Escucho el disco.
2. Canto la canción.
3. Te ruego que vengas.
4. Te doy las llaves.
5. Eva me llama.
6. ¿Puedo probarme estos zapatos?
7. Cuento a papá lo que me pasó.
8. Cuento a papá lo que me pasó.
9. Cuento a papá lo que me pasó.
10. Lo prometí ante mis amigos.

Vérifiez : 1. Lo escucho. - 2. La canto - 3. Te lo ruego. - 4. Te las doy. - 5. Ella me llama. - 6. ¿Puedo probármelos? *(remarquez l'accent sur le "a")* - 7. Le cuento lo que me pasó - 8. Lo cuento a papá. 9. Se lo cuento. - 10. Lo prometí ante ellos.

* Répondez affirmativement aux questions sans répéter le complément éventuel.
1. Me llamarás, ¿verdad?
2. ¿Escribes a tus padres?
3. ¿Les cuentas todo lo ocurrido?
4. ¿Nos echasteis de menos? *(Nous vous avons manqué?)*
5. ¿Vas a ponerte el abrigo?
6. ¿Estás viendo la televisión?

Vérifiez : 1. Sí, te llamaré. - 2. Sí, les escribo. - 3. Sí, se lo cuento. - 4. Sí, os echamos de menos. - 5. Sí, voy a ponérmelo (n'oubliez pas l'accent). - 6. Sí, la estoy viendo. Estoy viéndola (n'oubliez pas l'accent).

2. Les relatifs (▶ pp. 39-41)
** Réunissez les phrases suivantes par un pronom relatif :
1. La chica viene - la chica es mi hermana.
2. Hablaste con una persona - esta persona es mi padre.
3. Al mitin, asistieron unas veinte personas - entre las veinte personas, sólo media docena no eran miembros del partido.
4. Te he traido el libro - te hablé de este libro el otro día.
5. Pasaremos por un pueblo - la iglesia del pueblo es preciosa.
6. ¿Te acuerdas de aquel mendigo? - Le dimos una botella de vino.

Vérifiez : 1. La chica que viene es mi hermana. - 2. La persona con quien hablaste es mi padre. - 3. Al mitin, asistieron unas veinte personas entre las cuales, sólo media docena no eran miembros del partido *ou* Entre las veinte personas que asistieron al mitin, sólo media docena no eran miembros del partido. - 4. Te he traido el libro del que (del cual) te hablé el otro día. - 5. Pasaremos por un pueblo cuya iglesia es preciosa *ou* La iglesia del pueblo por la que (por el cual) pasaremos es preciosa. - 6. ¿Te acuerdas de aquel mendigo a quien (al cual, al que) dimos una botella de vino?

3. Les démonstratifs (▶ pp. 42-43)
* Choisissez la bonne réponse.
1. Ya hemos llegado : vivo aquí en ... casa.
esta - esa - aquella
2. ¿Cómo se llama ... chica que habla allí con tu hermano?
esta - esa - aquella

3. ... días fueron los más felices de mi vida.
estos - esos - aquellos
4. Vendré a recogerte ... tarde *(Je passerai te prendre ...).*
esta - esa - aquella
5. ¿Qué ramo *(bouquet)* de flores quiere Vd :
    a. ... que tiene al lado? (éste - ése - aquél - esto - eso - aquello).
    b. ... que está en al fondo? (éste - ése - aquél - esto - eso - aquello).
    c. ... entre los dos? (éste - ése - aquél - esto - eso - aquello).

Vérifiez : 1. esta *(c'est ma maison, nous y sommes)* - 2. esa *(distance intermédiaire par rapport à celui qui parle)* - 3. aquellos *(on parle du passé que la mémoire embellit)* - estos et esos *sont également possibles si l'on vient juste d'évoquer ces jours passés dans le discours* - 4. esta *(futur proche)* - 5. a. éste - b. aquél - c. ése (esto, eso, aquello *ne conviennent pas car* ramo *est masculin; un neutre ne peut remplacer un nom commun. Remarquez l'accent écrit car il s'agit de pronoms).*

4. Les indéfinis (▶ p. 43)
* **Quelles questions a-t-on posées pour obtenir les réponses suivantes?**
    1. Nadie ha venido.
    2. No me dio ningún libro.
    3. No veo nada interesante.
    4. No estuve con él nunca.

Vérifiez : 1. ¿Ha venido alguien? - 2. ¿Te dio algún libro? - 3. ¿Ves algo interesante? - 4. ¿Estuviste con él alguna vez?

5. La possession (▶ pp. 45-46)
* **Choisissez la bonne réponse.**
    1. ¿... quién es este castillo?
ø - a - de
    2. Es ... ogro.
al - del
    3. ¿Son también ... estos campos?
sus - suyos
    4. Pepe es amigo ...
mi - mío
    5. ... abuela es fantástica.
mi - mía
    6. Niños, quitad de aquí ... cosas.
Trouvez l'adjectif possessif qui convient.
    7. ¿Dónde ha dejado usted ... paraguas?
su - vuestro

Vérifiez : 1. De - 2. del - 3. suyos - 4. mío - 5. mi - 6. vuestras - 7. su.

7. Situar en el espacio

Situer dans l'espace

EL LUGAR DONDE ESTÁ UNO

el lugar donde está uno : *l'endroit où l'on se trouve.*
estar ♯ (en) : se trouver - être
   ¿Dónde estoy? *Où suis-je?*
   Estoy en casa. *Je suis à la maison.*
encontrarse [ue], hallarse (en) : *se trouver*
   ¿Dónde se encuentra esto? *Où est-ce que cela se trouve ?*
estar ♯ situado : *être situé, se trouver*
el lugar, el sitio : *l'endroit*

aquí	yo
ahí	tú
allí, allá	él, ella, ellos

aquí : *ici (tout près de celui qui parle. Cf. "este", p. 42)*
ahí : *là (situation plus vague près de celui qui parle et de son interlocuteur, cf. "ese", p. 42)*
allí : *là-bas (loin de celui qui parle — désigne un endroit précis; cf. "aquel", p. 42)*
allá : *là-bas (loin de celui qui parle — désigne un endroit très vague; cf. "aquel", p. 42)*
en : *en, dans, sur, à l'endroit où l'on est*
   Vivir en Madrid. *Vivre à Madrid.*
   Leer ♯ algo en un periódico. *Lire quelque chose dans un journal.*
   El libro está en la mesa. *Le livre est sur la table.*
   Sentarse [ie] en una silla, en el suelo. *S'asseoir sur une chaise, par terre.*
en alguna parte ≠ en ningua parte : *quelque part ≠ nulle part*
en todas partes : *partout*
al lado de, junto a, contra : *à côté de, contre*
   Dejó la bici contra el árbol. *Il a laissé son vélo contre l'arbre.*
a la izquierda de : *à gauche de*
a la derecha de : *à droite de*
al Norte, al Sur, al Este, al Oeste (de) : *au nord, au sud, à l'est, à l'ouest (de)*

a la entrada ≠ a la salida : *à l'entrée ≠ à la sortie*
alrededor de : *autour de*
   Lleva una cinta alrededor de la cabeza. *Elle porte un ruban autour de la tête.*
dentro (de) : *à l'intérieur (de)*
fuera (de) : *à l'extérieur (de)*
   No te quedes fuera, entra. *Ne reste pas dehors, entre.*
sobre, encima de : *sur, au-dessus de*
debajo de : *sous, au-dessous de*
arriba ≠ abajo : *en haut ≠ en bas*
delante (de) ≠ detrás (de) : *devant ≠ derrière*
enfrente (de) : *en face (de)*
entre : *entre, au milieu de, parmi*
   El asesino está entre nosotros. *L'assassin est parmi nous.*
donde + subordinada : *là où + subordonnée*
   Dejé la llave donde me dijiste. *J'ai laissé la clé là où tu m'avais dit (de la mettre).*

LA DISTANCIA

la distancia : *la distance*
cerca (de) ≠ lejos (de) : *près (de) ≠ loin (de)*
próximo, a : *proche, prochaine*
   Mi casa está muy próxima a la suya. *Ma maison est très proche de la sienne.*
   Nos bajaremos en la próxima estación. *On descendra à la prochaine station.*
cercano, a ≠ lejano, a : *proche ≠ lointain, e*

EL MOVIMIENTO

el movimiento : *le mouvement*
m**o**ver, m**o**verse [ue] : *bouger*
   Mueve los brazos. *Elle bouge les bras.*
   No se mueva. *Ne bougez pas.*
por : *par, dans (endroit par où l'on passe)*
por todas partes : *partout*
pasar (por un lugar) : *passer (par un endroit)*
circular (por la calle) : *circuler (dans la rue)*
pasar **por** delante (de) : *passer par devant*
pasar por detrás (de) : *passer par derrière*
passer por debajo de un puente : *passer sous un pont*
pasar por encima de un río : *traverser une rivière (en passant sur un pont)*
trasladarse : *se déplacer*
viajar : *voyager*

SITUAR EN EL ESPACIO 51

un viaje : *un voyage*
andar : *marcher*
volar [ue] : *voler*
 Los pájaros vuelan. *Les oiseaux volent*.
correr : *courir* : El atleta corre. *L'athlète court*.
  couler : El agua corre por el arroyo. *L'eau coule dans le caniveau*.
  aller vite : Este coche corre mucho. *Cette voiture va très vite*.
recorrer : *parcourir*
un recorrido : *un parcours*
parar(se), detenerse [ie] ≠ : *(s)'arrêter*
 El autobús se detiene en la parada. *L'autobus s'arrête à l'arrêt*.
la parada : *l'arrêt*.
caer : *tomber*

IR (A) – VENIR (DE)

ir (a) ≠ : *aller (à)*
 ¿Adónde vas? *Où vas-tu?*
irse ≠ a/de : *aller à/s'en aller de*.
 me voy a Madrid. *Je vais à Madrid*.
 Me voy de París. *Je pars de Paris*.
Venir (de) ≠ : *venir de*
 ¿De dónde vienes? *D'où viens-tu?*
marchar(se) a/de : *partir à/de*
 Se marchó a Inglaterra. *Il partit en Angleterre*.

52 SITUAR EN EL ESPACIO

salir ♯ a/de : *partir à/de*
  Salgo a la calle. *Je vais (litt. sors) dans la rue.*
  El tren saldrá de la estación a las diez. *Le train partira de la gare à dix heures.*
llegar a/de : *arriver à/de*
  Llegué a Madrid el viernes. *Je suis arrivé à Madrid vendredi.*
la llegada : *l'arrivée*
venir ♯ a/de : *venir à/de*
  No vengas a casa. *Ne viens pas chez moi.*
  ¿Vienes de lejos? *Tu viens de loin?*
volver [ue] a/de (p. passé : vuelto), regresar a/de : *revenir à/de*
  Ha vuelto a casa. *Il est revenu à la maison.*
el regreso, la vuelta : *le retour*
ir ♯ en tren : *aller en train*
bajar ≠ subir : *descendre ≠ monter*
bajar del tren ≠ subir al tren : *descendre du train ≠ monter dans le train*
cambiar de tren : *changer de train*
entrar (en) : *entrer (dans)*
pasar de un sitio a otro : *passer d'un endroit à l'autre*
salir ♯ : *sortir*
llevar ≠ traer ♯ : *emmener, emporter ≠ apporter, amener*

ir ♯, venir ♯, andar ♯ : être : ces semi-auxiliaires s'emploient comme "estar" mais introduisent un mouvement
ir, venir, andar + gérondif :
  Viene cantando. *Il chante. — Il arrive en chantant.*
ir, venir, andar + adjectif :
  Se fue muy contento. *Il était tout content. — Il est parti tout content.*
ir, venir, andar + p. passé :
  Andaba perdido. *Il était perdu.*

LA DIRECCIÓN

la dirección : *la direction*
a, para, hacia : *à, vers*
   Me voy para casa. *Je vais à la maison.*
llevar, seguir, tomar una dirección : *avoir, suivre, prendre une direction*
en dirección a, con destino a : *vers*
en la dirección de las manillas del reloj : *dans le sens des aiguilles d'une montre*
en dirección contraria : *dans le sens contraire*
adonde : *là où*
   Contigo iré adonde quieras. *Avec toi, j'irai où tu voudras.*
(ir) para abajo ≠ para arriba : *(aller) vers le bas ≠ vers le haut*
(ir) adentro ≠ afuera : *(aller) à l'intérieur ≠ à l'extérieur*
adelante ≠ atrás : *devant, en avant ≠ derrière, en arrière*
todo derecho : *tout droit*
hasta : *jusqu'à*
a la derecha, a la izquierda : *à droite, à gauche*

EL ORIGEN

el origen, el punto de partida : *l'origine, le point de départ*
de : *de*
procedente de : *en provenance de*
desde : *de, à partir de, depuis*
   Desde Madrid, hemos venido en coche. *Nous sommes venus en voiture de Madrid.*

Lectura

Lisez et essayez de comprendre.

* Los lunes son siempre horribles. La gente va corriendo por la calle para no llegar tarde al trabajo, hay coches por todas partes, no hay sitio para aparcar, los niños andan despacio para llegar un poco tarde al colegio. Todo el mundo está de mal humor. El próximo fin de semana está todavía muy lejos.
Como cada día, Pepe Rey se para en el quiosco que está delante del Ministerio de Educación, en la calle de Alcalá. Hoy compra "El País" y "Diario 16". Anda por la calle Barquillo leyendo los titulares. Llega a la esquina de la Plaza del Rey y ve cómo los funcionarios van entrando en el Ministerio de Cultura. Algunos también salen a desayunar. El reloj marca las nueve de la mañana.

Loreto DE MIGUEL y Alba SANTOS, *¿Dónde está la Marquesa?*,
Edelsa - Edi 6, 1987.

Les lundis sont toujours horribles. Les gens courent dans la rue pour ne pas arriver en retard au travail, il y a des voitures partout, il n'y a pas de place pour se garer, les enfants marchent lentement pour arriver un peu en retard à l'école.

Tout le monde est de mauvaise humeur. Le prochain week-end est encore très loin.
Comme chaque jour, Pepe Rey s'arrête au kiosque qui se trouve devant le Ministère de l'Éducation, rue d'Alcala. Aujourd'hui, il achète "El País" et "Diario 16". Il marche dans la rue en lisant les titres. Il arrive au coin de la Place du Roi et voit les fonctionnaires entrer au Ministère de la Culture. Quelques-uns sortent aussi prendre le petit déjeuner. L'horloge indique neuf heures du matin.

Te toca a ti

* 1. Complétez les phrases suivantes :
  1. El tren llega ... la estación.
  2. Yo bajo ... tren.
  3. Dejo la maleta ... la consigna.
  4. No me gusta viajar ... metro.
  5. El taxista me paseó ... toda la ciudad antes de llevarme ... hotel.
  6. Vivimos ... del centro : no tardamos ni cinco minutos para llegar ... la Plaza Mayor. En cambio *(par contre)*, vivimos muy ... del lugar ... trabajamos.
  7. Entra. No te quedes ahí ...
  8. ¿... vamos?
  9. A las personas mayores, les cuesta subir ... tren.

Vérifiez : 1. a - 2. del - 3. en - 4. en - 5. por - al - 6. cerca - a - lejos - donde - 7. fuera - 8. adónde (avez-vous pensé à l'accent?) - 9. al.

* 2. Rétablissez le verbe qui convient :
  1. La Torre Eiffel ... en Paris.
  2. El río Guadalquivir ... por Córdoba y Sevilla.
  3. Los coches ... por la calle.
  4. La chica ... en una silla.
  5. La señora se cayó al ... del tren.
  6. El tren acaba de ... de la estación.
  7. El autobús ... en cada parada.
  8. La Familia Real ... en el Palacio de la Zarzuela, en Madrid.
  9. La semana pasada, el Rey ... a Hispanoamérica y ... por varios países latinoamericanos.

Vérifiez : 1. está, se sitúa, se encuentra – 2. pasa – 3. circulan – 4. está sentada, se sienta, está – 5. bajar – 6. salir – 7. (se) para, se detiene – 8. vive – 9. se fue, viajó, llegó (il faut un verbe au passé simple : ir, viajar, llegar); viajó, pasó.

* 3. Quelle question a-t-on posée pour obtenir la réponse suivante ?
  1. Vivo en Valencia.
  2. El tren llega a la estación de Madrid Chamartín.
  3. El Talgo pasa por Tours, Bordeaux y Burgos.
  4. Este verano, me iré de vacaciones a España.

Vérifiez : 1. ¿Dónde vives? (n'oubliez pas le point d'interrogation à l'envers) – 2. ¿A qué estación llega el tren? ¿Adónde llega el tren? – 3. ¿Por qué ciudades pasa el Talgo? ¿Por dónde pasa el Talgo? – 4. ¿Adónde te irás de vacaciones este verano?

8. Situar en el tiempo

Situer dans le temps

LA HORA, EL DÍA

1. La hora : *l'heure*

un minut**o, un** segundo : *une minute, une seconde*
un momento, un rato : *un moment*
un cuarto de hora : *un quart d'heure*
ø media hora : *une demi-heure (notez l'absence d'article indéfini devant ''media'')*
¿Qué hora es? *Quelle heure est-il?*
ya es hora (de que + subj.) : *C'est l'heure; il est temps (que + subordonnée)*
   Ya es hora de que pongamos manos a la obra. *Il est temps de nous mettre au travail.*
es la una de la mañana : *il est une heure du matin*
son las nueve de la noche : *il est neuf heures du soir*
son las dos menos cuarto : *il est deux heures moins le quart*
son las dos y cuarto : *il est deux heures un quart*
son las dos y media : *il est deux heures et demie*
son las dos en punto : *il est juste deux heures*
¿a qué hora? : *à quelle heure?*
a las tres y veinte : *à trois heures vingt*
a las doce : *à midi/à minuit*
a(l) mediodía : *à midi*
a (la) medianoche : *à minuit*
temprano, pronto : *tôt.*
   Todavía es pronto. *Il est encore tôt.*
tarde : *tard*
llevar retraso, venir con retraso : *être en retard*
antes de tiempo, antes de la hora : *en avance, avant l'heure*
a tiempo : *à temps*

2. El día : *Le jour*

hoy : *aujourd'hui*
esta mañana : *ce matin*
esta tarde : *cet après-midi, ce soir*
esta noche : *cette nuit*
por la mañana : *le matin*
por la tarde : *l'après-midi*

por la noche : *la nuit*
ser de día ≠ **ser de noche** : *faire jour* ≠ *faire nuit*
  Ya es de día. *Il fait déjà jour.*
durante el día, la noche ... : *durant le jour, la nuit ...*
la semana : *la semaine*
lunes, martes, miércoles, jueves, viernes, sábado, domingo : *lundi, mardi, mercredi, jeudi, vendredi, samedi, dimanche*
el fin de semana : *le week-end*
el mes, los meses : *le mois, les mois*
enero, fe**b**rero, marzo, a**b**ril, mayo, junio, julio, agosto, septiembre, oct**u**bre, noviembre, **d**iciembre : *janvier, février,* etc.
el año : *l'année*
el siglo : *le siècle*
el siglo octavo : *le huitième siècle* (cf. p. 71)
el siglo veinte : *le vingtième siècle*
la fecha : *la date*
  España ingresó en la CEE el primero **de** enero **de** mil novecientos ochenta y seis. *L'Espagne est entrée dans le Marché Commun le 1er janvier 1986.*
  Hoy es martes, diecisiete **de** marzo **de** 1992. *Aujourd'hui, c'est le mardi 17 mars 1992.*
  Hoy estamos a martes, diecisiete de marzo de 1992. *Aujourd'hui nous sommes le mardi 17 mars 1992.*

> **¿Cuándo?** : *quand?*
> **ahora, antes, después** : *maintenant, avant, après*
> **el paso del tiempo** : *le passage du temps*

HABLAR DEL PRESENTE

1. **El presente :** *Le présent*
   ahora, en este momento : *maintenant, en ce moment*
     Decídete ahora, después será tarde. *Décide-toi maintenant, après il sera trop tard.*
   hoy : *aujourd'hui*
   actualmente : *actuellement*
   ya : *déjà, maintenant*
     La ropa ya está seca. *Le linge est (déjà) sec.*
     Ya viene. *Le voici (qui arrive), il arrive (déjà).*

esta mañana, esta semana : *ce matin, cette semaine*
este mes : *ce mois-ci*
de momento : *pour l'instant*

2. Pour parler du présent

a. On emploie le **présent de l'indicatif** qui indique, décrit, énonce une **réalité** (cf. p. 22).
Estoy aquí y me pasa esto. *Je suis ici et il m'arrive ceci.*

b. Lorsqu'on évoque **une éventualité ou une hypothèse** (ce qui est le cas dans de nombreuses surbordonnées), on emploie le **présent du subjonctif** (cf. p. 22).
No creo que esté aquí. *Je ne crois pas qu'il soit ici.*
Quizás no esté aquí. *Peut-être n'est-il pas ici.*

c. Pour parler d'une action qui dure encore au moment où l'on parle ou d'un **passé proche** et qui a encore des conséquences sur le présent, on utilise le **passé composé**

Siempre has sido optimista.
Tu as toujours été optimiste.
He llegado hace un momento. *Je suis arrivé il y a un moment.*
acabar de : *venir de*
Acabo de llegar. *Je viens d'arriver.*
aún, todavía : *encore (concerne une action commencée dans le passé)*
Aún no han llegado. *Ils ne sont pas encore arrivés.*
ya : *déjà*
¿Han llegado ya? *Ils sont déjà arrivés?*
Ya está. *Ça y est.*
Ya lo sé. *Je le sais (déjà).*
Ya he acabado. *Ça y est, j'ai fini.*

d. Pour évoquer une action dans sa **durée,** on emploie une **forme progressive.**

estar (ou semi-auxiliaire) + gérondif

Les semi-auxiliaires :
andar ♯, ir ♯, salir ♯, venir ♯ introduisent une idée de mouvement, de progression.
Anda diciendo la gente... *Les gens disent...*
Va mejorando de aspecto. *Il a meilleure mine (litt. son aspect s'améliore).*
He salido ganando con el cambio. *J'ai gagné au change.*

continuar, **seguir [i]** *(continuer)* supposent une continuité
Sigue trabajando por su cuenta. *Il continue à travailler à son compte.*

quedar *(rester)* : indique une permanence
   Me he quedado esperando. *J'ai attendu (je suis resté à attendre).*

llevar + compl. de temps,
pasarse + compl. de temps | signalent un certain temps passé à faire quelque chose

pasarse + compl. de temps | peut suggérer une réitération, une habitude

Lleva dos horas trabajando. *Ça fait deux heures qu'il travaille.*
Se pasa la vida contando chistes. *Il passe sa vie à raconter des histoires drôles.*

HABLAR DEL PASADO

1. El pasado : *Le passé*

antes : *avant, auparavant*
   Antes, todo era distinto. *Avant, tout était différent.*
la semana antes, la semana anterior : *la semaine d'avant*
antes de + phrase nominale ou verbe à l'infinitif : *avant*
   antes de tiempo : *avant l'heure*
   antes del jueves : *avant jeudi*
   antes de venir tú : *avant que tu ne viennes*
antes de que + subj. : *avant que + subj.*
   Nos fuimos antes de que saliera el sol. *Nous partîmes avant que le soleil ne se levât.*
en **aquel** tiempo, en aquel momento, en aquella época : *en ce temps-là*
ayer : *hier*
pasado, a : *passé, e*
   la semana pasada : *la semaine passée*
anoche : *hier soir*
anteayer : *avant-hier*
recientemente : *récemment*
recién + p. pasé : *nouveau + p. passé*
   el recién nacido : *le nouveau-né*
   los recién casados : *les jeunes mariés*

Pour dater : desde ayer, desde el día dos, desde 1986, desde entonces : *depuis hier, depuis le 2, depuis 1986, depuis lors*

Pour exprimer la durée : **desde hace una hora,** desde **hace** tres meses : *depuis une heure, depuis trois mois*
hace poco (tiempo) : *il y a peu (de temps)*
hace un momento : *il y a un moment*
hace mucho tiempo : *il y a longtemps*
el (pasado) jueves : *jeudi dernier*

entonces : *alors*
el día antes, la víspera : *la veille*
de pronto, de repente : *tout à coup*

2. **L'imparfait (pretérito imperfecto** - cf. p. 25)

C'est le temps du récit. Il évoque
- **une action qui a duré :**
  Hacía frío. *Il faisait froid.*
- ou qui s'est répétée **(action habituelle) :**
  Cada mañana, íbamos al colegio. *Chaque matin, nous allions au collège.*
- ou **qui s'est déroulée en même temps qu'une autre :**
  Cuando la miré, estaba riéndose. *Quand je l'ai regardée, elle riait.*

3. **Le passé simple (pretérito indefinido** - cf. p. 26) évoque :
- **une action complètement terminée :**
  Vivió mucho tiempo en esta casa. *Il a longtemps vécu (il vécut longtemps) dans cette maison.*
- ou **qui s'est passée à un moment précis :**
  Llegó el jueves a las diez. *Il est arrivé jeudi à dix heures.*

(Le passé simple est très employé en espagnol et peut être rendu en français par un passé composé. Attention, en espagnol, **le passé composé entre en concordance avec le présent** et ne peut être employé pour évoquer un passé révolu. Pour le **passé proche,** voir p. 57.)

Te **he dado** el libro esta mañana para que lo **leas.**
Te **di** el libro hace una semana para que lo **leyeras.**
Je t'ai donné ce livre (ce matin/il y a une semaine) pour que tu le lises.

4. **Le conditionnel (potencial** - cf. p. 25) a souvent la valeur d'un futur dans le passé :
  Afirmó que llegaría a las tres. *Il a affirmé qu'il arriverait à trois heures.*

5. **Dans les subordonnées au subjonctif,** tous ces temps entrent en **concordance avec l'imparfait du subjonctif :**

Me pedía		*Il me demandait*
Me pidió	que viniera.	*Il me demanda de venir*
Me pediría		*Il me demanderait*

HABLAR DEL FUTURO

1. ### El futuro : *Le futur*
   después : *après*
   después de, tras : *après*
   Tras mucho esperar. *Après avoir beaucoup attendu.*
   Yo llegaré después de ti. *Moi, j'arriverai après toi.*
   para el jueves, para el día dos : *pour jeudi, pour le 2*
   mañana : *demain*

   pasado mañana : *après demain*
   la próxima semana, la semana que viene : *la semaine prochaine*
   esta tarde, esta noche : *cet après-midi, cette nuit*
   en seguida, inmediatamente *(remarquez le "n" avant le "m")* : *tout de suite, immédiatement*
   pronto : *bientôt*
   más tarde : *plus tard*
   dentro de dos días : *dans deux jours*

2. **Pour parler de l'avenir, on emploie le futur** (cf. p. 25) :
   Mañana, iremos a verte. *Demain, nous irons te voir.*
   S'il s'agit d'un **futur proche** on peut utiliser aussi **ir a** ou **estar a punto de** (futur très proche) :
   Voy a decírselo ahora mismo a tu padre. *Je vais le dire immédiatement à ton père.*
   Está a punto de llegar. *Il est sur le point d'arriver.*

3. **Dans une subordonnée circonstancielle** ou relative, on emploie **le subjonctif présent à la place du futur** :
   Iremos cuando quieras. *Nous irons quand tu voudras.*
   el día (en) que + subj. : *le jour où*
   El día que yo me case. *Le jour où je me marierai.*

▶ Attention : Dans une proposition interrogative indirecte, on emploie le futur :
 ¿Cuándo vendrás? → Dime cuándo **vendrás.**
 (remarquez l'accent écrit sur le mot interrogatif)

LA DURACIÓN

la duración : *la durée*
durar : *durer*
desde ... hasta : *depuis ... jusqu'à*
 Estuvo trabajando desde el lunes hasta el jueves. *Il a travaillé de lundi à jeudi.*
hace + complément de temps
desde hace + complt de temps *il y a, depuis, ça fait*
llevar + complément de temps
 Hace media hora que te estoy esperando.
 Te estoy esperando desde hace media hora.
 Llevo media hora esperándote.
 Je t'attends depuis une demi-heure.
 Llevo tres días sin verlo. *Ça fait trois jours que je ne le vois pas.*
durante : *pendant, durant*
 durante la noche : *pendant la nuit*
por + complément de temps : *pour*
 He venido por unos días. *Je suis venu pour quelques jours.*

a + article défini/al cabo de + complément de temps : *au bout de*
    a los tres días, al cabo de tres días : *au bout de trois jours*

mientras tanto : *pendant ce temps.*

cuando
mientras | + phrase à l'indicatif | *quand*
al (mismo) tiempo que | | *pendant que*
| | *au moment où*

    Suele cantar mientras se ducha. *Il a l'habitude de chanter pendant qu'il se douche.*

tardar (en) : *tarder, mettre un certain temps*
    ¡Cuánto has tardado! *Tu en as mis du temps!*
    He tardado cinco minutos en escribir la carta. *J'ai mis cinq minutes à écrire la lettre.*

mucho (tiempo) : *longtemps, beaucoup (de temps)*
poco (tiempo) : *peu (de temps)*
    ¿Esperaste mucho? No, poco. *Tu as attendu longtemps? Non, pas beaucoup.*

rápido, a ≠ lento, a : *rapide* ≠ *lent*
pronto, rápido, rápidamente : *vite, rapidement*
de prisa : *vite, en hâte*
despacio, lentamente : *lentement*
a cien (kilómetros) por hora : *à cent (km) à l'heure*
todo el tiempo : *tout le temps*
siempre : *toujours*
no dejar de + infinitif, no parar de + infinitif : *ne pas cesser de*
    No dejó de llover en toda la mañana. *Il n'a pas cessé de pleuvoir de toute la matinée.*

LOS SUCESIVOS MOMENTOS

los sucesivos momentos : *les moments successifs*
com**e**nzar [ie] (a), emp**e**zar [ie] (a) + infinitif : *commencer (à)*
ponerse a ♯, echar a : *se mettre à*
    Se puso a reir y echó a correr. *Il se mit à rire et partit en courant.*
el comienzo, el principio : *le début*
al principio : *au début*
primero : *d'abord*
luego, después, a continuación : *ensuite*
a mediados de (mes) : *au milieu du (mois)*
más tarde : *plus tard*
seguir [i] + gérondif : *continuer à*
    Sigue lloviendo. *Il continue à pleuvoir.*
acabar, terminar (de + infinitif) : *terminer, finir (de)*
    He acabado mi trabajo. *J'ai fini mon travail.*

SITUAR EN EL TIEMPO **63**

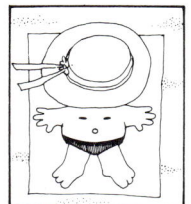

¿Has terminado ya de desayunar? *As-tu fini de prendre ton petit déjeuner?*
dejar de + infinitif : *cesser de*
  Deja de gritar y escúchame. *Cesse de crier et écoute-moi.*
el fin, el final : *la fin*
por fin, al fin, en fin : *enfin*
por último : *en dernier lieu*
conservar(se), mantener(se) [ie] ♯, quedar(se) : *conserver, rester, demeurer*
  El ejercicio conserva la salud. *L'exercice préserve la santé.*

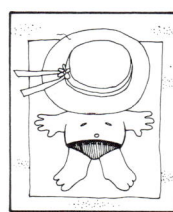

  Se conserva intacto el edifico. *L'édifice est resté intact.*
poco a poco : *peu à peu*
cambiar, convertir [i, ie] : *changer, convertir, faire*
  La guerra le convirtió en el hombre más rico del mundo. *La guerre en fit l'homme le plus riche du monde.*
transformar(se) : *(se) transformer*
resultar : *être (indique le résultat d'un processus)*
  Sus esfuerzos resultaron vanos. *Ses efforts demeurèrent vains.*

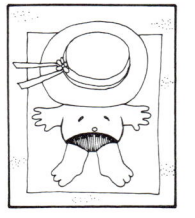

devenir :
— llegar a ser, hacerse ♯ : *devenir*
  Se ha hecho un hombre. *Il est devenu un homme (transformation qui suppose une durée ou un effort).*
— volverse [ue] (p. passé : vuelto) : *devenir*
  Se ha vuelto loco con el ruido. *Le bruit l'a rendu fou (transformation rapide).*
— ponerse ♯ : *devenir*
  Se ha puesto colorado. *Il est devenu tout rouge (transformation rapide et peu durable).*

LA FRECUENCIA

la frecuencia : *la fréquence*
siempre : *toujours*
todos los días, a diario : *tous les jours*
diario : *journalier*
por semana : *par semaine*
cada día : *chaque jour*
cada dos días : *tous les deux jours*
¿cuántas veces? : *combien de fois?*
tres veces al día, a la semana : *trois fois par jour, par semaine*
repetidas veces, muchas veces : *souvent*
frecuentemente : *fréquemment*
varias veces : *plusieurs fois*

64 SITUAR EN EL TIEMPO

de vez en cuando : *de temps en temps*
cada vez : *chaque fois*
a veces : *parfois*
pocas veces : *rarement*
casi nunca : *presque jamais*
nunca : *jamais*
   Nunca lo hace. No lo hace nunca. *Il ne fait jamais ça (cf. p. 18).*
normalmente : *normalement*
por lo general, generalmente : *généralement*
soler [ue] + infinitif : *avoir l'habitude de*
   Suele correr mucho con el coche. *Il conduit très vite (sa voiture).*
acostumbrar + infinitif, estar acostumbrado a, tener costumbre de : *avoir l'habitude de*
   Acostumbra venir los sábados.
   Está acostumbrado a venir los sábados.
   Tiene costumbre de venir los sábados.
   Suele venir los sábados.
   Il vient généralement le samedi.
una costumbre : *une habitude*
otra vez, una vez más : *encore, une fois de plus*
*v*olver [ue] a (p. passé : vuelto) : *re-, faire à nouveau*
   Lo hiciste ayer y lo has vuelto a hacer hoy.
   Tu l'as fait hier et tu l'as refait aujourd'hui.
   No vuelvas a hacerlo. *Ne le refais pas.*
repetir [i] : *répéter*

Te toca a ti

1. Le présent (▶ pp. 22 et 57)
* **a. Lisez ce dépliant de la RENFE et répondez aux questions suivantes :**

Somos plenamente conscientes de la importancia primordial que tiene la información en una empresa de servicios. Por ello, hemos multiplicado nuestras líneas telefónicas :			
Población	**prefijo**	**teléfono**	**horario**
Barcelona	93	322 41 42	ininterrumpido las 24 horas
Madrid	91	429 05 18	7 30 a 23 30
Santiago de Compostela	981	59 60 50	7 00 a 23 00 (excepto sáb. dom. y fest.)
Sevilla	954	41 41 11	7 00 a 23 00

C'est samedi, il est 7 heures un quart. Puis-je avoir une information dans chacune des villes citées ?

Vérifiez : Hoy es sábado y son las 7 y cuarto. Puedo pedir información en Barcelona y Sevilla, pero tengo que esperar un cuarto de hora para llamar a Madrid ; y en Santiago de Compostela no me van a contestar antes del lunes porque cierran los sábados, domingos y días festivos.

SITUAR EN EL TIEMPO   65

* **b. Regardez la fiche d'information concernant les trains Paris-Madrid.**
  Quels sont les horaires ? Quel est le train le plus rapide et pourquoi ?
  Peut-on voyager assis dans les deux cas ?

E	EC	Tipo de tren	E	EC	
301 300	407 406	Número de movimiento	303 302	409 408	
	Talgo	Calidad		Talgo	
1-2		Plazas sentadas	1-2		
⊨	⇌	Plazas acostadas	⊨	⇌	
✕	✕	Prestaciones	✕	✕	
D	**T**	Suplemento	**D**	**T**	
1	**3**	Observaciones	**2**	**3**	
18 10 21 51 23 24 23 49 1 37 2 03 2 08 │ 4 10 4 42 5 56 7 05 10 30	19 40 22 22 │ │ │ │ │ │ │ │ 4 00 5 05 8 30	**Madrid-Chamartín** Burgos Miranda de Ebro Vitoria/Gasteiz San Sebastián/Donostia Irún Hendaya Biarritz Bayonne Dax Bordeaux Angoulême ○ **Paris-Austerlitz**	9 55 6 26 5 06 4 21 2 24 2 04 0 30 0 08 23 59 23 29 22 21 21 15 17 45	8 32 5 51 │ │ │ │ │ │ │ │ 0 27 23 21 20 00	

1 Estrella P. Sol. Los viajeros de 1.ª y 2.ª transbordarán en Hendaya. Servicio de Restaurante hasta Miranda de Ebro. Lleva coche Rail-Club. Lleva servicio de Auto Expreso.

2 Estrella P. Sol. Los viajeros de 1.ª y 2.ª transbordarán en Irún. Servicio de Restaurante desde Miranda de Ebro. Lleva servicio de Auto Expreso y coche Rail-Club.

3 Eurocity Madrid-Paris. Madrid Talgo.

Vérifiez : El Puerta del Sol sale de París a las seis menos cuarto de la tarde y llega a Madrid a las diez menos cinco. El Talgo sale de París a las ocho de la tarde y llega a Madrid un poco después de las ocho y media de la mañana (las ocho treinta y dos minutos). El tren ø más rápido es el Talgo porque sólo para en Angoulême, Bordeaux y Burgos. Además no hay transbordo en Irún. Pero en el Talgo no se puede ir sentado : sólo hay coches-camas.

2. Parler du présent et du passé (▶ pp. 22 à 27 et 56 à 59)
** **Mettez les verbes entre parenthèses au temps qui convient :**

Susi ya está sentada en el avión. Pepe Rey (darle) la tarde libre. (Tener) tiempo de comer tranquilamente, preparar la maleta, ducharse, arreglarse y llegar al aeropuerto para coger el avión de las siete. También (llamar) a Francisco para decirle que (llegar) sobre las ocho si todo (ir) bien. El avión ya (estar) lleno, (cerrar) las puertas y (oírse) la voz de una azafata : ''Buenos tardes, señores pasajeros, el comandante Linares y toda su tripulación (darles) la bienvenida a bordo del Boeing 727 ''Ciudad de Mallorca''. Les (rogar) que (abrocharse) los cinturones, (mantener) el asiento en...''. La azafata (seguir) (dar) instrucciones, pero Susi ya no la (escuchar).
(Recordar) el día que (conocer) a Francisco. (Ser) en el verano del 77. Una tarde, cuando (pasar) por San Cristóbal, (caerse) de la bicicleta y (hacerse) bastante daño. Unas personas que (pasar) por ahí (llevarla) a casa del médico del pueblo. (Ser) Francisco.

Loreto DE MIGUEL y Alba SANTOS, *Do de pecho,* Edelsa - Edi 6, 1987.

Vérifiez : le ha dado *(passé composé car on est dans le passé tout proche, presque présent)* - ha tenido - ha llamado - llegará *(elle a appelé pour dire qu'elle arrivera : nous sommes dans le présent et nous nous projetons dans le futur)* - va - está - cierran/han cerrado *(on 3ᵉ pers. pluriel, cf. p. 44)* - se oye - les damos *(1ʳᵉ pers. du pluriel car l'hôtesse fait partie de l'équipage)* - rogamos - se abrochen - mantengan - sigue dando - escucha - recuerda - conoció *(cette fois-ci on parle du passé, d'où l'emploi du passé simple)* - Fue *(on date une action passée)* - pasaba *(l'action est évoquée dans sa durée)* - se cayó *(action ponctuelle)* - se hizo - pasaban - la llevaron - Era.

*3. Expression de la durée : donnez deux tournures équivalentes pour chacune des phrases suivantes :

1. Hace tres horas que estamos trabajando.
2. Estas señoras están charlando desde hace media hora.
3. Los niños llevan dos días sin comer.

Vérifiez : 1. Estamos trabajando desde hace tres horas ; llevamos tres horas trabajando - 2. Hace media hora que estas señoras están charlando ; estas señoras llevan media hora charlando - 3. Hace dos días que los niños no comen ; los niños no comen desde hace dos días.

4. Parler du futur (▶ pp. 25 et 60)
** Traduisez les vignettes des pages 60 et 61 et comparez votre traduction avec le texte ci-dessous.

Attention : on parle à César en employant le ''vos'' qui s'utilisait autrefois en espagnol au lieu du moderne ''usted'' (cf. *Lazarillo* ou *Don Quichotte*). Cette marque de respect s'emploie encore actuellement lorsque le ton est emphatique (lors d'un discours officiel pour s'adresser à l'autorité ou au visiteur de marque, par exemple).

— Alors, il paraît que tu veux nous résister ?
— Parfaitement ! Tant que nous serons là, nous ne vous laisserons pas une seconde en paix !
— Tu n'en feras rien, car nous tenons ton fils en otage. Tant que vous resterez tranquilles, il ne lui arrivera rien. Sinon...
— Ouille !
— Quand nous te rendrons ton fils, il sera imprégné de culture romaine...
Plus tard...
— Que fait-on de l'otage, ô César ? Ce serait dangereux de le garder ici.
— Hmoui... Il faut l'envoyer loin d'Hispanie... Il y a en Gaule quelques garnisons désœuvrées... Tartopum, par exemple...
— Babaorum, vous voulez dire, ô César.
— C'est ça. Qu'on l'envoie là-bas sur l'heure et qu'il soit bien traité. Les têtes de son escorte répondront de la sienne.

— Maintenant que nous sommes presque arrivés au camp de Babaorum, tu veux t'arrêter pour jouer... eh bien non !
— N'oubliez pas, ô Claudius Nonpossumus, que s'il m'arrive quelque chose, ta tête répondra de la mienne !
— Et alors ?
— Et alors, je vais retenir ma respiration jusqu'à ce qu'il m'arrive quelque chose.
— Arrête ! Nous ferons tout ce que tu voudras !

9. Describir y caracterizar

Décrire et caractériser

SER/ESTAR

- SER/ESTAR : ÊTRE
- **SER** vient du latin ESSE, dont dérivent en français les mots "essence", "essentiel" : on l'emploie en espagnol **pour caractériser.**
- **ESTAR** vient du latin STARE, qui signifie "se tenir debout" : en espagnol, il indique **un état**, une qualité accidentelle (non essentielle, **non caractéristique**).

Devant un nom, pronom, nombre, infinitif. Devant les tournures indiquant l'**origine, l'appartenance, la matière.**	**toujours SER**	Su hermano **es médico.** ¿Quién es? **Soy yo.** ¿Cuántos sois? **Somos cinco.** Eso es hablar. Borges es de Argentina. **Este libro es mío.** La mesa es de madera.
Devant compl. de lieu ou de temps **Devant un gérondif**	**toujours ESTAR**	Su abuelo **está en** Madrid. **Estamos en** primavera. **Estoy leyendo.**
Devant part. passé	**SER = passif** **ESTAR = résultat d'une action**	Los ladrones **fueron detenidos por** la policía *(action qui a pour conséquence →)* Los ladrones están encarcelados.
Devant adjectif	**SER = caractéristique essentielle** **ESTAR = état, même durable, lié aux circonstances**	Ana es joven y guapa. Los niños están cansados. ¡Qué sucio está este río!

Modifications de sens suivant le verbe employé :
 ser malo *(être méchant)* – estar malo *(être malade)*
 ser rico *(être riche)* – estar rico *(être délicieux)*
 ser listo *(être intelligent)* – estar listo *(être prêt)*
 etc.

CARACTERIZAR

1. La dimensión : *La dimension*

el tamaño : *la taille*
grande ≠ pequeño, a : *grand, e ≠ petit, e*
(gran + nom sing.)
   un gran actor : *un grand acteur*
   una gran experiencia : *une grande expérience*
   una casa grande : *une grande maison*
ancho, a ≠ estrecho, a : *large ≠ étroit, e*
   una calle estrecha : *une rue étroite*
alto, a ≠ bajo, a : *grand, e; haut, e ≠ petit, e; bas, basse*
   un chico alto : *un garçon grand*
   una frente baja : *un front bas*
largo, a ≠ corto, a : *long, longue ≠ court, e*
amplio, a : *vaste*

la forma : *la forme*
redondo, a : *rond, e*
cuadrado, a : *carré, e*

El peso : *Le poids*
pesado, a ≠ ligero, a : *lourd, e ≠ léger, légère*
   una carga pesada : *une lourde charge*
pesar mucho ≠ pesar poco : *être lourd ≠ ne pas peser beaucoup*
   Este bolso pesa mucho. *Ce sac est lourd.*
gordo, a ≠ delgado, a : *gros, grosse ≠ maigre*
   Don Quijote era muy delgado. *Don Quichotte était très maigre.*

El volumen : *Le volume*
llenar : *remplir*
lleno, a ≠ vacío, a : *plein, e ≠ vide*
estar medio lleno, a ≠ medio vacío, a : *être à moitié plein, e ≠ à moitié vide*

2. La temperatura : *La température*

El calor : *la chaleur*
   Hace (mucho) calor. *Il fait (très) chaud.*
caliente : *chaud, e*
   el agua caliente : *l'eau chaude*
fresco, a : *frais, fraîche*
   el agua fresca : *l'eau fraîche*
el frío : *le froid*
   Hace (mucho) frío. *Il fait (très) froid.*
   Tengo (mucho) frío. *J'ai (très) froid.*
frío, a : *froid, e*

Se está muy bien aquí. *On est très bien ici.*
No se está mal aquí. *On n'est pas mal ici.*

3. El color : *La couleur (masculin en espagnol)*

amarillo, a : *jaune*
azul : *bleu, e*
blanco, a : *blanc, blanche*
gris : *gris, e*
marrón : *marron*
color naranja : *orange*
negro, a : *noir, e*
rojo, a : *rouge*
verde : *vert, e*
claro, a : *clair, e*
oscuro, a : *foncé, e*

4. El sabor : *La saveur (masculin en espagnol)*

saber **a** ≠ : *avoir le goût de*
 Esta medicina sabe **a** naranja. *Ce médicament a un goût d'orange.*
probar [ue] : *goûter*
saber ≠ bien/mal : *avoir bon/mauvais goût*
no saber ≠ a nada : *n'avoir aucun goût*
bueno, a, rico, a : *bon, bonne*
malo, a : *mauvais, e*
dulce : *sucré*
salado, a : *salé, e*
amargo, a : *amer, amère*

5. El olor : *L'odeur (masculin en espagnol)*

oler [ue] **(a)** : *sentir*
 Huele bien/mal. *Ça sent bon/mauvais.*
 Huela a rosa. *Ça sent la rose.*

6. El sonido : *Le son*

fuerte ≠ débil : *fort, e ≠ faible*
oír ≠ : *entendre*
 No se oye nada. *On n'entend rien.*

7. El tacto : *Le toucher*

tocar : *toucher*
duro, a : *dur, e*
blando, a : *mou, molle*
húmedo, a : *humide*
seco, a : *sec, sèche*
mojado, a : *mouillé, e*
mojar : *mouiller*

8. El material : *La matière, le matériau*

es de metal, oro, plata, acero : *c'est en métal, or, argent, acier*
es de plástico : *c'est en plastique*
es de cuero : *c'est en cuir*
es de madera : *c'est en bois*
es de lana : *c'est en laine*

9. La calidad : *La qualité*

bueno, a ≠ malo, a : *bon, bonne ≠ mauvais, e*
nuevo, a ≠ usado, a : *neuf, neuve ≠ usagé, e*
nuevo, a ≠ viejo, a : *neuf, neuve ≠ vieux, vieille*
corriente, normal ≠ especial : *normal, e ≠ spécial, e*
único, a, especial, particular : *unique, spécial, e, particulier, ère*
tal, semejante, igual : *tel, telle, semblable*
otro, a : *autre, différent, e*
Lorsque les adjectifs **tal, semejante, igual, otro** sont placés devant le nom, on n'emploie pas l'article indéfini :
 En ø tal situación. *Dans une telle situation.*
 En ø semejante caso. *Dans un cas semblable.*
 Cuéntame ø otro cuento. *Raconte-moi une autre histoire.*

LA CANTIDAD

la cantidad : *la quantité*

1. El número : *Le nombre*

numeroso, a : *nombreux, euse*
¿Cuánto vale? *Ça vaut combien?*
¿Cuántos (as) sois en total? *Combien êtes-vous en tout?*
¡Cuántos hermanos tienes! *Tu en as des frères!*

una cifra : *un chiffre*
cero, uno, dos, tres, cuatro, cinco, seis, siete, ocho, nueve, diez
once, doce, trece, catorce, quince, dieciséis, diecisiete, dieciocho, diecinueve, veinte
veintiuno, veintidós, veintitrés, veinticuatro, veinticinco, veintiséis, veintisiete, veintiocho, veintinueve
treinta, cuarenta, cincuenta, sesenta, setenta, ochenta, noventa, cien
ciento uno, ciento dos, etc.
cien + nom − cien + multiple : cien niños *(cent enfants),* cien mil años *(cent mille ans)*
doscientos, trescientos, cuatrocientos, **quinientos,** seiscientos, setecientos, ochocientos, novecientos
mil, dos mil, cien mil,
un millón

mil millones : *un milliard*

1992 : mil novecientos noventa **y** dos. (Le **y** n'apparaît qu'entre le chiffre des dizaines et celui des unités. 1907 : mil novecientos ø siete.)

primero, segundo, tercero, cuarto, quinto, sexto, séptimo, octavo, noveno, décimo : *premier, deuxième, etc.* A partir de 11, on emploie généralement le nombre cardinal : Carlos I (Primero), Felipe II (Segundo), Alfonso XIII (Trece), el siglo XV (quince)
el primer hijo : *le 1er enfant*
el tercer párrafo : *le 3e paragraphe*

voir la formation du **pluriel,** p. 33.
el doble : *le double*
la mitad : *la moitié*
ø otro, a : *un, e autre*

2. El grado, la importancia : *Le degré, l'importance*

a. Adverbes employés seuls

en absoluto : *pas du tout*
   No me molestas en absoluto. *Tu ne me déranges pas du tout.*
nada : *pas du tout*
   No ha dormido casi nada. *Il n'a presque pas dormi.*
apenas : *à peine*
   Apenas ha dormido. *C'est à peine s'il a dormi.*
(muy) poco : *(très) peu*
un poco, algo : *un peu*
bastante : *assez*
mucho : *beaucoup*
tanto : *autant*
demasiado : *trop*
   Ha dormido poco (algo, bastante, mucho, demasiado). *Il a peu dormi (un peu, assez, beaucoup, trop).*

b. Adjectifs devant un nom

poco, a, os, as		*peu de*
bastante, s; suficiente, s		*assez de*
varios, as	ø + nom	*plusieurs*
mucho, a, os, as		*beaucoup de*
demasiado, a, os, as		*trop de*
tanto, a, os, as		*tant de*

mucha agua : *beaucoup d'eau*
pocos amigos : *peu d'amis*
Tengo **bastantes cosas** que hacer. *J'ai pas mal de choses à faire.*
Notez l'absence en espagnol d'article partitif ("de") après ces adjectifs.

ø otro, a, os, as : *un (e) autre, d'autres*
ø medio, a : *un (e) demi-*

¿Desea otra cosa? *Désirez-vous autre chose?*
Déme medio kilo de patatas. *Donnez-moi une livre (un demi-kilo) de pommes de terre.*
Notez l'absence d'article indéfini devant "otro" et "medio".

c. Adverbe devant un adjectif ou un adverbe
nada : *pas du tout*
   No estoy nada contento. *Je ne suis pas du tout content.*
poco : *peu*
   ¡Qué poco amable es esta señora! *Cette dame est bien peu aimable!*
algo, un poco : *un peu*
   Estás algo triste ¿no? *Tu es un peu triste, n'est-ce pas?*
bastante : *assez*
muy : *beaucoup*
   Estoy muy contento. *Je suis très content.*
demasiado : *trop*
más ≠ menos : *plus ≠ moins*
mucho (poco, algo) más ≠ mucho (poco, algo) menos : *beaucoup (un peu) plus ≠ beaucoup (un peu) moins*
   Eres **mucho más** alto que yo. *Tu es beaucoup plus grand que moi.*
tan : *si*
   ¡Estoy tan contento! *Je suis si content!*
   Es tan amable que todos lo quieren. *Il est si aimable que tout le monde l'aime.*
tan : aussi
   Eres tan alto como yo. *Tu es aussi grand que moi.*
completamente, totalmente : *complètement, totalement*
incluso, hasta : *même*
   Estaba tranquilo e incluso alegre (y hasta alegre). *Il était tranquille et même joyeux.*
del todo : *tout à fait*
completo, a : *complet, complète*
en parte : *en partie*
lo demás : *le reste*
   lo demás me da igual. *Le reste m'est égal.*
los (las) demás : *les autres*
   ¿Dónde están los demás? *Où sont les autres?*

3. L'exclamation

– **Elle est précédée d'un point d'exclamation à l'envers.**
– Le mot exclamatif porte toujours **un accent écrit.**

¡Mot exclamatif + nom ou proposition!
¡qué...! : *quel, quelle...!*
¡cómo...! : *comme...!*
¡cuánto...! : *combien, comme...!*
¡cuántos, cuántas ...! : *que de ...!*

¡Cuánto ha crecido este niño! *Comme cet enfant a grandi!*
¡Cómo llueve! *Qu'est-ce qu'il pleut!*
¡Cuántos barcos! ¡Qué de barcos! *Que de bateaux!*
¡Qué viaje! *Quel voyage!*

¡Qué + adjectif + verbe!
   ¡Qué largo es este viaje! *Comme ce voyage est long!*
   ¡Qué contento estoy! *Comme je suis content!*

¡Qué + substantif + tan (ou "más") + adjectif!
   ¡Qué viaje tan largo! ¡Qué viaje más largo! *Comme ce voyage est long!*

L'exclamation indirecte
lo + adjectif ou adverbe + que : *combien, comme*
   Mira lo contentas que están las chicas.
   ↑_____↑
   Regarde comme les filles sont contentes.
Notez que "lo" est invariable.

LA COMPARAISON

1.   como : *comme*
   comparar a/con : *comparer à/avec*
      Tu trabajo es divertido si se compara con el mío. *Ton travail est amusant comparé au mien.*
   por una parte : *d'une part*
   por otra parte : *d'autre part*
   igual ≠ desigual : *égal, e ≠ inégal, e*
   más ≠ menos : *plus ≠ moins*
      Eva es más alta que Sonia. *Eva est plus grande que Sonia.*
      el chico más guapo : *le garçon le plus beau*
   Notez que **l'article défini n'est pas répété :**
      el chico ⌀ más guapo.
   mismo, a : *même, pareil, eille*
      Tienes el mismo libro que **yo**. *Tu as le même livre que moi.*
   semejante (a), parecido, a (a) : *semblable à, pareil, eille à*
      Tu gato es parecido al mío. *Ton chat ressemble au mien.*
   distinto, a (de), diferente (de), otro, a : *différent, e (de)*
      Esta tela es distinta de esta otra. *Cette toile-ci est différente de celle-là.*
   parecerse a ≠ diferir [i, ie] : *ressembler à ≠ être différent de*
      Iván se parece a su padre. *Ivan ressemble à son père.*
   la diferencia : *la différence*
   con relación a, respecto a/de : *par rapport à*
      No hay nada nuevo respecto al viaje. *Il n'y a rien de nouveau en ce qui concerne le voyage.*
   igualmente : *pareillement*

como si + imparfait du subjonctif : *comme si*
Me siento como si tuvieva diez años menos. *Je me sens comme si j'avais dix ans de moins.*

2. La igualdad : *l'égalité*

> tan + adjectif + como
> tanto, a, os, as + nom + como
> tanto como

Soy tan alto como tú. *Je suis aussi grand que toi.* Remarquez l'emploi du pronom sujet dans la deuxième partie de la phrase (Soy tan alto como tú eres).
Hay tantos chicos como chicas. *Il y a autant de garçons que de filles.*
Ha trabajado **tanto como** lo había prometido. *Il a travaillé autant qu'il l'avait promis.*

3. La superioridad, la inferioridad : *La supériorité, l'infériorité*

> más... que
> menos... que

Soy más alto que tú. *Je suis plus grand que toi (que tu n'es).*

Remarquez l'emploi du pronom sujet en espagnol dans la deuxième moitié de la phrase.

Hay menos chicos que chicas. *Il y a moins de garçons que de filles.*

más (menos) + adjectif ou adverbe + de lo que
más (menos) + nom + del que (de la que, de los que, de las que)

Estas chicas son **más** serias **de lo que** parecen. *Ces filles sont plus sérieuses qu'elles n'en ont l'air.*
Hace **más de lo que** puede. *Il en fait plus qu'il ne peut.*
Han venido **más chicas de las que** dijiste. *Il est venu plus de filles que tu ne l'avais dit.*
mayor, menor : *plus grand, e, plus petit, e*
Sonia es mayor que Vanesa. *Sonia est plus âgée que Vanessa.*
mejor, peor : *meilleur, e, pire*
superior, inferior : *superieur, e, inférieur, e*
máximo, a : *le (la) plus grand (e)*
el líder máximo : *le chef suprême, le grand chef*

Te toca a ti

1. Ser/Estar (▶ p. 67)
* Dans le texte suivant, remplacez les pointillés par le verbe ''ser'' ou ''estar'' convenablement conjugué.

— Mira, yo ... en Madrid pasando unos días para hacer un reportaje sobre las fiestas de San Isidro.
— ¿... periodista?
— Bueno, más o menos. Hago fotos y artículos de viajes para algunas revistas, pero también ... relaciones públicas.
— ¿Y no ... de aquí?
— No. Yo ... catalán, de Barcelona, pero viajo mucho por cuestiones de trabajo. Bueno, pues ayer recibí esta nota. Toma.
— ''Usted sabe demasiadas cosas. Ojo, o le mataremos'', ¡Vaya! ¿Y dónde te enviaron?
— A casa de Laura.
¿Y cómo saben que ... ahí?
— Ni idea.
Entra Susi.
— Jefe, llaman al señor Roca por teléfono.
— Toma. Cógelo aquí — le dice Pepe a José Roca.
— ¿Diga?
— José -dice Laura al otro lado del teléfono-, alguien ha entrado en casa, ... todo desordenado : papeles y ropa por el suelo, todos los armarios y los cajones abiertos. ... muy nerviosa.

Loreto de MIGUEL y Alba SANTOS, *El hombre que veía demasiado,*
Edelsa - Edi 6, 1987.

Vérifiez : estoy *(indication d'un lieu)* - Eres *(on caractérise par la profession ; d'autre part, devant un nom, on emploie toujours "ser")* - soy *(idem)* - eres *(l'origine)* - soy *(on caractérise - cf. la nationalité)* - estás *(lieu)* - está *(Il ne s'agit pas d'une voix passive ; il s'agit du résultat d'une action antérieure, en l'occurrence, le passage des cambrioleurs)* - Estoy *(état résultant des circonstances).*

2. Le degré, l'importance (▶ pp. 71-72)
* Complétez les phrases suivantes avec le mot qui vous paraît convenir.
1. Tengo ... prisa : no puedo quedarme contigo hoy.
2. La verdad es que tienes ... ganas de estar conmigo.
3. Tengo sueño : no he dormido ...
4. No se puede circular, hay ... coches.
5. La dieta del futuro : ... carne y ... cereales.
6. Eva y yo somos ... buenas amigas.
7. Había ... gente que no pude acercarme.
8. Este libro no es ... interesante ... dices.

Vérifiez : 1. mucha *(adjectif s'accordant avec "prisa")* - 2. pocas *(id. s'accorde avec "ganas")* - 3. bastante *(adverbe)* - 4. demasiados *(adjectif ; "coche" est masculin)* - 5. menos ... más *ou* poca ... muchos *("cereal" est masculin)* - 6. muy *(adverbe devant adjectif)* - 7. tanta *(adjectif)* - 8. tan ... como *(comparatif d'égalité).*

3. Les comparatifs (▶ p. 73)
* Mettez au féminin puis au pluriel :
1. Un hermano mayor.
2. El mejor padre.
3. Un hombre superior.
4. El peor de todos.
5. Un chico menor de edad.

Vérifiez : 1. Una hermana mayor - Unos hermanos mayores - 2. La mejor madre - Los mejores padres - 3. Una mujer superior - Unos hombres (unas mujeres) superiores - 4. La peor de todas - Los peores de todos - 5. Una chica menor de edad - Unos chicos menores de edad.

4. L'exclamation (▶ pp. 72-73)
** Unos zapatos bonitos → ¡Qué zapatos tan (más) bonitos!, *ou* ¡Qué bonitos son estos zapatos! *ou* Mira lo bonitos que son estos zapatos.
Sur ce modèle, formulez des exclamations directes et indirectes à partir des suggestions suivantes :
1. Un coche rápido.
2. Una tienda pequeña.
3. Unas flores que huelen bien.
4. Unos chicos numerosos.
5. Una torre alta.
6. Unos vestidos sucios.

Vérifiez : 1. ¡Qué rápido es este coche! ¡Qué coche más (tan) rápido! Mira lo rápido que es este coche. - 2. ¡Qué pequeña es esta tienda! ¡Qué tienda más (tan) pequeña! Es increíble lo pequeña que es esta tienda - 3. ¡Qué bien huelen estas flores! No sabes lo bien que huelen estas flores - 4. ¡Cuántos chicos! No te puedes imaginar lo numerosos que han venido los chicos - 5. ¡Qué alta es esta torre! ¡Qué torre más alta! Impresiona ver lo alta que es esta torre - 6. ¡Qué sucios están estos vestidos ("están" *car ce n'est pas habituel et c'est le résultat d'une action antérieure*) ¡Qué vestidos tan sucios! Mira lo sucios que están estos vestidos.

10. Hacer

Faire

hacer ♯ : *faire*
un hecho : *un fait*
una acción, un acto : *une action, un acte*
pasar, tener ♯ lugar, ocurrir, suceder, acontecer : *avoir lieu, se passer*
(*Notez que le verbe "pasar" n'est pas pronominal.*)
un acontecimiento, un suceso : *un événement*
crear : *créer*
establecer ♯ : *établir*
realizar : *réaliser*
la realización : *la réalisation*

EL DESEO DE HACER ALGO

El deseo de hacer algo : *le désir de faire quelque chose*
desear : *désirer*
  Le deseo un buen viaje. *Je vous souhaite un bon voyage.*
  Estoy deseando que llegue el buen tiempo. *J'ai hâte que le beau temps arrive.*
(desear) **que + subjonctif présent**
  Que tengan Vdes un buen viaje. *Faites un bon voyage, (je souhaite) que vous fassiez un bon voyage.*

ojalá ø + subjonctif : *pourvu que.*
¡Ojalá no llueva! *Pourvu qu'il ne pleuve pas!*
querer ♯ : *vouloir*

Quiero irme. *Je veux m'en aller* (le sujet de "quiero" et de "ir" est le même).

Quisiera que me escuchases. *Je voudrais que tu m'écoutes* (le sujet de "quisiera" n'est pas le même que celui de "escuchases", ce qui entraîne l'emploi de "que + subjonctif"; remarquez ici la concordance des temps – cf. p. 59).

tener ♯ ganas de : *avoir envie de*
la voluntad, la intención : *le désir, l'intention*
esperar : *espérer*

Espero que no lloverá, espero que no llueva. *J'espère qu'il ne pleuvra pas* (le mode employé indique que l'on croit plus ou moins à ses propres paroles - cf. p. 28).

intentar ø hacer algo : *essayer de faire quelque chose* (remarquez la construction directe du verbe)
decidir ø hacer algo : *décider de faire quelque chose* (remarquez la construction directe du verbe)

Decidí marcharme. *Je décidai de m'en aller.*

LA POSIBILIDAD DE HACER ALGO

La posibilidad, la dificultad o la capacidad de hacer algo : *la possibilité, la difficulté ou la capacité de faire quelque chose*

es (im)posible + **infinitif** : *il est (im)posible de* + *infinitif*
  + **que** + **subord. au subjonct.** : *que* + *subord. subj.*

(Notez la construction directe avec l'infinitif, celui-ci étant sujet de "es".)

Es posible ø hacerlo. *Il est possible de le faire.*
Es posible que se haga. *Il est possible que ça se fasse.*
Es imposible ø callarla. *Il est impossible de la faire taire.*

ser (in) capaz de + infinitif : *être (in) capable de*

Soy capaz de hacerlo. *Je suis capable de le faire.*

poder [ue] ♯ : *pouvoir*

Puedes hacerlo. Es posible que tú lo hagas.
Eres capaz de hacerlo.

es fácil + inf., es difícil + inf. : *il est facile (difficile) de*

Es fácil ø hacerlo. *C'est facile de le faire.* (Notez la construction directe, le verbe étant sujet de "es".)

conseguir [i] + inf. : réussir à (notez la construction directe)

Conseguí ø hacerlo. *J'ai réussi à le faire.*
conseguir [i], obt**e**ner [ie], llegar a tener : *obtenir*
  Has conseguido su permiso. *Tu as obtenu son autorisation.*
atreverse a : *oser*
  Él fue el único que se atrevió a salir. *Il a été le seul à oser sortir.*

LA OBLIGACIÓN

la obligación : *l'obligation*

1. L'obligation personnelle

tener que ≠ deber necesitar	+ infinitif
hace falta que **es necesario que** **es preciso que**	+ subordonnée au **subj.** (Attention à la concordance au passé ! cf. p. 59)

Tengo que irme. *Il faut que je m'en aille.*
Debo irme. *Il faut que je m'en aille (obligation morale).*
Es necesario que vengas. *Il faut que tu viennes.*
Necesitaba ganar más dinero, era preciso que ganara más dinero. *Il fallait que je gagne davantage d'argent.*

2. L'obligation générale

hay que **hace falta** **es necesario** es preciso	+ infinitif

Esto, hay que celebrarlo. *Il faut fêter cela.*

Para ir de París a Madrid, no hace falta pasar por Barcelona. *Pour aller de Paris à Madrid, on n'est pas obligé de passer par Barcelone.*

3. **una** orden : *un ordre;* pluriel : las órdenes
Les ordres sont donnés à l'**impératif** (cf. p. 23)
dar ♯ una orden : *donner un ordre*
recibir una orden : *recevoir un ordre*
cumplir una orden : *exécuter un ordre*
obedecer ♯ : *obéir*

mandar + inf., **mandar que** + **subj.** : *ordonner de*
   Te mandé que lo hicieras. *Je t'ai ordonné de le faire.*
pedir que [i] + subj. : *demander de*
   Me ha pedido que le acompañe. *Il m'a demandé de l'accompagner.*
rogar [ue] que + subj. : *prier de*
   Le ruego (que) me conteste cuanto antes. *Je vous prie de me répondre le plus tôt possible.*
un consejo : *un conseil*
aconsejar, recomendar [ie] que + subj. : *recommander, conseiller de*

Retenez la **construction avec subordonnée au subjonctif, différente** du français, pour les verbes d'**ordre** et de **prière**, et n'oubliez pas de respecter la **concordance des temps.**
prohibir : *interdire*
   (Está) prohibido fijar carteles. *Affichage interdit (litt. : Il est interdit de poser des affiches).*

4. **L'interdiction** est rendue par : no + subjonctif présent.
   No te vayas. *Ne t'en va pas.*

PEDIR PERMISO

pedir [i] permiso : *demander l'autorisation*
¿Puedo + infinitif? *Puis-je...?*
¿Me permite usted + inf. / que + subj.?
¿Me deja usted + infinitif / que + subj.? *Me permettez-vous de ...?*
 ¿Puedo salir? *Puis-je sortir?*
 ¿Me permite salir? *Me permettez-vous de sortir?*
 ¿Me dejas que te acompañe? *Me permets-tu de t'accompagner?*

vale : *d'accord*
muy bien : *très bien*
desde luego, claro : *bien sûr*
no : *non*
ni hablar : *pas question*
de ningún modo : *en aucune façon*
lo siento pero es imposible : *je suis désolé, mais c'est impossible.*

LA CONDICIÓN Y LA HIPÓTESIS

la condición : *La condition*
la hipótesis : *l'hypothèse*

Subordonnée	Principale	Sens
Si encuentro trabajo *(indicatif présent)*	me quedo (quedaré) en Barcelona *(indicatif présent ou futur)*	condition réalisable
Si encontrara (encontrase) trabajo *(subjonctif imparfait)*	me quedaría en Barcelona *(conditionnel présent)*	condition hypothétique ou difficilement réalisable
Si hubiera (hubiese) encontrado trabajo *(subjonctif plus-que-parfait)*	me habría quedado en Barcelona *(conditionnel passé)*	condition qui ne s'est pas réalisée

Remarquez que **l'indicatif** entre en concordance avec l'**indicatif** et que le **conditionnel** entraîne l'emploi d'un **subjonctif** dans la subordonnée.

▶ **De** + **infinitif** peut remplacer la subordonnée introduite par **si** :
De encontrar trabajo, me quedo (me quedaré, me quedaría)…
De haber encontrado trabajo, me habría (hubiera) quedado…

como si + **imparfait du subjonctif** : *comme si*
Me siento como si tuviera diez años menos. *Je me sens comme si j'avais dix ans de moins.*

LA OPOSICIÓN

La oposición : *l'opposition*
pero : *mais*
(no…) sino (que) : *mais — "sino" s'emploie à la place de "pero" quand la 1re partie de la phrase est négative et que "sino" introduit une opposition.*
Me gustaría ir pero estoy cansada. *J'aimerais y aller, mais je suis fatiguée.*
No lo dijo él sino yo. *Ce n'est pas lui qui l'a dit mais moi.*
No ayuda sino que estorba. *Il n'aide pas, il gêne.*
en cambio : *par contre*
al contrario, por el (lo) contrario : *au contraire*
sin embargo : *cependant*
Aunque, a pesar de que + *subordonnée le plus souvent à l'indicatif* : *bien que, quoique.*
Aunque llueve, han salido de paseo. *Bien qu'il pleuve, ils sont allés se promener.*
mientras que : *alors que*
Yo he hablado siempre bien de él, mientras que él no pierde ocasión de meterse conmigo. *Je n'ai jamais dit de mal de lui, alors que lui ne manque jamais une occasion de m'attaquer.*

EL AGENTE DE LA ACCIÓN

L'agent de l'action (celui qui agit) est en général le sujet du verbe, mais il peut être introduit par **por** (à la forme passive).
El Barcelona fue vencido **por el Real Madrid.** *L'équipe de Barcelone a été battue par le Real Madrid.*

A + COD DE PERSONNE

L'objet de l'action (COD) est introduit par **a** lorsqu'il s'agit d'une **personne** ou qu'il est particularisé :
Llamo a mi amigo. *J'appelle mon ami.*

Lorsqu'il est remplacé par un pronom personnel (me, te, lo, la, (le), se, nos, os, los, las, se, cf. p. 37), celui-ci se place avant le verbe, sauf si ce dernier est à l'infinitif, à l'impératif ou au gérondif :
Lo llamo. *Je l'appelle.*
Lláma**lo**. *Appelle-le.*
Tienes que llamar**lo**. *Il faut que tu l'appelles.*
Hace falta que **lo** llames. *Il faut que tu l'appelles.*
No **lo** llames. *Ne l'appelle pas.*

EL DESTINATARIO DE LA ACCIÓN

Le destinataire de l'action (appelé datif ou complément d'objet second ou complément d'attribution) est introduit par "**a**" ou "**para**". Lorsqu'il est remplacé par un pronom personnel (me, te, le, se, nos, os, les, se), voyez p. 38 comment il se place :
(**Le**) pido su libro **a Juan.** *Je demande son livre à Jean.*
(**Le**) doy un regalo **a mi hermano.** *Je donne un cadeau à mon frère.*
Estas flores son **para ti.** *Ces fleurs sont pour toi.*
Il est très souvent renforcé par un pronom explétif (qui n'est pas nécessaire mais donne plus de relief à la phrase) :
(**Le**) pregunté **a una gitana** de qué mal me moriría. *J'ai demandé à une gitane de quel mal je mourrais.*
(**Se**) lo pregunté **a la gitana.** *Je l'ai demandé à la gitane.*

LAS CIRCUNSTANCIAS DE LA ACCIÓN

las circunstancias de la acción : *les circonstances de l'action*
el lugar : *le lieu, voir pp. 49 à 54*
el momento : *le moment, voir pp. 55 à 66*

1. El modo, la manera : *La manière*

¿**cómo**? ¿de qué modo? ¿de qué manera? : *comment? de quelle façon?*

así, de esta manera, de esta forma : *ainsi, de cette façon*

adverbes en **"-mente"** : ils se forment à partir du féminin de l'adjectif :
   tonto, tonta → tontamente : *sottement*
   fácil, fácil → fácilmente : *facilement*

gérondif : *en + gérondif*
   Me lo dijo riendo. *Il me l'a dit en riant.*
con : *avec*
   con facilidad : *facilement*
al modo de, a la manera de : *à la façon de*
de cualquier modo (manera) : *n'importe comment*
del mismo modo que, como : *de la même façon que, comme*

2. El medio : *Le moyen*

con : *avec*
sin : *sans*
por medio de : *au moyen de*
por : *par*
   Se lo han quitado por la fuerza. *On le lui a ôté de force.*
   Lo conseguirá por su madre. *Il l'obtiendra grâce à sa mère.*
gracias a : *grâce à*
un medio : *un moyen*
un procedimiento : *un procédé*
un recurso : *un moyen*
un instrumento : *un instrument*
la manera, el modo : *la façon, la manière*
la manera como : *la manière dont*
un método : *une méthode*
un sistema : *un système*
la técnica : *la technique*

3. La causa : *La cause*

¿**Por qué...**? *Pourquoi?*

por, a causa de, debido a : *à cause de*
   Te has hecho daño por desobediente. *Tu t'es fait mal parce que tu as été désobéissant.*
porque + subord. : *parce que...*
   No ha venido porque está enfermo. *Il n'est pas venu parce qu'il est malade.*
que : *parce que, car*
   No te lo puedo decir, que no lo sé. *Je ne peux pas te le dire car je l'ignore.*

por eso : *pour cela, c'est pourquoi*
  No he dormido bastante, por eso no soy capaz de reflexionar. *Je n'ai pas assez dormi, c'est pourquoi je ne suis pas capable de réfléchir.*
de puro + adj. : *par*
  Mi madre se deja engañar de puro buena. *Ma mère se laisse tromper par pure bonté.*
dado que, puesto que, ya que : *étant donné que, puisque*
el motivo, la causa : *la cause, le motif*
el origen : *l'origine*
causar, ocasionar, dar ♯ lugar a : *causer, donner lieu à*
  El terremoto causó muchas víctimas. *Le tremblement de terre a causé de nombreuses victimes.*
  Su actitud ocasionó la risa de todos los presentes. *Son attitude a provoqué le rire de toute l'assistance.*
provocar, originar : *provoquer, être à l'origine de*
  Su intervención originó un desastre. *Son intervention a provoqué un désastre.*
producir ♯ : *produire*
m**o**ver a [ue] : *pousser à*
ante : *devant*
  Ante las dificultades de la empresa, tuvimos que renunciar. *Devant les difficultés de l'entreprise, nous avons dû renoncer.*

4. El fin : *Le but*

para, para que : *pour, pour que*
  Está ahorrando dinero para comprarse una casa. *Il fait des économies pour s'acheter une maison.*
  Se lo pregunté para salir de dudas. *Je lui ai posé la question pour en être sûr.*
  Te lo digo para que lo sepas. *Je te le dis pour que tu le saches.*
en vista de, con objeto de : *en vue de*
con la intención de, con la idea de : *dans l'intention de, avec l'idée de*
la intención, el propósito : *l'intention, le projet, le dessein*
el proyecto : *le projet*
el objetivo : *l'objectif* (Notez l'absence de ''c'')
el fin, la meta : *le but*
un plan : *un plan, un projet*
  ¿Qué plan tienes para esta tarde? *Qu'est-ce que tu comptes faire cet après-midi?*
tener propósito de : *avoir l'intention de*
querer [ie] ♯ : *vouloir*
intentar, procurar ø : *essayer de (Remarquez la construction directe.)*
  Intenté ø verlo. *J'ai essayé de le voir.*

proponerse ø ≠ : *se proposer de (Remarquez la construction directe.)*
   Me propongo ø ir de vacaciones a Sitges. *J'ai l'intention d'aller en vacances à Sitges.*
decidir ø : *décider de (Remarquez la construction directe.)*
   Decidió ø marcharse. *Il a décidé de partir.*
proyectar ø : *projeter de (Remarquez la construction directe.)*
pretender ø : *prétendre, essayer de (Remarquez la construction directe.)*
   Pretende ø convencerme. *Il prétend me convaincre.*
adrede, de propósito : *exprès*
conseguir [i], lograr + infinitif : *réussir à, arriver à (Remarquez la construction directe.)*
   Conseguí (logré) hacerlo. *Je suis arrivé à le faire.*
conseguir [i] : *obtenir*
   Ha conseguido una buena colocación. *Il a trouvé une bonne situation.*
   Conseguir sus fines. *Parvenir à ses fins.*
el éxito ≠ el fracaso : *le succès ≠ l'échec*
salir ≠ bien ≠ salir mal, fracasar : *réussir ≠ échouer*

5. La consecuencia : *La conséquence*

luego : *donc*
   Pienso, luego existo. *Je pense, donc je suis.*
entonces : *alors*
   Tengo que ir al dentista, entonces no puedo ir a tu casa. *Il faut que j'aille chez le dentiste, alors je ne peux pas aller chez toi.*
por lo tanto, por consiguiente : *par conséquent*
así pues, así que, de modo que, de suerte que : *de sorte que, si bien que*
total : *bref*
de ahí : *d'où*
   De ahí se deduce que... *D'où l'on déduit que...*
tanto que : *si bien que*
   Hizo tanto que consiguió lo que quería. *Il en fit tant qu'il obtint ce qu'il voulait.*
tan + adjectif ou adverbe... + que : *si... que*
   Hablaba tan bajo que nadie lo entendía. *Il parlait si bas que personne ne le comprenait.*
tanto, a, os, as + nom... + que : *tant de... que*
   Tanta gente había que no pudimos pasar. *Il y avait tant de gens que nous n'avons pas pu passer.*
consecutivo, a, consiguiente : *consécutif, ive, qui en découle*
   Recibimos la buena noticia con la consiguiente alegría. *Nous avons reçu la bonne nouvelle et nous en sommes réjouis.*
el efecto : *l'effet*
la consecuencia : *le résultat*

producir ≠ efecto, surtir efecto : *produire un effet*
repercutir en : *se répercuter sur* — en espagnol le verbe n'est pas pronominal
  Estos disgustos repercuten en su salud. *Ces contrariétés ont une répercussion sur sa santé.*
resultar : *résulter, s'ensuivre*
  De aquella boda resultó la nuestra. *De ce mariage, découla le nôtre.*
  De ello resulta que... *Il s'ensuit que...*
  En el accidente, tres personas resultaron muertas y otras dos resultaron heridas. *Dans cet accident, trois personnes ont trouvé la mort et deux ont été blessées.*

Te toca a ti

* 1. La possibilité, l'obligation, l'interdiction
Vous êtes à Paris sur le Boulevard Saint-Michel. Un couple d'Espagnols désireux d'aller voir Notre-Dame vous aborde : ils vous demandent s'il faut prendre le métro et par où il faut passer. **Vous leur répondez,** par exemple, qu'il est inutile de prendre le métro parce que ça n'est pas loin, que ce sera bien plus agréable d'y aller à pied. Qu'ils doivent descendre le boulevard et tourner à droite après le pont. Comme vous êtes particulièrement aimable avec les touristes, vous leur conseillez de monter sur les tours même s'ils doivent faire une demi-heure de queue. S'il y avait trop de queue, ils pourraient aussi voir Paris du haut de la Tour Montparnasse, et s'ils n'ont pas d'argent, le mieux est de prendre le métro et d'admirer le coucher du soleil depuis Montmartre.

Vérifiez : -¿Hay que coger el metro para ir a Notre-Dame? ¿Por dónde se tiene que ir? - Es inútil ø coger el metro porque no está lejos, y es más agradable ø ir andando. Tienen que ir calle abajo y torcer a la derecha después del puente. Oiga, les aconsejo **que** suban a las torres aunque tengan *(subjonctif car il s'agit d'une éventualité)* que hacer cola durante ø media hora. **Si hubiera** demasiada cola, también **podrían** ver París desde lo alto de la Tour Montparnasse *(éventualité exprimée au conditionnel, vous employez un imparfait du subjonctif après le ''si'')*. Si no **quieren** gastar mucho, lo mejor **es** ø coger el metro y admirar la puesta del sol desde Montmartre *(cela vous paraissant très possible, vous optez pour un système entièrement à l'indicatif)*.

2. L'obligation
* **Complétez les phrases suivantes pour qu'elles marquent une obligation :**
  1. ... darme prisa si no quiero llegar tarde.
  2. ... tener mucho valor para hacer esto.
  3. ... que vengas rápido.
  4. ... ayudar a tus padres, María.

Vérifiez : 1. Tengo que *(obligation personnelle -* dar**me**, quier**o** *- suivie d'un infinitif)* - 2. Hace falta, es necesario, hay que *(obligation générale + infinitif)* - 3. hace falta, es necesario que *(obligation personnelle + subjonctif)* - 4. debes *(obligation personnelle + infinitif et morale)*.

11. Opiniones, gustos, sentimientos

Opinions, goûts, sentiments

EL TEMA, EL ASUNTO

presentar el tema, el asunto, el caso : *présenter le sujet*
el caso es que… : *le fait est que…*
la cuestión : *la question, l'affaire*
    La cuestión es saber cómo lo haremos. *La question est de savoir comment nous le ferons.*
el problema : *le problème*
informar, avisar : *informer*
anunciar : *annoncer*
dar a conocer : *faire connaître*
    Quiero dar a conocer mi opinión acerca de… *Je veux faire connaître mon avis en ce qui concerne…*
enterar(se) de : *apprendre, (se) mettre au courant*
    Es necesario que te enteres de lo que pasa. *Il faut que tu saches ce qui se passe.*
considerar : *envisager*
considerar un asunto bajo todos sus aspectos : *considérer une affaire sous tous ses aspects.*
suponer ♯ : *supposer*
defender [ie] una idea : *défendre une idée*
demostrar [ue] : *démontrer*
tratarse de : *s'agir*
    Se trata de un asunto personal. *Il s'agit d'une affaire personnelle.*
tratar de un tema : *traiter un sujet*
    El texto trata de… *le texte parle de… (Attention : dans ce cas, le verbe "tratar" n'est pas pronominal.)*
hablar de, sobre, acerca de : *parler de, sur, à propos de*
por lo que se refiere a, en cuanto a, respecto a / de : *en ce qui concerne*
    No hay nada nuevo respecto al tema. *Il n'y a rien de neuf à ce sujet.*
el interés : *l'intérêt*
lo esencial : *l'essentiel*
    Lo esencial es saber de qué se trata. *L'essentiel est de savoir de quoi il s'agit.*

OPINIONES, GUSTOS, SENTIMIENTOS **89**

un detalle : *un détail*
un paréntesis : *une parenthèse*
 abrir o cerrar un paréntesis : *ouvrir ou fermer une parenthèse.*
una impresión : *une impression*
 Se desprende de este cuadro una impresión extraña.
 Il se dégage une impression étrange de ce tableau.
una imagen : *une image*
añadir, agregar : *ajouter*
además : *en outre*
sólo, únicamente : *seulement*
sólo, no... sino, no... más que : *ne... que, seulement*
 ¿Cuántos discos has comprado?
 Sólo he comprado tres. No he comprado más que tres.
 Combien de disques as-tu achetés ? Je n'en ai acheté que trois.

LA OPINIÓN

1. Dar o preguntar una opinión : *Donner ou demander un avis.*

¿Está usted de acuerdo? ¿Está usted conforme? ¿Le parece bien? *Vous êtes d'accord ? Qu'en pensez-vous ?*

sí : *oui*
bien, eso es : *bien, c'est cela*
desde luego, claro, por cierto, por supuesto : *bien sûr, évidemment*
perfecto, excelente, estupendo : *parfait, excellent, super*

opinar, pensar [ie], creer ǂ : *penser, croire*
parecerle a uno que : *penser*
 A mí me parece que tienes razón. *Il me semble que tu as raison.*

2. La certeza, la certidumbre : *La certitude*
la verdad : *la vérité*
tener ǂ razón : *avoir raison*
estar ǂ seguro, convencido **de** que + subord. à l'indicatif : *être sûr convaincu que*
 Estoy segura de lo que digo. *Je suis sûre de ce que je dis.*
 Estoy convencido de que nos ayudará. *Je suis convaincu qu'il nous aidera.*
eso es cierto : *c'est certain*
no cabe duda de que... : *il est certain que, il ne fait aucun doute que...*
sin duda : *sans doute*

estar en contra de que + subord. au subj. : *être opposé à ce que*
  Estoy en contra de que vengan. *Je m'oppose à ce qu'ils viennent.*
de ninguna manera : *en aucune façon*
no puede ser, es imposible : *c'est impossible*
no puede ser que + subj., es imposible que + subj. : *il est impossible que*
  Es imposible que te vayas. *Il est impossible que tu t'en ailles.*

3. Afirmación matizada : *Affirmation nuancée*
a mi parecer, en mi opinión, por mi parte, para mí : *à mon avis, pour ma part.*
según el autor : *selon l'auteur*
yo creo que + subord. à l'indicatif : *je crois que*
yo no creo que + subord. au subj. : *je ne crois pas que*
  Yo creo que tú puedes hacerlo, pero no pienso que él pueda hacerlo.
  Je crois que toi, tu peux le faire, mais je ne pense pas que lui puisse le faire.
Le futur de probabilité permet aussi de nuancer une affirmation :
  Si lo ha hecho, tendrá sus razones. *S'il l'a fait, il doit avoir ses raisons.*

4. La incertidumbre : *L'incertitude*
me pregunto si, no sé (saber ♯) si... : *je me demande si, je ne sais pas si...*
no estoy seguro de (que) : *je ne suis pas sûr que...*
no tengo ni idea : *je n'en ai aucune idée*
estar ♯ perplejo, a : *être perplexe*

La duda : *le doute*
es posible que + subj., puede ser que + subj. : *il est possible que*
  Es posible que llegue mañana. *Il est possible qu'il arrive demain.*
quizás, tal vez + proposition **au subjonctif ou à l'indicatif** selon que le doute est grand ou non : *peut-être*
  Quizás no lo creas, pero... *Tu ne vas peut-être pas le croire, mais...*

5. Valorar : *Évaluer, estimer*
está bien ≠ está mal : *c'est bien ≠ c'est mal*
es + adjectif + ø + infinitif : *il est + adjectif + de + infinitif*
  es normal ø decir... : *il est normal de dire...*

está bien (está mal) que + subj. : *c'est bien (c'est mal) que...*
   Está bien que te quedes con nosotros. *C'est bien que tu restes avec nous.*
es + adjectif + que + subj. : *il est + adjectif + que + subj.*
   Es normal que lo hagas tú. *Il est normal que ce soit toi qui le fasses.*
natural : *naturel*
corriente : *courant*
extraño, raro : *étrange*
útil ≠ inútil : *utile ≠ inutile*
interesante : *intéressant*
importante : *important*
necesario : *nécessaire*
justo ≠ injusto : *juste ≠ injuste*
justo ≠ falso : *juste, vrai ≠ faux*
bueno ≠ malo : *bon ≠ mauvais*
mejor ≠ peor : *meilleur ≠ pire*
extraordinario : *extraordinaire*
magnífico : *magnifique*
ideal, estupendo, fantástico : *fantastique, merveilleux*
emocionante : *émouvant*
(des)agradable : *(dés)agréable*
horrible : *horrible*

GUSTAR

apreciar : *apprécier*
gustar : *aimer, plaire*

A mis hermanos, les gusta ir al cine ("ir al cine" sujet de "gusta").
Mes frères aiment aller au cinéma (litt. aller au cinéma plaît à mes frères).

A usted, le gustan las flores ("las flores" sujet de "gustan").
Vous aimez les fleurs (litt. les fleurs vous plaisent).

A vosotros, no os gusta perder el tiempo ("perder el tiempo" sujet de "gusta").
Vous n'aimez pas perdre votre temps (litt. perdre votre temps ne vous plaît pas).
(Pour les pronoms personnels indirects : voir p. 38.)

92 OPINIONES, GUSTOS, SENTIMIENTOS

Sur ce modèle se construisent les verbes et tournures suivantes :
gustar : *aimer, plaire*
encantar : *enchanter*
interesar : *intéresser*
importar : *importer, intéresser*
dar ≠ igual : *être égal ("igual" est ici invariable)*
   Nos da igual. No nos importa. *Ça nous est égal.*
alegrar : *réjouir*
molestar : *gêner, ennuyer*
pesar : *causer du regret, ennuyer*
extrañar : *étonner*
emocionar : *émouvoir*
impresionar : *impressionner*
dar ≠ miedo : *faire peur*
dar ≠ vergüenza : *faire honte*
dar ≠ pena : *faire de la peine*
dar ≠ lástima : *faire pitié*
dar ≠ ganas : *faire envie*
dar ≠ asco : *dégoûter*

EXPRESAR SENTIMIENTOS

1. **Expresar su satisfacción :** *Exprimer sa satisfaction*
   está bien : *c'est bien*
   me gusta mucho : *ça me plaît beaucoup*
   estoy muy contento, a : *je suis très content, e*
   ¡Qué alegría! : *Quelle joie!*
   gracias : *merci*
   muchas gracias : *merci beaucoup*
   muchísimas gracias : *merci infiniment*
   agradecer ≠ : *remercier*
      Se lo agradezco mucho. *Je vous en remercie beaucoup.*
   Es usted muy amable : *Vous êtes très aimable.*

2. **Expresar su lástima :** *Exprimer sa compassion, sa pitié*
   ¡Qué pena! ¡Qué lástima! : *Quel dommage!*
   es una pena que + subj., es una lástima que + subj. : *c'est dommage que*
      Es una lástima que no puedas venir con nosotros.
      C'est dommage que tu ne puisses pas venir avec nous.
   me da pena (lástima) que + subj. : *ça me fait de la peine que*

OPINIONES, GUSTOS, SENTIMIENTOS 93

Me dio pena que no pudieras venir con nosotros. *Ça m'a fait de la peine que tu n'aies pas pu venir avec nous.*
sentir [i, ie] : *regretter*
Siento mucho tu ausencia, **siento mucho que no hayas venido con nosotros.** *Je regrette beaucoup ton absence, je regrette beaucoup que tu n'aies pas pu venir avec nous.*
quejarse (de/por) : *se plaindre*
Se queja de que no le quieren. *Il se plaint de ce qu'on ne l'aime pas.*

3. Expresar su miedo : *Exprimer sa peur*
tener ♯ miedo de que + subj. : *avoir peur que*
Tiene miedo de que me entere. *Il a peur que je ne l'apprenne.*
tener ♯ miedo a + nom : *avoir peur de*
Tiene miedo a los fantasmas. *Il a peur des fantômes.*
temer : *craindre*
No temas. *N'aie pas peur.*
Temía decírtelo. *Je craignais de te le dire.*
Temía que lo supieras. *Je craignais que tu ne le saches.*
estar preocupado, a : *être inquiet, inquiète*
preocuparse **por** : *s'inquiéter de*
No te preocupes por lo que pueda pasar. *Ne t'inquiète pas de ce qui peut arriver.*

EL RECUERDO

Bueno, pues le dejo que se arregle con él, pero no olvide que dentro de una hora debemos bajar al comedor...

el recuerdo : *le souvenir*
acordarse de [ue] ≠ olvidarse de : *se souvenir de ≠ oublier*
recordar [ue] ≠ olvidar : *(se) rappeler ≠ oublier (remarquez la construction directe lorsque le verbe n'est pas pronominal)*
Me acuerdo **de** él. No **me** he olvidado **de** él. *Je me souviens de lui. Je ne l'ai pas oublié.*
Lo recuerdo. No lo he olvidado. *Je me le rappelle. Je ne l'ai pas oublié.*
Me acuerdo de que (recuerdo que) íbamos de paseo. *Je me souviens que nous allions nous promener.*
recordar [ue], hacer pensar **en** : *rappeler, faire penser à*
Tu madre me recuerda la mía. *Ta mère me rappelle la mienne.*
remitir a : *renvoyer à*
Esta alusión remite a Cervantes. *Cette allusion renvoie à Cervantès.*
el recuerdo ≠ el olvido : *le souvenir ≠ l'oubli*

Te toca a ti

* 1. Gustar (p. 91)
Mis hermanos - gustar - ir al cine → A mis hermanos les gusta ir al cine.
 En vous inspirant de cet exemple, construisez des phrases avec les mots suivants :
 1. Juana - dar miedo - salir de noche
 2. Yo - molestar - el humo
 3. Paco y tú - impresionar - las personas muy altas
 4. nosotros - dar pena - los mendigos
 5. usted - alegrar - las visitas
 6. los viejos - dar igual - todo

Vérifiez : 1. A Juana le da miedo salir de noche. - 2. A mí, me molesta el humo. - 3. A Paco y tú, os impresionan las personas muy altas. - 4. A nosotros nos dan pena los mendigos. - 5. A usted le alegran las visitas. - 6. A los viejos todo les da igual.

* 2. Expresar sentimientos (pp. 92-93)
Reliez les phrases deux par deux.
 A. Se ha muerto mi abuelo.
 B. Mi hermano está enfermo.
 C. ¡Enhorabuena!
 D. Ésta es mi madre.
 E. Mucho gusto.
 F. Te acompaño en el sentimiento.
 G. Me han suspendido en los exámenes.
 H. ¡Cuánto me alegro! Felicítala de mi parte.
 I. ¿Qué le pasa?
 J. Mi hermana ha tenido un hijo.
 K. Lo siento por ti.
 L. Me ha tocado en la lotería.

Vérifiez : 1. A Juana le da miedo salir de noche. - 2. A mí, me molesta el humo. - 3. A Paco y a ti, os impresionan las personas muy altas. - 4. A nosotros nos dan pena los mendigos. - 5. A usted le alegran las visitas. - 6. A los viejos todo les da igual.

12. Usos sociales

Us et coutumes

LAS RELACIONES SOCIALES

1. Saludar : *Saluer*

Buenos días : *bonjour (se dit le matin)*
Buenas tardes : *bonjour (se dit l'après-midi)*
Hola : *salut*
¿Qué hay? ¿Qué tal? *Comment ça va?*
¿Cómo andas? — Tirando. *Comment ça va? — On fait aller.*

2. Presentaciones : *Présentations*

Este señor es (Fulano) : *Ce monsieur est (Un Tel)*
Mi nombre es... : *mon nom est...*
Soy... : *Je suis...*
Me llamo... : *Je m'appelle...*
¡Hola! Mucho gusto. Encantado : *Bonjour! Enchanté.*

3. Despedirse [i] : *Prendre congé*

adiós : *au revoir*
hasta luego, hasta la vista : *à bientôt*
hasta mañana : *à demain*
buenas noches : *bonsoir, bonne nuit*

4. Atraer ♯ la atención : *Attirer l'attention*

perdone (usted), disculpe (usted) : *excusez-moi*
perdona, disculpa : *excuse-moi*
oiga (usted) — oye (tú) : *dites — dis*
por favor : *s'il vous (te) plaît*
¿Cómo se dice en español? : *comment dit-on en espagnol?*
¿Cómo se escribe? : *Comment ça s'écrit?*
¿Podría usted repetir? : *Pourriez-vous répéter?*
No entiendo : *Je ne comprends pas*

ENTRE AMIGOS

entre amigos : *entre amis*
un amigo, una amiga : *un ami, une amie*
que**r**er [ie] ♯ ≠ odiar : *aimer ≠ détester*

A esta amiga la quiero mucho. *Cette amie, je l'aime beaucoup.*
amar, el amor : *aimer, l'amour*
caer ♯ bien ≠ caer ♯ mal : *être sympathique ou non*
   Este chico me cae mal. *Ce garçon ne m'est pas sympathique.*
llevarse bien ≠ llevarse mal : *s'entendre bien ou mal*
aguantar : *supporter*
   No hay quien aguante a este señor. *Il n'y a personne qui puisse supporter ce monsieur.*
ser ♯ muy amigos : *être très amis*
   Son amigos de toda la vida. *Ils sont amis depuis toujours.*
pedir [i] un favor : *demander un service*
ayudar : *aider*
citarse : *se donner rendez-vous*
   Me ha citado a las diez. *Il m'a donné rendez-vous à dix heures.*
tener una cita : *avoir un rendez-vous*
acudir a una cita : *se rendre à un rendez-vous*
quedar en algo : *convenir de quelque chose*
   Quedaron en ir al cine. *Ils décidèrent d'aller au cinéma.*
invitar, una invitación : *inviter, une invitation*
visitar a alguien : *rendre visite à quelqu'un*
una visita : *1. une visite − 2. la personne qui rend visite*
ofrecer ♯ un regalo, regalar : *offrir un cadeau*
recibir : *recevoir*
dar ♯ : *donner*
ir ♯/venir ♯ a recoger a alguien : *aller/venir chercher quelqu'un*
   Pasaré a recogerte a las diez. *Je passerai te chercher à dix heures.*
acompañar : *accompagner*
esperar : *attendre*
ser ♯ miembro de un club : *être membre d'un club*
reunirse (con) : *se réunir, se rencontrer*
una reunión : *une réunion*
contar [ue] chistes : *raconter des histoires drôles*

LLAMAR POR TELÉFONO

llamar por teléfono : *téléphoner*
telefonear, hablar por teléfono : *téléphoner*
una llamada, un telefonazo : *un appel, un coup de téléphone*
una conferencia : *une communication avec l'étranger*
echar una moneda : *mettre une pièce de monnaie*
insertar la tarjeta : *introduire la carte*
marcar el número : *faire le numéro*
el prefijo : *l'indicatif*
comunicar : *être en communication*
   Está comunicando. *c'est occupé*

oiga : *allô (ce que dit la personne qui appelle)*
diga : *allô (ce que dit la personne qui reçoit l'appel)*
¿De parte de quién? : *de la part de qui?*
ponerse ♯ : *prendre un appel*
 — ¿Está Vanesa? — Sí, ahora se pone. — *Vanessa est là? — Oui, je vous la passe (elle vous prend) tout de suite.*
colgar [ue] : *raccrocher*
no funciona : *ça ne marche pas*
avisar : *prévenir*
 Me ha avisado que llegará tarde. *Il m'a averti qu'il arriverait tard.*
enterarse de : *apprendre*
 ¿Te has enterado de cuándo llega? *Tu sais quand il arrive?*

ESCRIBIR CARTAS

1. escribir cartas (*p. passé* escrito) : *écrire des lettres*
escribirse con : *correspondre avec*
 Llevo años escribiéndome con ella. *Ça fait des années que je corresponds avec elle.*

 Llevamos años escribiéndonos. *Ça fait des années qu'on s'écrit.*
un papel : *un papier*
una carta : *une lettre*
una tarjeta, una postal : *une carte postale*
mandar, enviar : *envoyer*
pegar el sello en el sobre : *coller le timbre sur l'enveloppe*
recibir : *recevoir*
contestar, responder : *répondre*
la respuesta : *la réponse*

2.

Lugar y fecha *lieu et date*	Madrid, 7 de julio (de) 1990
Destinatario *destinataire*	Sr. D. Juan del Agua Madrid
Saludo *(remarquez les deux points après l'en-tête)*	(Mi) Estimado amigo :
Texto	Gracias por tu carta ....
Despedida *formule finale*	Un abrazo de tu amigo
Firma *Signature*	Pedro
Posdata *Post-scriptum*	P.D. :

tipo de carta	familiar	amistosa	respetuosa	comercial
Destinatario			Señor Director	Sr. D. Juan Pérez García
Saludo *En-tête*	**Querido Pepe :** *Cher Pepe,*	**Estimado amigo :** *Cher ami,*	**(Estimado) Señor :** *Monsieur,*	**Muy señor mío :** *Monsieur,*
Despedida *Formule finale*	**Un beso de** *Je t'embrasse* **Un fuerte abrazo** *Amitiés* **Cariñosamente** *Affectueusement*	**Cordialmente** (te saluda) *Cordialement* **Un abrazo de** *Amitiés*	**Respetuosamente** (le saluda) *Je vous prie d'agréer, Monsieur, l'expression de mon respect.*	**Atentamente** (le saluda) *Je vous prie de croire, Monsieur, en l'expression de mes sentiments les meilleurs.*

Felicitar por el Año Nuevo : *présenter ses vœux pour le Nouvel An.*
¡Felices Pascuas de Navidad y Próspero Año Nuevo! : *Joyeuses Fêtes de Noël et Bonne Année!*
¡Enhorabuena! : *Félicitations!*
Dar el pésame : *présenter ses condoléances.*

3. Para escribir la dirección : *Pour écrire l'adresse*
(cf. p. 107)

una carta certificada : *une lettre recommandée*
mandar un telegrama : *envoyer un télégramme*
un giro : *un mandat*
un paquete : *un paquet*
Voy a Correos : *Je vais à la poste* (En Espagne, on ne peut pas téléphoner de la poste. Vous devez pour cela vous rendre à la Telefónica ou téléphoner d'une cabine).
echar una carta (al buzón) : *mettre une lettre (à la boîte).*

EL ESTILO INDIRECTO

1. estilo indirecto : *style indirect*
Decir ♯ que + ind. : *dire que (constatation)*
Decir ♯ que + subj. : *dire de (ordre)*
Dice que quiere dormir y que no hagáis tanto ruido.
Elle dit qu'elle veut dormir et que vous fassiez moins de bruit.

MODE

Discours direct	Discours indirect
indicatif → indicatif	
subjonctif, impératif → subjonctif	

Eva dice : "**Quiero** dormir." → Eva dice que **quiere** dormir.
Eva dice : "No **hagáis** tanto ruido." → Eva dice que no **hagáis tanto ruido.**

CONCORDANCE DES TEMPS

Verbe introducteur	Verbe de la subordonnée
présent **futur** **passé composé**	**même temps** que dans le discours direct
passé	**imparfait** **plus-que-parfait** **conditionnel**

Sonia dice a Iván :
"**Te** promet**o** que **me** quedar**é** hasta que **tú** vuelv**as**."
     ind. prés.   futur   subj. prés.

Sonia **dice** a Iván que **le** promet**e** que **se** quedar**á** hasta
    présent   ind. prés.   futur
que **él** vuelv**a.**
    subj. prés.

Sonia **decía** a Iván que **le** promet**ía** que **se** quedar**ía** hasta
    dijo   ind.   condit.
    passé   imparf.
que **él** volv**iera.**
    subj. imparf.

Remarquez que les verbes ne sont pas conjugués à la même personne et que les pronoms personnels sujets et compléments changent également de personne.

2.   **preguntar si :** *demander si*
      Papá pregunta si quieres ir con él. *Papa demande si tu veux l'accompagner.*
      preguntar lo que : *demander ce qui/que*
      saber lo que : *savoir ce qui/ce que*
      Esta chica no sabe lo que quiere. *Cette fille ne sait pas ce qu'elle veut.*
      lo + adjectif ou adverbe + que : *combien, comme*
      Mira lo hermosas que son estas flores. *Regarde comme ces fleurs sont belles.* (cf. p. 36)
      decir ♯ : *dire*
      contar [ue] : *raconter*
      referir [ie, i] las palabras de : *rapporter les paroles de*
      repetir [i] lo dicho por : *répéter ce qui a été dit par*
      reproducir ♯ el discurso de : *reproduire le discours de*
      preguntar : *poser une question*

contestar, responder : *répondre*
una pregunta ≠ una respuesta : *une question ≠ une réponse*
dirigirse a : *s'adresser à*
pronunciar : *prononcer*
la pronunciación : *la prononciation*
recitar : *réciter*
cantar : *chanter*
hablar en voz alta ≠ en voz baja : *parler à voix haute ≠ à voix basse*
gritar : *crier*
la voz (las voces) : *la voix*
una frase : *une phrase*
una palabra : *un mot*
un discurso : *un discours*
un monólogo, un diálogo : *un monologue, un dialogue*
una conversación : *une conversation*
exclamar : *s'exclamer*
una exclamación : *une exclamation*
callar : *se taire*

Lecturas

Lisez et essayez de comprendre.

*1. Tratamiento

Si un español se llama, por ejemplo, Manuel Herrero, llámele usted señor Herrero o don Manuel. Cuando tenga alguna confianza con él, Manuel, o simplemente Manolo. El tratamiento para la mujer varía según el estado civil de ésta. Supongamos que se llama Elvira Ruiz. Si es casada, puede usted llamarla doña Elvira, o Elvira, si el trato con ella sobrepasa el mero protocolo. Si se dirige a ella por carta, puede escribir su nombre completo y a continuación Señora de... (y aquí el apellido del marido). Si esta Elvira Ruiz es soltera, llámela entonces señorita Ruiz, o simplemente Elvira. El tratamiento, salvo con los niños o los muchachos, a los que siempre se les habla de "tú", debe ser el de "usted", mientras no existe alguna confianza o la otra persona no ruegue ser "tuteada".

Comment vous adresser à...

Si un Espagnol s'appelle, par exemple, Manuel Herrero, appelez-le señor Herrero ou don Manuel; et quand vous serez devenus amis, Manuel, ou simplement Manolo. Quant à la femme, on s'adresse à elle différemment en fonction de son état civil. Supposons qu'elle s'appelle Elvira Ruiz. Si elle est mariée, vous pouvez l'appeler doña Elvira, ou Elvira, si vous êtes des amis. Si vous lui adressez une lettre, vous écrivez son nom et ensuite Señora de... (ici le nom du mari). Si cette Elvira Ruiz est célibataire, appelez-la alors, señorita Ruiz, ou simplement,

Elvira. Dans la conversation, tant qu'il n'existe pas une certaine confiance ou que votre interlocuteur ne vous demande pas de le tutoyer, vous devez toujours lui dire "usted" (vous), excepté aux enfants et aux jeunes gens que l'on tutoie toujours.

*2. Saludos

Salude usted dando la mano. Aunque con menos frecuencia que los franceses, los españoles emplean este saludo casi siempre. El abrazo y las fuertes y confianzudas palmadas en la espalda, que verá usted propinarse a algunos españoles a su alrededor, resérvelos usted aquí para los grandes amigos a los que hace tiempo no ve. La fórmula del saludo, al darse la mano, suele ser : "¡Hola!, ¿qué tal?" – "Muy bien, ¿y tú?" – "Bien, gracias." Esto casi siempre, aunque uno no esté nada bien porque le duela el estómago, y el otro lleve unos días en que el reuma no le deja en paz. Son puras fórmulas que se dicen mecánicamente y nadie escucha, y en seguida se empieza a hablar de lo que interesa.

Salutations

Saluez toujours en donnant une poignée de main. Bien que moins fréquemment que les Français, les Espagnols emploient presque toujours ce genre de salutations. Les accolades et les fortes tapes dans le dos, que vous verrez certains Espagnols se distribuer réciproquement autour de vous, doivent être réservées aux grands amis que l'on n'a pas vus depuis longtemps. En se serrant la main on dit généralement : "¡Hola!, ¿qué tal?" – "Muy bien, ¿y tú?" – "Bien, gracias." (Bonjour, comment ça va?" – Très bien, et toi? – "Bien, merci.") Cela presque toujours, même si l'une des personnes ne se sent pas bien et que l'autre a mal à l'estomac[1]. *Ce sont de simples formules que l'on dit mécaniquement et auxquelles on ne prête aucune attention, et ensuite la conversation commence.*

*Al saludar... ¿beso o no beso?

En casi todos los países de Hispanoamérica, el beso social se limita a una sola mejilla (la derecha o la izquierda, indistintamente). Ofrezca este tipo de beso. En muchos países de Europa (en Francia, principalmente) el beso social es doble : en ambas mejillas... Es cuestión de costumbre, no tiene ningún otro significado. Si está en Europa, o si su amiga es europea y aún no se ha adaptado a las costumbres hispanoamericanas, esté preparada para ofrecer el beso-a-la-europea.

Lorsque vous saluez, faut-il embrasser ou non?

Dans presque tous les pays d'Amérique espagnole, on n'embrasse que sur une seule joue (la droite ou la gauche indifféremment). Offrez ce type de baiser.
Dans de nombreux pays d'Europe (et particulièrement en France), on embrasse deux fois : sur les deux joues... C'est une question d'habitude, qui ne signifie rien d'autre. Si vous êtes en Europe, ou si votre amie est européenne et ne s'est pas encore adaptée aux coutumes hispanoaméricaines, soyez prête à l'embrasser à l'européenne.

---

1. *Le subjonctif se justifie en espagnol car il s'agit d'une éventualité.*

**3. Invitaciones

Alguna vez le invitarán a comer. Por si la invitación es un simple cumplido, no acepte usted hasta que no le insistan un poco. Una vez aceptada la invitación, envíe un ramo de flores para la señora de la casa si quiere causar una excelente impresión; acuda puntualmente y elogie el menú, aunque sin exagerar. El ama de casa española es tan vanidosa de sus habilidades como cualquier otra, pero considera normal tratar a sus invitados a cuerpo de rey.

Invitations

Parfois on vous invitera à déjeuner ou à dîner. Cette invitation peut être une simple formule de politesse, et pour cela, n'acceptez que lorsqu'on insistera. Vous enverrez alors, si vous voulez faire une excellente impression, un bouquet de fleurs à la maîtresse de la maison; vous arriverez ponctuellement à l'heure fixée et vous ferez l'éloge du menu, mais sans exagération. La femme espagnole est aussi fière de ses dons culinaires que n'importe quelle autre, mais elle considère normal de traiter royalement ses invités.

**Invitaciones formales

Si es un matrimonio quien hace la invitación formal, los nombres completos de ambos cónyugues deben aparecer en la tarjeta: Ejemplo: "El Señor Luis Felipe Preis y la Señora Josefina González de Preis tienen el honor de invitar a usted..." Las iniciales de RSVP (tomadas de la frase francesa *Répondez S'il Vous Plaît*) indican a la persona que recibe la invitación que el anfitrión espera una respuesta para confirmar su asistencia (o declinación) al evento al que ha sido invitado. También puede escribirse en español: "Se ruega confirme su asistencia"; pero esto es poco usual.

Invitations protocolaires

Si c'est un couple qui invite, les noms complets des deux conjoints doivent figurer sur la carte : Exemple : "Monsieur Louis Philippe Preis et Madame Joséphine Gonzalez de Preis, ont l'honneur de vous inviter...".
Les initiales RSVP (qui viennent du français Répondez S'il Vous Plaît) indiquent à la personne qui reçoit l'invitation que l'hôtesse attend une réponse confirmant la présence (ou déclinant l'invitation) à l'événement auquel elle a été conviée.
On peut aussi écrire en espagnol : "Veuillez confirmer votre présence"; mais ceci est peu habituel.

*4. Comunicaciones telefónicas en España

Dentro de España, la mayor parte del servicio telefónico urbano e interurbano se encuentra automatizado. Eso quiere decir que desde cualquier teléfono privado o cabina pública puedes comunicar con otra provincia, distinta a la que te encuentres, anteponiendo al número que desees marcar el prefijo correspondiente. Éstos son los prefijos telefónicos de diferentes provincias españolas :

Baleares	971	Madrid	91
Barcelona	93	Málaga	952
Coruña, La	981	Sevilla	95

Communications téléphoniques en Espagne

La plus grande partie du service téléphonique urbain et interurbain est automatique. C'est-à-dire qu'à partir d'un téléphone privé ou d'une cabine téléphonique vous[1] pouvez téléphoner dans une autre province en composant avant le numéro proprement dit, l'indicatif correspondant. Voici les indicatifs téléphoniques de différentes provinces espagnoles :

Baléares, Les	*971*	*Madrid*	*91*
Barcelone	*93*	*Málaga*	*952*
Corogne, La	*981*	*Séville*	*95*

*Comunicaciones telefónicas con el extranjero

También las comunicaciones internationales se pueden realizar automáticamente. Para ello tienes que marcar en primer lugar el prefijo de acceso a la central internacional (desde España es el 07), seguido del prefijo del país en cuestión, del número indicativo de la ciudad de que se trate y, finalmente, del número de abonado con el que desees hablar. A continuación tienes una relación con los prefijos de los diferentes países con los que existe acceso telefónico automático desde España:

Alemania	49	Italia	39
Bélgica	32	Luxemburgo	352
Francia	33	Portugal	351
Gran Bretaña	44		

Ejemplo: Para hablar con un abonado de Milán necesitas marcar:
07 (acceso a la central internacional), 39 (indicativo de Italia), 2 (indicativo de Milán) y número del abonado.

Communications téléphoniques avec l'étranger

Les communications internationales peuvent également être effectuées automatiquement. Pour cela, composez en premier lieu le numéro d'accès au central international (07 en Espagne) suivi de l'indicatif du pays intéressé, de l'indicatif de zone et finalement du numéro de l'abonné avec lequel vous désirez parler. Vous trouverez ci-après une liste des indicatifs des pays avec lesquels l'Espagne a une liaison téléphonique automatique :

Allemagne	*49*	*Italie*	*39*
Belgique	*32*	*Luxembourg*	*352*
France	*33*	*Portugal*	*351*
Grande-Bretagne	*44*		

Exemple : pour parler avec un abonné de Milan, vous devez composer :
07 (accès au central international), 39 (indicatif de l'Italie), 2 (indicatif de Milan) et le numéro de l'abonné.

---

1. Remarquez que l'espagnol tutoie souvent alors que le français vouvoie.

Te toca a ti

Passage du style direct au style indirect (▶ p. 98)

1. **Rendez compte du dialogue entre don Quichotte et Sancho, dans un premier temps au présent, ensuite au passé.

Le ''vos'' ne s'emploie plus de nos jours, sauf dans quelques discours officiels : à l'époque de Cervantès, il était d'un usage courant.

Vérifiez : Don Quijote dice que la ventura va guiando sus pasos pues allí mismo se descubren treinta o más desaforados gigantes con quienes piensa entrar en batalla. Sancho pregunta que qué gigantes. Don Quijote le contesta que bien parece que no entiende de esto de las aventuras. Que son gigantes y si tiene miedo que se aparte y se ponga a rezar. Grita a las cobardes y viles criaturas que no huyan, que un solo caballero es el que les acomete.

Don Quijote dijo que la ventura iba guiando sus pasos pues allí mismo se descubrían treinta o más desaforados gigantes con quienes pensaba entrar en batalla. Sancho preguntó que qué gigantes. Don Quijote le contestó que bien parecía que no entendía de esto de las aventuras. Que eran gigantes y si tenía miedo que se apartara (se apartase) y se pusiera (se pusiese) a rezar. Gritó a las cobardes y viles criaturas que no huyeran (huyesen), que un solo caballero era el que les acometía.

2. **Transposez le texte suivant au style indirect, d'abord au présent, puis au passé. Choisissez vous-même vos verbes introducteurs.
(Están hablando Julio y su secretaria Rosa.)
— Coge este listado y haz una carta proponiendo la reedición de los títulos que he marcado con un círculo.
— Vale. Tienes una llamada del jefe de producción. ¿Te pongo ahora con él?
— No, no, déjalo para mañana. Di que estoy reunido... ¿Sabes que me van a ascender?
— Eso se rumorea por los pasillos.
— ¿Querrás venir conmigo o tendré que buscar otra secretaria?
— Lo nuestro es para toda la vida.
Juan José MILLAS, El desorden de tu nombre, 1988.

Vérifiez : Julio le pide (pidió) que coja (cogiera) este listado y haga (e hiciera) una carta proponiendo la reedición de los títulos que ha (había) marcado con un círculo. Rosa asiente (asintió) y anuncia (anunció) que él tiene (tenía) una llamada del jefe de producción y le pregunta (preguntó) si le pone (ponía) ahora con él. Julio rehusa (rehusó) y le pide (pidió) que lo deje (dejara) para el día siguiente. Le pide (pidió) también que diga (dijera) que está (estaba) reunido. Luego le pregunta (preguntó) si sabe (sabía) que lo van (iban) a ascender. Rosa contesta (contestó) que eso se rumorea (rumoreaba) por los pasillos. Él le pregunta (preguntó) si ella quiere (quería) ir con él o si él tendrá (tendría) que buscar otra secretaria. Le contesta (contestó) ella que lo suyo es (era) para toda la vida.

13. Identificarse

Se présenter

EL NOMBRE

el nombre : *le nom*
llamarse : *s'appeler*
  Yo me llamo... *Je m'appelle...*
los apellidos : *le nom de famille (en Espagne, on porte le nom de son père suivi du nom de sa mère)*
  Yo soy Juan Pérez López.
el nombre : *le prénom*
una persona : *une personne*
un adulto : *un adulte*
un niño : *un enfant*

señor : *monsieur*
señora : *madame*
señorita : *mademoiselle*
Señorita Pérez, ¿está el señor González? *Mademoiselle Pérez, Monsieur Gonzalez est-il là?*
On n'utilise l'article défini devant ''señor'' que lorsque l'on parle de la personne, jamais lorsqu'on s'adresse à elle (Buenos días, ø Señor García).

LA DIRECCIÓN

la dirección : *l'adresse*
vivir : *habiter*
(la) calle : *(la) rue*
(el) camino : *(le) chemin*
(el) paseo : *(la) promenade, (le) cours*
(la) plaza : *(la) place*
(la) avenida : *(l') avenue*
(el) número : *(le) numéro*
(el) piso : *(l') étage*
la planta baja : *le rez-de-chaussée*
primer piso, segundo, tercer, cuarto, quinto, sexto, séptimo, octavo, noveno/nono, décimo piso : *1er étage, 2e, 3e, 4e, 5e, 6e, 7e, 8e, 9e, 10e étage*

piso once, doce, trece, catorce... : *11ᵉ, 12ᵉ, 13ᵉ, 14ᵉ étage*
(la) puerta : *(la) porte*
izquierda ≠ derecha : *gauche ≠ droite*
el código postal : *le code postal*
la ciudad : *la ville*
el pueblo : *le village*
la provincia : *la province (cf. notre département)*
la Comunidad Autónoma : *la Communauté Autonome (cf. notre région, voir* Básico 2*)*
el país : *le pays*

>Sr. don Pablo González Pérez
>   (''don'' ne s'emploie que suivi d'un prénom)
>C/ del Cid, 7 - 8. Dcha.
>   (Calle del Cid, número 7, 8° piso, puerta derecha)
>47014 Valladolid
>España

EL ESTADO CIVIL

el estado civil : *l'état civil*
la documentación : *les papiers d'identité*
la fecha de nacimiento : *la date de naissance (pour exprimer la date, cf. p. 56)*
nacer ♯ : *naître*

1. La nacionalidad : *La nationalité*

soy europeo, a — de Europa : *je suis européen, européenne — d'Europe*
España → español, a : *espagnol, e*
Francia → francés, francesa : *français, e*
Alemania → alemán, alemana : *allemand, e*
Inglaterra → inglés, inglesa : *anglais, e*
Italia → italiano, a : *italien, enne*
Bélgica → belga : *belge*
Portugal → portugués, portuguesa : *portugais, e*
Grecia → griego, a : *grec, que*
América → americano, a (norteamericano, latinoamericano) : *américan, e (du Nord ou latino-américain)*
África → africano, a : *africain, e*
Asia → asiático, a : *asiatique*
un francés : *un Français (les noms de nationalité s'écrivent avec une majuscule en français, mais pas en espagnol).*
extranjero, a : *étranger, ère (au pays)*
forastero, a : *étranger, ère (à la ville ou à la région)*
¿De dónde es usted? : *D'où êtes-vous?*
Soy de Madrid, soy madrileño, a : *je suis de Madrid, je suis madrilène*
Cataluña → catalán, catalana : *Catalogne → catalan, e*
País Vasco → vasco, a : *Pays Basque → basque*
Asturias → asturiano, a : *Asturies → asturien, enne*

Galicia → gallego, a : *Galice → galicien, enne*
Andalucía → andaluz, a : *Andalousie → andalou, ouse*
Extremadura → extremeño, a : *d'Estrémadure*
Castilla → castellano, a : *Castille → castillan, e*

2. La edad : *L'âge*

tener 6 años : *avoir 6 ans*
ser viejo, a ≠ **ser joven :** *être vieux, vieille* ≠ *être jeune*
ser hombre ≠ ser mujer : *être un homme* ≠ *être une femme*
un muchacho, un chico, un niño, un chaval : *un garçon*
una muchacha, una chica, una niña : *une fille*
un(a) joven : *un jeune homme ou une jeune fille*
una persona mayor : *une personne âgée*
un anciano, una anciana : *un vieillard*
soltero, a : *célibataire*
casado, a : *marié, e*
viuda, a : *veuf, veuve*

LA FAMILIA

la familia : *la famille*
un matrimonio : *un couple marié*
casarse : *se marier*
el novio, la novia : *le fiancé, la fiancée – le marié, la mariée*
  ¡Vivan los novios! *Vive les mariés!*
el marido y su mujer : *le mari et sa femme*
los padres (el padre y la madre, Papá y Mamá) : *les parents (le père et la mère, Papa et Maman)*
los hijos, los niños : *les enfants*
el hijo, la hija : *le fils, la fille*
el hermano, la hermana : *le frère, la sœur*
los abuelos (el abuelo, la abuela) : *les grands-parents (le grand-père, la grand-mère)*
los tíos (el tío, la tía) : *les oncles*
el sobrino, la sobrina : *le neveu, la nièce*
el primo, la prima : *le cousin, la cousine*

EL CARÁCTER

el carácter : *le caractère*
On emploiera SER pour définir le caractère, ESTAR pour parler de l'humeur du moment :
  Es una chica alegre, pero **hoy está** triste. *C'est une fille gaie, mais aujourd'hui elle est triste.*

amable : *aimable*
agradable ≠ desagradable : *agréable* ≠ *désagréable*

IDENTIFICARSE **109**

simpático, a ≠ antipático, a : *sympathique ≠ antipathique*
alegre ≠ triste : *gai, e ≠ triste*
activo, a ≠ perezoso, a : *actif, ive ≠ paresseux, euse*
tranquilo, a ≠ intranquilo, a : *calme ≠ inquiet*
feliz ≠ desdichado, a : *heureux ≠ malheureux, euse*
tener buen o mal genio : *avoir bon ou mauvais caractère*
la fuerza : *la force*
la voluntad : *la volonté*
el valor : *le courage*

LA RELIGIÓN

la religión : *la religion*
ser cristiano, a : *être chrétien, enne*
musulmán, musulmana : *musulman, e*
judío, a : *juif, juive*
ateo, a : *athée*
la fe : *la foi*
los fieles : *les fidèles*
creer ≠ en Dios : *croire en Dieu*
la Virgen María : *la Vierge Marie*
el Espíritu Santo : *l'Esprit Saint*
orar, rezar : *prier*
una oración : *une prière*
la salvación del alma : *le salut de l'âme*
la virtud : *la vertu*
la cruz : *la croix*
sagrado, a : *sacré, e*
ir a misa : *aller à la messe*
el cura, el sacerdote : *le curé, le prêtre*
un obispo : *un évêque*
el papa : *le pape*
la Iglesia : *l'Église*

**** 1. La tarjeta de presentación**

El texto debe ser breve y limitarse a mencionar el nombre de la persona, el nombre de la empresa a la cual representa, su posición en la misma, el logotipo de la compañía (si lo tuviese), y la dirección y número de teléfono.
En la tarjeta de presentación se imprime el nombre completo de la persona, precedido del título que pudiera tener: "Licenciado Jorge Beltrán Avilés", "Doctora Luz Marina Alzola Toraño", "General Marcelino Zurbarán", "Arquitecto José Luis Madero Jiménez"...
Si padre e hijo tuvieren el mismo nombre, lo apropiado es que a continuación del nombre del hijo se agregue esa palabra: "Federico Martínez Feliú, hijo"

(con minúsculas). El anglicismo "Jr." (por "Junior"), que está tan divulgado en muchos países hispanoamericanos es absolutamente incorrecto.
En una tarjeta de presentación nunca se deben anteponer al nombre las palabras "Señora" o "Señorita". Sólo en el caso de las viudas es que el estado civil puede quedar mencionado, y esto únicamente porque llega a formar parte integral del nombre: "Violeta Masvidal, Viuda de Goicoechea."
Es importante aclarar en este punto que la mujer divorciada vuelve a ser soltera y que, por lo tanto, debe omitir el nombre de su ex esposo en toda actividad social. Si al casarse su nombre era "Carmen Gutiérrez de O'Donell", al divorciarse será únicamente "Carmen Gutiérrez Mendieta"... y ése será el nombre en su tarjeta de presentación.

La carte de visite

Le texte doit être court et se limiter à indiquer le nom de la personne, le nom de l'entreprise qu'elle représente, la fonction qu'elle y occupe, le logo de la société (le cas échéant), l'adresse et le numéro de téléphone.
Sur la carte de visite, on imprime le nom complet de la personne, précédé de son titre éventuel : ...
Si le père et le fils ont le même nom (tuviere est un futur du subjonctif; cette forme verbale ne s'emploie plus que très rarement), *il convient de faire suivre le nom du fils de la mention "Frédéric Martinez Feliu, fils" (en minuscules). L'anglicisme "Jr." (pour Junior), si répandu dans de nombreux pays d'Amérique latine, est à proscrire absolument.*
Sur une carte de visite, on ne doit jamais faire précéder son nom des mots "Madame" ou "Mademoiselle". Pour les veuves seulement, l'état civil peut être mentionné, et ceci est uniquement dû au fait qu'il fait partie du nom complet : "Violette Masvidal, Veuve de Goicoechea."
Il est important de signaler que la femme divorcée redevient célibataire et que, par conséquent, elle doit omettre le nom de son ex-époux pour toute activité sociale. Si, après son mariage, son nom était "Carmen Gutierrez de O'Donell", lorsqu'elle divorcera, elle sera uniquement "Carmen Gutierrez Mendieta", et c'est ce qui apparaîtra sur sa carte de visite.

* 2. ¿Cómo podemos localizarle?

— Me ha dicho su jefe que le dé mis datos. Aquí tiene mi tarjeta. ¿Necesita algo más?
— A ver... Ésta es la dirección profesional, ¿verdad?
— Sí, la del trabajo.
— ¿Podría darme la particular? Es que a veces hay que localizar a los clientes a cualquier hora y...
— Por supuesto. Tome nota. Fuencarral, 86, cuarto izquierda.
— ¡Ah! muy cerquita de aquí.
— Sí, muy cerca. ¿Quiere el teléfono de casa también?
— Sí, por favor.
— Es el dos treinta y uno, veintinueve, noventa.
— Muchas gracias.

Loreto DE MIGUEL y Alba SANTOS, *Do de pecho*, Edelsa-Edi 6, 1988.

Où pouvons-nous vous joindre ?

— Votre chef m'a dit de vous donner mes coordonnées. Voici ma carte. Vous avez besoin d'autre chose ?
— Voyons... C'est votre adresse professionnelle, n'est-ce pas ?
— Oui, celle de mon lieu de travail.
— Pourriez-vous me donner votre adresse personnelle ? C'est que parfois il faut joindre les clients à n'importe quelle heure et...
— Bien sûr. Notez : 86, rue Fuencarral, 4ᵉ étage à gauche.
— Ah ! Tout près d'ici.
— Oui, très près. Vous voulez mon téléphone personnel ?
— Oui, s'il vous plaît.
— C'est le 231 29 90.
— Merci beaucoup.

Te toca a ti

*1. Señas de identidad

Juez DAVIDSON : Dígame su nombre y profesión.
Señor MIRANDA : Javier Miranda, agente comercial.
Juez DAVIDSON : Nacionalidad.
Señor MIRANDA : Estadounidense.
Juez DAVIDSON : ¿Desde cuándo es usted ciudadano de los Estados Unidos de América?
Señor MIRANDA : Desde el 8 de marzo de 1922.
Juez DAVIDSON : ¿Cuál era su nacionalidad anterior?
Señor MIRANDA : Española de origen.
Juez DAVIDSON : ¿Cuándo y dónde nació usted?
Señor MIRANDA : Valladolid, España, el 9 de mayo de 1891.
Eduardo MENDOZA, *La verdad sobre el caso Savolta*, 1975.

Après avoir lu le texte, répondez aux questions suivantes :

1. ¿Dónde nació Javier Miranda?
2. ¿Cuál es su nacionalidad de origen?
3. ¿Cuántos años tenía cuando se nacionalizó estadounidense?

Vérifiez : Nació en Valladolid (España). - 2. Su nacionalidad de origen es española. - 3. Se nacionalizó estadounidense a los casi treinta y un años.

*2. La familia

Regardez l'arbre généalogique de Charles I d'Espagne (cf. Básico 2, 3ᵉ partie) et dites qui étaient ses parents, comment s'appelaient ses grands-parents maternels et qui fut le fils qui lui succéda.

Vérifiez : Los padres de Carlos I (primero) de España eran Felipe el Hermoso y Juana la Loca. Sus abuelos maternos *(se emplea maternal en el sentido de amor maternal)* se llamaban Fernando de Aragón e Isabel de Castilla, los Reyes Católicos. Su hijo Felipe II (segundo) sucedió a Carlos I (primero).

14. El cuerpo y la salud

Le corps et la santé

EL CUERPO

el cuerpo : *le corps*
la cabeza : *la tête*
la cara : *le visage*
el pelo, los cabellos : *les cheveux*
rubio, a ≠ moreno, a : *blond, e ≠ brun, e*
la frente : *le front*
los ojos : *les yeux*
las gafas : *les lunettes*
la nariz : *le nez*
la boca : *la bouche*
la lengua : *la langue*
sacar la lengua : *tirer la langue*
los dientes, las muelas : *les dents*
las orejas : *les oreilles*
decir al oído : *dire à l'oreille*

el brazo : *le bras*
la mano y los cinco dedos : *la main et les cinq doigts*
las uñas : *les ongles*
la pierna : *la jambe*
el pie, los pies : *le pied, les pieds*
el hombro : *l'épaule*
la espalda : *le dos*
la sangre : *le sang*
el corazón : *le cœur*
el estómago : *l'estomac*
la piel : *la peau*

LAS PERCEPCIONES

las percepciones, los cinco sentidos : *les perceptions, les cinq sens*
ver ♯, la vista : *voir, la vue*
mirar : *regarder*
fijarse en : *remarquer*
  No me fijé en ello. *Je n'ai pas fait attention à cela.*
oír ♯, el oído : *entendre, l'ouïe*
escuchar : *écouter*

EL CUERPO Y LA SALUD **113**

sentir [ie, i] : *entendre*
La sintió llegar : *Il l'entendit arriver.*
oler [ue] (a), el olor (masc.) : *sentir, l'odeur*
huele a churros : *ça sent les beignets*
un olor a patatas fritas : *une odeur de pommes de terre frites*
olía bien (mal) : *ça sentait bon (mauvais)*
el gusto : *le goût*
saber ♯ (a) : *avoir le goût de*
Esta medicina sabe a naranja. *Ce médicament a le goût d'orange.*
saber bien o mal : *avoir bon ou mauvais goût*

tocar, el tacto : *toucher, le tact*

LAS POSICIONES

las posiciones : *les positions*
estar de pie : *être debout*
estar sentado, a : *être assis, e*
estar de rodillas : *être à genoux*
estar acostado, a : *être couché, e*
sentarse [ie] : *s'asseoir*
acostarse [ue] : *se coucher*
levantarse : *se lever*
moverse [ue] : *bouger*
andar ♯ : *marcher*
correr : *courir*
saltar : *sauter*
caerse al suelo : *tomber par terre*
un ademán : *un geste*

EL ESTADO FÍSICO

sentirse [ie, i] bien o mal : *se sentir bien ou mal*
tener ♯ sed, hambre : *avoir soif, faim*
la sed, **el** hambre : *la soif, la faim*

114 EL CUERPO Y LA SALUD

Tengo un hambre canin**a**. *J'ai une faim de loup* (*"la" → "el" – "una" → "un", cf. p. 34*).
el calor ≠ el frío : *la chaleur ≠ le froid*
tener # sueño : *avoir sommeil*
estar # cansado, a : *être fatigué, e*
descansar : *se reposer*
el descanso : *le repos*
do**r**mir [ue, u] : *dormir*
so**ñ**ar [ue] (con) : *rêver (de)*
   He soñado contigo esta noche. *J'ai rêvé de toi cette nuit.*
   Soñé que me iba de vacaciones. *J'ai rêvé que j'allais en vacances.*
el sueño : *le sommeil – le rêve*
despertar(se) [ie] : *(se) réveiller*
   Cada mañana, me despierto a las seis y media. *Je me réveille à six heures et demie tous les matins.*
reir [i] ≠ llorar : *rire ≠ pleurer*

EL ASEO

Mafalda se cepilla los dientes todas las noches antes de dormir.

el aseo : *la toilette*
lavar(se) : *(se) laver*
el jabón y **el** agua : *le savon et l'eau* (*"la" → "el"*)
secarse con la toalla : *s'essuyer avec la serviette de toilette*
limpio, a ≠ sucio, a : *propre ≠ sale*
peinarse : *se coiffer, se peigner*
el cepillo : *la brosse*
el peine : *le peigne*
cortarse el pelo : *se couper les cheveux*
las tijeras : *les ciseaux*
afeitarse con la maquinilla : *se raser avec le rasoir*
el capillo **de** dientes y el dentífrico : *la brosse à dents et le dentifrice*
pintarse : *se maquiller*
arreglarse : *s'arranger, se préparer*

ENFERMEDADES Y ACCIDENTES

enfermedades y accidentes : *maladies et accidents*
la salud : *la santé*
estar enfermo, estar malo : *être malade*
ponerse ≠ enfermo : *tomber malade*
el dolor : *la douleur*
   Me duele una muela. *J'ai mal à une dent.*
   ↑   ↑
   Me duelen los pies. *J'ai mal aux pieds.*
   ↑   ↑
(Cf. construction de *"gustar"*, p. 00)

la fiebre : *la fièvre*
constiparse, resfriarse : *s'enrhumer*
coger un resfriado : *attraper un rhume*
una gripe : *une grippe*
toser : *tousser*
sentirse [ie, i] bien, mal, mejor, peor : *se sentir bien, mal, mieux, pire*
morir(se) [ue, u] : *mourir*
estar muerto, a : *être mort, e*
curar, sanar : *soigner, guérir*
vacunarse : *se vacciner*
la vacuna : *le vaccin*

un accidente : *un accident*
una herida : *une blessure*
estar herido, a : *être blessé, e*
romperse algo (p. passé : roto) : *se casser quelque chose*
   Se ha roto el brazo. *Elle s'est cassé le bras.*
operar : *opérer*
quemarse : *se brûler*
cortarse : *se couper*
herir(se) [ie, i] : *(se) blesser*
el médico, el doctor : *le médecin, le docteur*
la enfermera : *l'infirmière*
el enfermo : *le malade*
la farmacia : *la pharmacie*
una receta : *une ordonnance*
un certificado médico : *un certificat médical*
las medicinas : *les médicaments*
el hospital : *l'hôpital*
el dentista : *le dentiste*
una cita : *un rendez-vous*
los servicios de urgencia (emergencia) : *les services de secours (d'urgence)*
la policía : *la police*
el policía : *le policier*
el bombero : *le pompier*

*1. Los mifenses

Los mifenses son verdes. Cuando son adultos, miden casi un metro. Tienen en la cabeza tres antenitas que les sirven para cosas muy diversas: pueden predecir el tiempo, pueden oler y oír a distancia, y otras muchas cosas útiles. Los pies de los mifenses son casi redondos, más bien grandes, y tienen seis dedos, lo mismo que sus manos. Los mifenses son muy ligeros, pesan muy poco.

Rocío DE TERÁN, *Los mifenses.*

Les Mifenses

Les Mifenses sont verts. Lorsqu'ils sont adultes, ils mesurent presque un mètre. Ils ont sur la tête trois petites antennes qui leur servent à différentes choses; ils peuvent prédire le temps, ils peuvent sentir et entendre à distance, et bien d'autres choses utiles. Les pieds des Mifenses sont presque ronds, plutôt grands, et ils ont six doigts, de même que leurs mains. Les Mifenses sont très légers; ils pèsent très peu.

*2. ¡A tomarse la medicina!

MATILDE	: ¿Qué tal se encuentra?
MENÉNDEZ	: Mal...
MATILDE	: ¿Le duele mucho?
MENÉNDEZ	: ¿El qué?
MATILDE	: No lo sé.
MENÉNDEZ	: Sí. Me duele mucho.
ENGRACIA	: Eso son anginas. ¿Tienes por ahí esas pastillas, Matilde?
MATILDE	: Aquí las llevo.
ENGRACIA	: Se va usted a poner buenecito...
MENÉNDEZ	: Dejen por ahí las pastillas.
ENGRACIA	: No. Hay que tomárselas.
MATILDE	: ¿Tiene un vaso de agua?
MENÉNDEZ	: ¿Para qué?
MATILDE	: ¿Para qué va a ser? ¡Para tomarse las pastillas!
MENÉNDEZ	: ¿Yo? A mí me sienta muy mal el agua, ¿saben ustedes? El agua cría ranas...
MATILDE	: Calma. Calma ¡A tomarse la medicina!
MENÉNDEZ	: Pero yo, ¿qué les he hecho a ustedes?
ENGRACIA	: Vamos... Ahora, a descansar.
MENÉNDEZ	: Menos mal.
MATILDE	: Se pondrá usted bueno en seguidita. Buenos días.
MENÉNDEZ	: Adiós.

Jaime DE ARMIÑÁN, *El personaje y su mundo.*

Il faut prendre le médicament!

MATHILDE : Comment vous sentez-vous!
MENENDEZ : Mal...
ENGRACIA : Ça vous fait très mal?
MENENDEZ : Quoi?
MATHILDE : Je ne sais pas.
MENENDEZ : Oui, ça me fait très mal.
ENGRACIA : C'est une angine. Tu as les comprimés, Mathilde?
MATHILDE : Oui, je les ai là.
ENGRACIA : Vous allez vous rétablir...
MENENDEZ : Laissez les comprimés quelque part ici.
ENGRACIA : Non. Il faut les prendre.
MATHILDE : Vous avez un verre d'eau?
MENENDEZ : Pour quoi faire?
MATHILDE : Pour quoi voulez-vous que ce soit? Pour prendre vos comprimés!
MENENDEZ : Moi? L'eau ne me réussit pas bien du tout, vous savez! L'eau, c'est bon pour les grenouilles...
MATHILDE : Du calme, du calme. Prenez votre médicament!
MENENDEZ : Mais qu'est-ce que je vous ai fait?
ENGRACIA : Allons... Maintenant, reposez-vous.
MENENDEZ : Encore heureux!
MATHILDE : Vous allez guérir très vite. Bonne journée.
MENENDEZ : Au revoir.

**3. Enfermedad

Si por alguna mala jugada de la fortuna (nadie lo quiera) sufrieras algún percance físico que exigiera asistencia médica durante tu estancia en España, la siguiente información te será de utilidad.

Si eres beneficiario del Seguro de Enfermedad de tu país, puedes estar tranquilo. En casos de pequeñas dolencias físicas (resfriados, cólicos, jaquecas contumaces, etc.), dirígete a cualquiera de los ambulatorios médicos de la Seguridad Social, y allí, cualquier médico de medicina general te prescribirá el tratamiento que precises para sanar tu dolencia, o bien te enviará a la consulta de un médico especialista si estima que la enfermedad reviste mayor importancia.

Cuando las circunstancias así lo requieran, por accidente o enfermedad grave, cualquier hospital de la red pública española podrá atenderte durante todo el tiempo que sea necesario.

En el presente caso, los gastos de asistencia corren por cuenta del Seguro de Enfermedad de tu país, con el que España deberá tener suscrito un convenio en esta materia.

Recuerda que la suscripción de un seguro privado también te da derecho a recibir asistencia médica. Dirígete al hospital o clínica más cercana y despreocúpate de lo demás. La compañía aseguradora se encargará de pagar el importe de los servicios que te presten.

En los demás casos, si no eres beneficiario del Seguro de Enfermedad y careces de seguro de viaje, cualquier centro médico te atenderá, pero deberás pagar íntegramente el importe de la asistencia.

Al igual que ocurre con la asistencia médica, si eres beneficiario del Seguro de Enfermedad de tu país podrás adquirir a bajo precio en farmacias los medicamentos que te sean recetados por el médico, teniendo que pagar su coste total en caso de no disponer de ello.

Maladie

Si par un mauvais tour du sort (à Dieu ne plaise), vous aviez quelque problème physique qui exige des soins médicaux pendant votre séjour en Espagne, l'information suivante vous sera utile.
Si vous êtes bénéficiaire de l'Assurance Maladie de votre pays, soyez rassuré. En cas de petits malaises physiques (rhumes, coliques, migraines tenaces, etc.), adressez-vous à n'importe quel dispensaire de la Sécurité sociale où un médecin généraliste vous prescrira le traitement nécessaire, ou vous adressera à un spécialiste s'il estime que la maladie est plus grave.
Lorsque les circonstances l'exigent, pour cause d'accident ou de maladie grave, tout hôpital du réseau public espagnol pourra vous prendre en charge tout le temps qui sera nécessaire.
Dans ce cas concret, les frais des soins seront à la charge de l'Assurance Maladie de votre pays, avec lequel l'Espagne devra avoir souscrit un accord dans ce sens. Souvenez-vous que la souscription d'une assurance privée vous donne également droit à l'assistance médicale. Adressez-vous à l'hôpital ou la clinique la plus proche et ne vous inquiétez pas pour le reste. La compagnie d'assurances se chargera de couvrir le montant des soins qui vous auront été donnés.
Dans les autres cas, si vous n'êtes pas bénéficiaire de la Sécurité sociale et n'avez pas d'assurance de voyage, tout centre médical vous prendra en charge, mais vous devrez payer intégralement les frais.
De même que pour les soins médicaux, si vous êtes porteur de la carte de déplacement de la Sécurité sociale, vous pourrez acheter pour un prix minimum dans les pharmacies les médicaments qui vous auront été prescrits par le médecin; mais si vous ne disposez pas de ce document, vous devrez payer le prix fort.

Te toca a ti

Le corps humain et les accidents

Une dame est tombée en descendant de l'autobus. Vous lui demandez si elle a mal quelque part, à la tête, aux jambes, aux bras, au dos. Vous la rassurez en lui disant de ne pas s'inquiéter, qu'on est parti chercher un médecin.

Vérifiez : Una señora se ha caído al bajar del autobús :
- Señora, ¿le duele algo? - ¿le duele la cabeza? - ¿le duele**n** las piernas? *(le sujet de "doler" est "las piernas")* - ¿le duele**n** los brazos? - ¿le duele la espalda? - No se preocupe, han ido a buscar a un médico.

15. La casa y el entorno

La maison et l'environnement

LA VIVIENDA

la vivienda : *le logement*
vivir : *vivre*
una casa : *une maison*
un apartamento, un piso : *un appartement*
un edificio : *un immeuble, un bâtiment*
construir #, edificar : *construire*
comprar : *acheter*
pro**pio**, a : *à soi, propre (notez l'absence de "r")*
  vivir en casa propia (de su propiedad) : *vivre dans une maison à soi*
particular : *particulier, ère*
alquilar : *louer*
pagar el alquiler : *payer le loyer*
el contrato : *le bail*
(no) incluido : *(non) inclus*

LAS HABITACIONES

las habitaciones : *les pièces de la maison*
una habitación, un cuarto : *une pièce*
la cocina : *la cuisine*
el baño, el cuarto de baño : *la salle de bains*
la ducha : *la douche*
el lavabo : *le lavabo*
el váter, el retrete, el baño : *les toilettes*
la sala de estar, el salón : *la salle de séjour, le salon*
el dormitorio : *la chambre*
el patio : *la cour*
el jardín : *le jardin (d'agrément)*
el garaje : *le garage*
el piso, la planta : *l'étage*
  un edificio de ocho pisos : *un immeuble de huit étages*
  la planta baja : *le rez-de-chaussée*
el suelo : *le sol*
la pared : *le mur*
el techo : *le plafond*
la terraza : *la terrasse*
el balcón : *le balcon*
el pasillo : *le couloir*

LA CASA Y EL ENTORNO

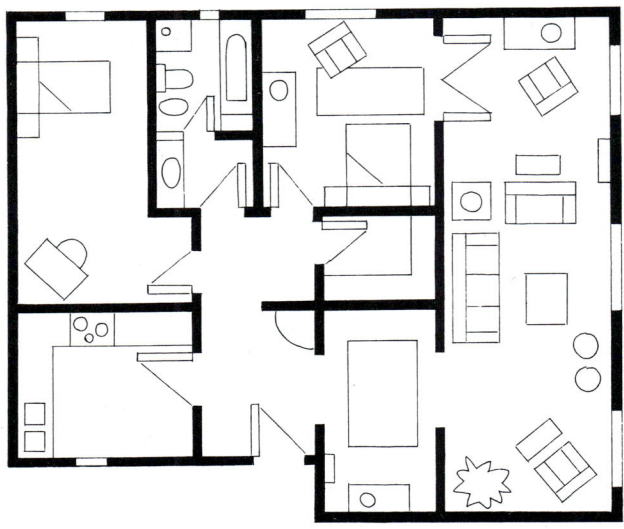

la escalera : *l'escalier*
el ascensor : *l'ascenseur*
abajo ≠ arriba : *en bas ≠ en haut*
la puerta : *la porte*
la ventana : *la fenêtre*
abrir ≠ cerrar [ie] : *ouvrir ≠ fermer*
dar ≠ a : *donner sur*
 Esta habitación da a la calle. *Cette pièce donne sur la rue.*

LOS MUEBLES

los muebles : *les meubles*
la mesa : *la table*
la silla : *la chaise*
el sillón : *le fauteuil*
el armario : *l'armoire*
la cama : *le lit*
el colchón : *le matelas*
la ropa de cama : *les draps et la taie d'oreiller*
la almohada : *l'oreiller*

la sábana : *le drap*
la manta : *la couverture*
el edredón : *la couette*

LOS ELECTRODOMÉSTICOS

los electrodomésticos : *les appareils ménagers*
una nevera : *un réfrigérateur*
un congelador : *un congélateur*
una cocina eléctrica o **de** gas : *une cuisinière électrique ou à gaz*
un horno (microondas) : *un four (à micro-ondes)*
una máquina : *une machine*
   una máquina **de** coser : *une machine à coudre*
un aparato : *un appareil*

limpiar : *faire le ménage, nettoyer*
la limpieza : *le ménage*
el aspirador : *l'aspirateur*
quitar el polvo : *ôter la poussière*
arreglar : *ranger – réparer*
   arreglar (ordenar) su cuarto : *ranger sa chambre*
   arreglar un mueble roto : *réparer un meuble cassé*
lavar : *laver*
la lavadora : *la machine à laver*

LOS GASTOS DE COMUNIDAD

los gastos de comunidad : *les charges*
el gas : *le gaz*
la electricidad : *l'électricité*
la corriente eléctrica : *le courant électrique*
enchufar : *brancher*
el enchufe : *la prise de courant*
la calefacción : *le chauffage*
el agua fría, caliente : *l'eau froide, chaude (*"la" → "el", cf. p. 34)
el teléfono : *le téléphone (cf. p. 96)*
el portero, la portera : *le (la) concierge*
la muchacha, la criada, la asistenta : *la femme de ménage*
apagar la luz ≠ enc**e**nder [ie], dar la luz : *éteindre ≠ allumer la lumière*
una bombilla : *une ampoule électrique*

EL ENTORNO

el entorno, el medio ambiente : *l'environnement*
la ciudad : *la ville*
la capital : *la ville, la capitale*
la catedral : *la cathédrale*

el barrio : *le quartier*
la calle : *la rue*
la acera : *le trottoir*
el campo : *la campagne*
la naturaleza : *la nature*
una región : *une région*
una provincia : *une province*
el paisaje : *le paysage*
bonito, hermoso ≠ feo : *joli, beau ≠ laid*
en el campo : *à la campagne*
la tierra : *la terre*
los campos : *les champs*
los cultivos : **les cultures** (ne confondez pas avec ''cultura'')
el río : *la rivière, le fleuve*
el puente : *le pont*
el valle : *la vallée*
el lago : *le lac*
un embalse, un pantano : *un barrage, un lac de retenue*
el agua : *l'eau*
profundo, a : *profond, e*
el aire puro : *l'air pur*
la llanura : *la plaine*
la montaña, el monte : *la montagne*
la cordillera : *la cordillère, la chaîne*
el altiplano : *le haut plateau*
la selva : *la forêt*
el bosque : *le bois*
el monte : *la campagne (non cultivée)*
la costa : *la côte*
la playa : *la plage*
el mar : *la mer*
una isla : *une île*
un pueblo pequeño / grande : *un petit / gros village*
el campanario de la iglesia : *le clocher de l'église*

LA FLORA Y LA FAUNA

la flora y la fauna : *la flore et la faune*
una planta : *une plante*

un árbol, los árboles : *un arbre, les arbres*
una flor : *une fleur*
una fruta : *un fruit*
la hierba : *l'herbe*

un animal : *un animal*
un pájaro : *un oiseau*
un insecto : *un insecte*
una mosca : *une mouche*
un mosquito : *un moustique*
un perro : *un chien*
un gato : *un chat*
una vaca : *une vache*
un toro : *un taureau*
un cerdo : *un porc*
un caballo : *un cheval*
un burro : *un âne*
una mula : *une mule*
una llama : *un lama*
un águila : *un aigle (mot féminin "una" → "un", cf. p. 34)*
un cóndor : *un condor*
un papagayo, un loro : *un perroquet*

EL CLIMA

el clima : *le clima*
templado : *tempéré*
mediterráneo : *méditerranéen*
continental : *continental*
seco ≠ húmedo : *sec ≠ humide*
agradable : *agréable*
la lluvia : *la pluie*
el sol : *le soleil*
la tormenta : *la tempête, l'orage*
el frío ≠ **el** calor : *le froid ≠ la chaleur*

el tiempo : *le temps; la météo*
hace buen tiempo ≠ mal tiempo : *il fait beau temps ≠ mauvais temps*
hace calor, frío, fresco : *il fait chaud, froid, frais*
un tiempo caluroso, caliente : *un temps chaud*
un tiempo fresco : *un temps frais*
un tiempo nublado : *un temps couvert (nuageux)*
hace viento : *il y a du vent*
la lluvia − llover [ue] (llueve) : *la pluie − pleuvoir (il pleut)*
la nieve − nevar [ie] : *la neige − neiger*
el hielo − helar [ie] : *le gel − geler*
la niebla : *le brouillard*
la temperatura : *la température*
el termómetro : *le thermomètre*
3 grados bajo cero : *− 3°*

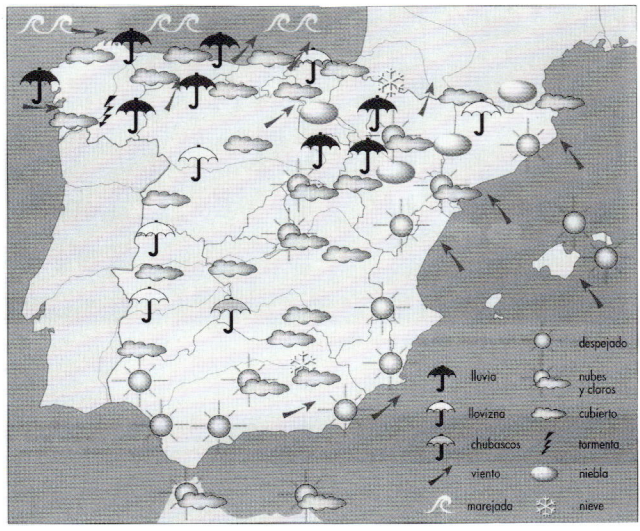

el cielo : *le ciel*
el sol : *le soleil*
la luna : *la lune*
brillar, lucir # : *briller, luire*
la nube : *le nuage*
las estrellas : *les étoiles*
es de día, es de noche : *il fait jour, il fait nuit*
oscuro, a : *sombre*

**1. Anuncios

LOS PORCHES
Residencial **CHALETS**

en **NAVALCARNERO**

3 y 4 dormitorios. Tablilla de
roble, chimenea, bodega.
Vivienda inteligente.
(pre-instalación). Garaje 2 plazas.
Zonas ajardinadas, piscina
iluminada, cancha de tenis,
solarium y vestuario.

15 AÑOS-FACILIDADES
Visite chalet piloto.

SEVILLA

EN SU CENTRO HISTORICO
EDIFICIOS SIGLOS XVIII y XIX
REHABILITADOS
ALTOSTANDING

Apartamentos gran lujo 1-2
dormitorios, duplex y locales
comerciales climatizados frío-calor.
Suelos mármol, cocinas amue-
bladas, electrodomésticos, etc.

DESDE 10.500.000 Ptas.
Cómoda financiación

RENTABILIDAD GARANTIZADA
MUY INTERESANTE
INVERSION EXPO-92

**2. Una empresa modelo :
"Productos Grasos Comestibles"**

El País, 9-6-91.

*Une entreprise modèle :
"Matières Grasses Alimentaires"*

Et il n'est pas moins vrai que les résidus liquides de "Matières Grasses Alimentaires" remplissent la rivière de cochonneries, mais finalement elle faisait déjà peine à voir... et en outre, la région et ses habitants étaient en piteux état et crétins ("hypothyroïdiens") depuis la nuit des temps.

Et que mes cheminées recouvrent le village de miasmes, bien sûr, je n'ai pas installé de filtres, mais je suis en pleine légalité, je paie mes amendes rubis sur l'ongle... et mes résidus solides, que l'on aille se plaindre le jour où on les trouvera.

Tout cela est vrai, je ne le nie pas, mais de là à dire que je tourne le dos à la santé publique et à la protection de l'environnement, il y a un abîme; la preuve...

J'ai interdit l'alcool et le tabac à tous mes employés; ils passent périodiquement des contrôles antidrogue et je les oblige à faire du sport et à garder la ligne. Et je taille moi-même le bonsaï de mon bureau !

**3. Faunas

El País, 24-12-88.

"Faunes"

— Comment ça a marché avec les ours ?
— Bien. J'ai pu suivre durant un mois une famille qui cherchait un nouveau logement.
— Bon, on va rédiger la lettre pour les enfants qui lisent EL PAÍS.
— Formidable. Mais pour les ours, ça n'est pas simple du tout ! Dis-leur surtout que presque toutes les forêts sont pleines de routes et que cela effraie beaucoup les ours.
— Bien bien, j'écrirai cela.
— Mets aussi que j'ai vu plusieurs braconniers qui poursuivaient des ours avec un fusil. Et que parfois ils les tuent bien qu'il n'en reste qu'une soixantaine.
— Quelle horreur !
— Ah, et n'oublie pas de dire que ce n'est pas bien du tout que les autorités ne payent pas les indemnisations promises pour les dommages occasionnés aux agriculteurs et aux éleveurs.
— Comment cela ?
— Bien sûr. Toi qui es si intelligent, réfléchis un peu ! Tu ne vois pas que si un éleveur perd une vache et qu'on ne la lui paie pas, il va tuer l'ours pour qu'il ne recommence pas.
— Ah, bien sûr !
— Mais surtout, n'oublie pas de dire qu'on ne déboise plus et qu'on arrête de mettre le feu aux forêts de chênes et de hêtres... Et salue bien Panchi Purroy qui est un bon ami des ours.

***4. La naturaleza latinoamericana

Hay, ciertamente, una relación entre el hombre y el espacio característicamente latinoamericana. El espacio natural no ha sido nunca un mero telón de fondo para el latinoamericano sino una condición fundamental de su ser, y un personaje predominante y múltiple de su aventura existencial. La mayor parte de la América Latina se encuentra dentro de la zona tropical o subtropical, en dimensiones de paisaje desconocidas en Europa. No es sólo la magnitud de las cordilleras nevadas e inaccesibles, la extensión oceánica de las llanuras, la alucinante vastedad de las selvas impenetrables y la grandeza de los ríos más caudalosos y cambiantes del mundo sino, además, la peculiar actividad de la naturaleza. Es una naturaleza en lucha y en agresión. La vastedad y la magnitud amenazan al hombre. La vegetación prolifera e invade. Las inundaciones periódicas cambian las llanuras en mares. Se pasa en horas de la selva húmeda y cerrada a la puna desértica de hielo y desnudez. El hombre de la América Latina ha vivido por siglos en pugna abierta con la naturaleza. La planta y el animal han sido sus invasores tradicionales. El paisaje no es una tela de fondo sino una presencia móvil y acechante. Aventurarse en la naturaleza es aventurarse en el peligro.

Arturo Uslar PIETRI, *Fantasmas de dos mundos*, 1979.

La nature latino-américaine

Il est certain qu'il existe entre l'homme et l'espace une relation typiquement latino-américaine. L'espace naturel, pour le Latino-américain, n'a jamais été une simple toile de fond mais la condition fondamentale de son être et un personnage prédominant et multiple de son aventure existentielle. La plus grande partie de l'Amérique latine offre, en zone tropicale ou subtropicale, des paysages aux dimensions inconnues en Europe. Ce n'est pas seulement la grandeur des cordillères enneigées et inaccessibles, l'étendue océanique des plaines, l'hallucinante immensité des impénétrables forêts et l'ampleur des fleuves les plus abondants et changeants du monde, mais aussi l'activité particulière de la nature. C'est une nature en lutte, agressive. L'immensité et la grandeur menacent l'homme. La végétation prolifère et envahit. Les inondations périodiques transforment les plaines en mers. On passe en quelques heures de la forêt humide et fermée à la puna (haut plateau) désertique, glacée et dénudée. L'homme d'Amérique latine a vécu pendant des siècles en lutte ouverte avec la nature. La plante et l'animal ont été ses envahisseurs traditionnels. Le paysage n'est pas une toile de fond mais une présence mobile et aux aguets. S'aventurer dans la nature, c'est s'aventurer au milieu du danger.

***5. Los 365 años de Petare

El distrito más rico de Venezuela tiene un millón y medio de miserables.
Se celebraron los 365 años de la fundación de Petare, capital del Distrito Sucre, el más rico de Venezuela y que paradójicamente cuenta con el barrio más grande de Latinoamérica, el José Félix Ribas, que junto a los trescientos y tantos barrios de esta zona del Este, agrupa una población de un millón y medio de marginales. Los otrora parajes de Cantón de la Villa de Petare, con su río Caurímare, sus haciendas de café y caña, sus sembradíos de legumbres y flores que despedían la vida frente al Avila se han convertido en morada de la miseria. Los techos rojos de las casas coloniales son ahora plateadas planchas de zinc que albergan petareños que viven debatiéndose entre el desempleo y la ausencia de ingresos para cubrir necesidades prioritarias: salud, alimentación, educación y vivienda. Por recreación y deporte queda la delincuencia. La practican por igual, el chiquillo hábil para arrancar el monedero de la mujer que busca estirar los reales en el mercado de la redoma; y el bien formado malandro, que pide peaje a su vecino cuando debe hacer parada en las escaleras nauseabundas camino al rancho.

Raquel GARCÍA, Summa, 2-5-86.

Les 365 ans de Petare

Le district le plus riche du Venezuela compte 1 million et demi de pauvres.
On a célébré les 365 ans de la fondation de Petare, capitale du district de Sucre, le plus riche du Vénézuela, et qui, paradoxalement, possède le bidonville le plus grand d'Amérique latine, le bidonville José Félix Ribas, qui, avec les trois cents et quelques bidonvilles de cette zone de l'Est[1] regroupe une population d'un million et demi de marginaux.
La contrée de Canton de la Ville de Petare, autrefois avec son fleuve, le Caurimare, ses plantations de café et de cannes, ses jardins de légumes et de fleurs qui respiraient la vie face à l'Avila[2] est devenue la demeure de la misère. Les toits rouges des maisons coloniales sont maintenant des tôles de zinc argentées qui abritent les

habitants de Petare, dont la vie consiste à se débattre entre le chômage et des revenus insuffisants pour faire face aux besoins prioritaires tels que santé, alimentation, éducation et logement. En guise de diversion et de sport, il n'y a que la délinquance. Elle est également pratiquée par le gamin prompt à arracher le porte-monnaie de la femme qui cherche à tirer le maximum de ses quelques sous au marché de la place, et le malandrin expérimenté qui perçoit un droit de passage sur son concitoyen lorsque celui-ci doit s'arrêter au milieu des escaliers nauséabonds qui mènent à sa baraque.

1. L'Est de la vallée de Caracas.
2. L'Avila est le nom de la montagne qui sépare la vallée de Caracas de la côte.

**6. El departamento de María Dolores

Regina entra en el departamento. María Dolores levanta la persiana, y la habitación se ilumina con la luz grisácea de la tarde.
— Siéntate y ponte cómoda. Estás en tu casa.
— Pero, hija, ¡qué lujo! ¿Es tuyo el departamento?
— Bueno, lo tengo alquilado con los muebles, pero los cuadros, las ropas, los cachivaches, son todo mío.
— ¿A qué llamarás cachivaches...?
Regina da vuelta en las manos a una tetera. La deja para coger y mirar al trasluz un cuenco de cristal. Sus ojos saltan luego de los cuadros a la plata, de las pantallas a los libros.
En el mármol pulido de la mesa se reflejan las maderas de la ventana como en un espejo negro.
— ¡Y las alfombras! ¿También son tuyas?
— También.
— Vives como una reina.

Gonzalo Torrente BALLESTER, *Off-Side*, 1981

L'appartement de Marie-Dolorès

Régine pénètre dans l'appartement. Marie-Dolorès remonte la persienne et la pièce est illuminée par la lumière grisâtre du soir.
— Assieds-toi et mets-toi à ton aise. Fais comme chez toi.
— Eh bien, quel luxe! Cet appartement est à toi?
— Je l'ai loué meublé, mais les tableaux, les tentures, les babioles sont à moi.
— Qu'est-ce que tu appelles des babioles...?
Régine joue avec une théière. Elle la laisse pour prendre et regarder à contre-jour un pot en cristal. Ses yeux courent ensuite des tableaux à l'argenterie, des paravents aux livres.
Sur le marbre lisse de la table les boiseries de la fenêtre se reflètent comme sur un miroir noir.
— Et les tapis! Ils t'appartiennent aussi?
— Oui.
— Tu vis comme une reine.

16. El mundo laboral y la economía

Le monde du travail et l'économie

EL MUNDO LABORAL

1. **El trabajo :** *le travail*
   ser + profesión : *être + profession*
   Es médico. *Il est médecin.*
   un oficio : *un métier*
   un trabajador : *un travailleur*
   un campesino : *un paysan*
   cultivar la tierra : *cultiver la terre*
   la agricultura : *l'agriculture*

   una compañía : *une compagnie, une société*
   una empresa : *une entreprise*
   el empresario : *le chef d'entreprise*
   el director : *le directeur*
   el patrón : *le patron*
   el jefe : *le chef*

   la industria : *l'industrie*
   una fábrica : *une usine*
   un taller : *un atelier*
   un obrero : *un ouvrier*
   un ejecutivo : *un cadre*
   un directivo : *un cadre supérieur*
   un artesano : *un artisan*
   emplear : *employer*
   un empleo, un cargo : *un emploi, un poste*
   una oficina : *un bureau*
   un empleado : *un employé*

   el sector terciario : *le secteur tertiaire*
   los servicios : *les services*
   un negocio : *une affaire*
   un hombre de negocios : *un homme d'affaires*
   el comercio : *le commerce*

una tienda : *un magasin, une boutique*
vender ≠ comprar : *vendre ≠ acheter*
el vendedor, la vendedora, el dependiente, la dependienta : *le vendeur, la vendeuse*
atender [ie] : *s'occuper de*
  ¿Le atienden? *On s'occupe de vous ?*
el cliente : *le client*
  El vendedor atiende al cliente. *Le vendeur s'occupe du client.*
el supermercado : *le supermarché*
el hipermercado : *l'hypermarché*
la caja : *la caisse*
la panadería : *la boulangerie*
la carnicería : *la boucherie*

la administración : *l'administration*
un funcionario : *un fonctionnaire*
un militar : *un militaire*
el ejército : *l'armée*
el servicio militar (la mili) : *le service militaire*
la enseñanza : *l'enseignement*
un profesor : *un professeur*
un maestro : *un instituteur*
la escuela : *l'école*
un alumno : *un élève*
un estudiante : *un étudiant*
el hospital : *l'hôpital*
el doctor, el médico : *le docteur, le médecin*
la farmacia : *la pharmacie*

encontrar [ue] trabajo : *trouver du travail*
estar en paro : *être au chômage*
mandar su curriculum, su currículo, su historial : *envoyer son curriculum vitae*
obtener ≠ (conseguir [i]) un puesto mejor : *obtenir une meilleure place*
llegar a más : *monter (en grade)*

2. Las condiciones de trabajo : *les conditions de travail*

tener la responsabilidad de algo, ser responsable de : *être respondable de quelque chose*
un trabajo gratificante : *un travail gratifiant, valorisant*
un trabajo penoso : *un travail pénible*
un trabajo cansado : *un travail fatigant*
un trabajo sucio : *un travail sale, polluant*

un día laborable, un día hábil, un día de trabajo : *un jour ouvrable*
un día festivo, un día de fiesta : *un jour férié*
tener un día libre : *avoir une journée de congé*
el descanso : *le congé*

las vacaciones : *les vacances*
irse de vacaciones : *partir en vacances*
las Navidades – Semana Santa : *Noël – Pâques*
hacer puente : *faire le pont*
el fin de semana : *le week-end*

el compañero de trabajo : *le collègue*
ayudar : *aider*
el jefe : *le chef*
la autoridad : *l'autorité*
vigilar : *surveiller*
el comedor : *la cantine*
el restaurante : *le restaurant*
el bar : *le bar*

un conflicto laboral : *un conflit social (du travail)*
los sindicatos : *les syndicats*
los representantes del personal : *les représentants du personnel*
un convenio colectivo : *une convention collective*
estar en huelga : *être en grève*
manif**e**starse [ie] : *manifester (verbe pronominal)*
convocar una manifestación : *appeler à manifester*
el despido : *le licenciement*
la tasa de paro (desempleo) : *le taux de chômage*

3. Los ingresos : *les revenus*

cobrar un sueldo, un salario : *toucher un salaire*
ganar : *gagner*
pagar : *payer*
la paga : *la paye*
la hoja de pago : *la fiche de paie*
las horas extraordinarias : *les heures supplémentaires*
el jornal : *la journée, le salaire journalier*

a la semana, por semana : *par semaine*
al mes, por mes : *par mois*
al año : *par an*
el retiro : *la retraite*
retirarse, jubilarse : *partir à la retraite*
la Seguridad Social : *la Sécurité sociale*
el IRPF (el Impuesto sobre la Renta de las Personas Físicas) : *les impôts sur le revenu*
el IVA (el Impuesto sobre el Valor Añadido) : *la TVA (la Taxe sur la Valeur Ajoutée)*

abrir una cuenta en un banco : *ouvrir un compte en banque*
sacar dinero : *retirer de l'argent*
cobrar dinero : *toucher de l'argent*
entregar dinero : *remettre, déposer de l'argent*
abonar en cuenta : *créditer un compte*
tomar prestado : *emprunter*
un préstamo : *un emprunt*

FABRICA NACIONAL DE MONEDA Y TIMBRE

D.N.I.	APELLIDOS Y NOMBRE		RUBRICA
0020099551R	SANCHEZ GONZALEZ D		1320

NOMINA / RECIBO DE: REGULARIZACION
CORRESPONDIENTE A: OCTUBRE 91

N.º AFILIACION SEG. SOCIAL	FECHA INGRESO	FECHA ANTIG.	U	T	Q	NIVEL	CENTRO COSTE
28/1624481	08/09/65	10/65	06	2	4	09	36633

FECHA	CLAVE	CONCEPTO	DIAS / HORAS	DEVENGOS	RETENCIONES
	500	SALARIO BASE LABORABLES	20,98	89.528	
	501	SALARIO BASE FESTIVOS	7,99	34.096	
	502	PLUS CONVENIO		7.121	
	503	TRIENIOS	28,97	8.425	
	504	QUINQUENIOS	28,97	16.850	
	520	INCENTIVOS	20,98	75.722	
	560	COMPENSACION SALARIO BASE	2,00	8.535	
	561	COMPENSACION ANTIGUEDAD	2,00	1.745	
	562	COMPENSACION INCENTIVOS	2,00	7.218	
	750	RETENCION I.R.P.F.			49.848
	770	GRUPO DE EMPRESA			200
	781	CREDITO EMPRESA (INT+AMORTIZAC			3.165
	908	CUOTAS SEGURIDAD SOCIAL EMPLEA	31,00		8.773
	909	CUOTAS FORMACION PROFES. EMPLE			306
	910	CUOTAS DESEMPLEO EMPLEADO			3.367
	759	PAGO LIQUIDACION MES ANTERIOR			183.760

TOTAL DEVENGOS	TOTAL RETENCIONES
249.240	249.419

BASE SUJETA I.R.P.F.	% I.R.P.F
249.240	20,00

BASE TARIFADA		
GRUPO	MINIMA	MAXIMA
08	2.071	5.896

TOTAL LIQUIDO

-179

BASE COTIZACION A LA SEGURIDAD SOCIAL					BASE A.T. y E.P.	% DESEMP. Y F.P.
REMUNERACION	P. P. EXTRAS	TOTAL	BASE COTIZACION	% S.S.		
249.239	68.796	318.035	182.776	4,80	306.120	1,20

Una hoja de pago

LA ECONOMÍA

la economía : *l'économie*

1. El mundo rural : *le monde rural*

una finca, una hacienda : *une ferme*
la agricultura : *l'agriculture*
la ganadería : *l'élevage*
el ganado : *le bétail*
los cultivos de regadío, los cultivos de secano : *les cultures d'irrigation, les cultures sèches*
los cultivos de invernadero : *les cultures sous serre*
el monocultivo : *la monoculture*
la mecanización : *la mécanisation*
el abono : *l'engrais*
el latifundio (finca de más de 250 hectáreas) : *le latifundio (ferme de plus de 250 hectars)*
la reforma agraria : *la réforme agraire*
el reparto de parcelas : *la distribution de parcelles*
expropiar : *exproprier*
la concentración parcelaria : *le remembrement (réunion de petites parcelles en une seule)*
la cooperativa : *la coopérative*

la pesca : *la pêche*
pescar, faenar : *pêcher*
la caza : *la chasse*
cazar : *chasser*

2. El sector industrial : *le secteur industriel*

una empresa : *une entreprise*
la energía : *l'énergie*
las materias primas : *les matières premières*
los recursos naturales : *les ressources naturelles*
el petróleo : *le pétrole*
el carbón : *le charbon*
el hierro : *le fer*
el cobre : *le cuivre*
el acero : *l'acier*
la mano de obra : *la main-d'œuvre*
la población activa : *la population active*
la plantilla : *le personnel*
los capitales : *les capitaux*
una inversión : *un investissement*
invertir [ie, i] : *investir*
una maquinaria moderna ≠ anticuada : *un parc de machines moderne ≠ dépassé*
producir ♯, la producción : *produire, la production*
los productos : *les produits*
el rendimiento : *le rendement*
el beneficio : *le bénéfice*
el déficit : *le déficit*

EL MUNDO LABORAL Y LA ECONOMÍA   135

los sectores de actividad : *les secteurs d'activité*
la siderurgia : *la sidérurgie*
la industria química : *l'industrie chimique*
la industria textil : *l'industrie textile*
la industria de transformación : *l'industrie de transformation*

3. El mercado : *le marché*

comprar ≠ vender : *acheter ≠ vendre*
la compra ≠ la venta : *l'achat ≠ la vente*
la oferta ≠ la demanda : *l'offre ≠ la demande*
el precio de coste : *le prix de revient*
los costes sociales : *les charges sociales*
la competencia : *la concurrence*
la bolsa : *la bourse*
la cotización : *le cours*
la coyuntura : *la conjoncture*
fijar el precio : *fixer le prix*
el alza de los precios : *la hausse des prix*
la inflación : *l'inflation*
la tasa de inflación : *le taux d'inflation*
el porcentaje : *le pourcentage*
el diez por ciento : *10 %*
la cesta de la compra : *le panier de la ménagère*
las estadísticas : *les statistiques*
la sociedad de consumo : *la société de consommation*
el consumidor : *le consommateur*

la crisis económica : *la crise économique*
el crecimiento : *la croissance*
el estancamiento : *la stagnation*
la reactivación : *la reprise*
sanear la economía : *assainir l'économie*
regular : *réglementer*
un tren de medidas : *un train (une série) de mesures*
la economía sumergida, informal : *l'économie parallèle*
disponer de medios importantes ≠ escasos : *disposer de moyens importants ≠ de peu de moyens*
el producto nacional bruto (el conjunto de bienes y servicios producidos en un país durante un año — refleja la riqueza económica de un país) : *le produit national brut, le PNB*
importar ≠ exportar : *importer ≠ exporter*
la balanza comercial (relación entre las exportaciones e importaciones de un país) : *la balance commerciale*
el superávit ≠ el déficit : *l'excédent ≠ le déficit*
arrojar un déficit : *faire apparaître un déficit*
un banco : *une banque*
conceder un préstamo : *accorder un prêt*
prestar : *prêter*
una deuda, deber : *une dette, devoir*
comprar a plazos : *acheter à crédit*
un plazo : *un délai*
el desarrollo : *le développement*
en vía de desarrollo : *en voie de développement*

    el tercer mundo : *le tiers monde*
    la desigualdad : *l'inégalité*
    la riqueza ≠ la pobreza : *la richesse ≠ la pauvreté*
    rico, a ≠ pobre : *riche ≠ pauvre*
    el nivel de vida : *le niveau de vie*
    el poder adquisitivo : *le pouvoir d'achat*
    afectar : *toucher*
        El paro afecta sobre todo a las mujeres y a los jóvenes. *Le chômage touche surtout les femmes et les jeunes.*
    la contabilidad : *la comptabilité*
    el presupuesto : *le budget*
    los ingresos ≠ los gastos : *les recettes ≠ les dépenses*
    el balance : *le bilan*
    el pago : *le paiement*
    un pedido : *une commande*
    un cheque, un talón : *un chèque*
    una tarjeta de crédito : *une carte de crédit*
    pagar en efectivo, en metálico : *payer en liquide*
    el dinero : *l'argent*
    no tengo cambio : *je n'ai pas de monnaie*

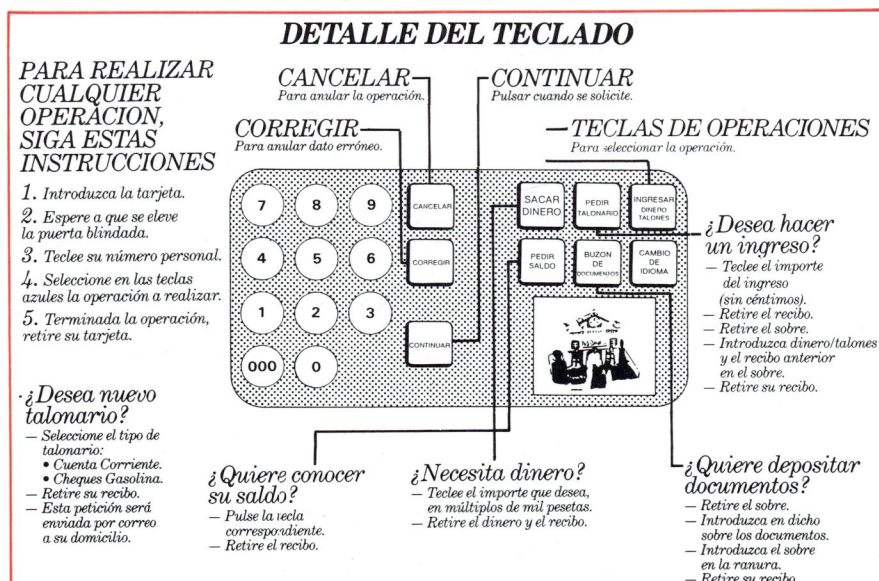

LA POLÍTICA

la política : *la politique*
el Estado : *l'État*
la constitución : *la constitution*
la democracia : *la démocratie*
la monarquía : *la monarchie*
la familia real : *la famille royale*
el rey don Juan Carlos de Borbón : *le roi Juan Carlos de Bourbon*
la reina doña Sofía de Grecia : *la reine Sophie de Grèce*
el príncipe Felipe : *le prince Philippe*
las infantas Elena y Cristina : *les infantes Hélène et Christine*
la dictadura : *la dictature*
el dictador : *le dictateur*
la junta militar : *la junte militaire*
el golpe de Estado : *un coup d'État*
la república : *la république*
el poder : *le pouvoir*
el gobierno : *le gouvernement*
el Jefe del Gobierno : *le Chef du Gouvernement*
el Consejo de ministros : *le Conseil des ministres*
el primer ministro, la primera ministra : *le Premier ministre, son homologue féminin*
el Ministerio de ø Hacienda : *le ministère des Finances (remarquez l'absence d'article)*
el Ministerio de ø Asuntos Exteriores : *le ministère des Affaires Extérieures (remarquez l'absence d'article)*
el presidente : *le président*
presidir : *présider*
los partidos : *les partis*
  de derechas : *de droite*
  del centro : *du centre*
  de izquierdas : *de gauche*
socialista, comunista, conservador, liberal, popular : *socialiste, communiste, conservateur, libéral, populaire*
el pueblo : *le peuple*
la opinión pública : *l'opinion publique*
la pre**n**sa : *la presse (remarquez le* n*)*
celebrar una rueda de prensa : *tenir une conférence de presse*
la sociedad : *la société*
el congreso de diputados (en Madrid : las Cortes) : *la Chambre des députés, le congrès*
una cámara : *une chambre*
un diputado : *un député*
  Es diputado **por** Asturias. *Il est député des Asturies.*
la ley, las leyes : *la loi, les lois*
un reglamento : *un règlement*
la justicia : *la justice*
el juez, los jueces : *le juge, les juges*
el ejército : *l'armée*

    un militar : *un militaire*
    la guerra ≠ la paz : *la guerre ≠ la paix*
    la defensa : *la défense*

    votar (a – por – ø) : *voter (pour)*
      votar un partido : *voter pour un parti*
      Vota a Fulano. *Vote pour Un Tel.*
      Vote por las libertades. *Votez pour les libertés.*
    ganar ≠ perder [ie] votos : *gagner ≠ perdre des voix*
    obtener ♯ un escaño : *obtenir un siège*

    el ayuntamiento : *la mairie*
    el alcalde : *le maire*
    los vecinos : *les habitants de la ville*
    constituir ♯ una asociación : *constituer, former une association*
    una delegación : *une délégation*

Lecturas

**1. Carta de candidatura y curriculum

La entrevista para obtener un empleo...
¿Qué hacer...? ¿Qué no hacer...?

Presente un curriculum vitae, conciso, profesional, pero que refleje toda su experiencia, logros y estudios. Sea muy objetiva al seleccionar las palabras de su historial; evite todo tipo de adjetivos calificativos, adopte un tono impersonal.

Obtenga una información elemental sobre la empresa a la cual va a solicitar un empleo.

¡Vístase apropiadamente para su entrevista! Lo recomendable es un traje de dos piezas (color neutro).

A una pregunta vaga ("¿Podría decirme algo acerca de su vida...?", por ejemplo), responda en una forma muy profesional. Refiérase, inmediatamente, a su experiencia en el campo relacionado con el empleo que está solicitando, mencione las posiciones que ha desempeñado, y haga especial referencia a la última, explicando los motivos que la han llevado a considerar un cambio de empleo. Evada cualquier tipo de crítica, velada o directa, sobre cualquiera de sus empleadores. No sólo es de muy mal gusto, sino que es calificada negativamente por todo entrevistador. En estos casos, sea elegantemente hipócrita y hable positivamente de todos.

Es evidente que un empleador-en-potencia no deberá hacerle preguntas relacionadas con su vida personal, pero sí le interesará su estado civil, su edad

(no mienta), nacionalidad, y cuántos hijos tiene. También puede preguntarle acerca de su salud. Ahora bien, preguntas de otra índole pueden (¡y deben!) ser evadidas con amabilidad y firmeza.
Es correcto que usted pregunte cuál es el salario ofrecido... y esta pregunta debe ser respondida en forma directa por su entrevistador. Las respuestas evasivas como "de usted depende...", "vamos a ver..." y otras similares son poco profesionales. Precíselo amablemente a darle esta información, y hasta esgrima la mejor de sus sonrisas... ¡pero sea firme!
Si es preciso, ante estas evasivas con referencia a su posible salario, mencione la cantidad que usted espera ganar. Considere una cifra razonable, para que la misma esté dentro de las posibilidades de la compañía para la cual desea trabajar. Pregunte igualmente por los beneficios adicionales que ofrece la empresa... seguros de vida, médicos, vacaciones, días libres, etc.
Si la entrevista ha finalizado, no se sienta inhibida a preguntar cuándo tendrá una respuesta sobre su decisión. Es lo correcto... ¡hágalo!
Compruebe mentalmente que usted no se ha olvidado de hacer ninguna pregunta; es de pésimo gusto volver después sobre sus pasos para tocar un tema que no fue cubierto.

Lettre de candidature et curriculum vitae

L'entretien de sélection
Qu'est-il conseillé de faire et de ne pas faire ?

Présentez un CV concis, centré sur votre vie professionnelle, mais qui reflète toute votre expérience, vos réussites et vos études. Soyez très objective lorsque vous choisirez les mots de votre CV; évitez toute sorte d'adjectif qualificatif, adoptez un ton impersonnel.

Réunissez une information de base sur l'entreprise de laquelle vous sollicitez un emploi. Ainsi, vous ne serez pas interrogée par quelqu'un qui vous sera complètement étranger.

Habillez-vous de façon appropriée pour votre entretien! Le mieux est un tailleur de couleur neutre.

À une question vague ("Que pouvez-vous me dire de votre vie... ?", par exemple), répondez sur un plan professionnel. Référez-vous immédiatement à votre expérience dans le domaine ayant trait à l'emploi que vous briguez, citez les postes que vous avez occupés, et faites une mention spéciale pour le dernier, en expliquant les motifs qui vous ont poussée à envisager d'en changer.

Évitez toute critique, voilée ou directe, sur l'un quelconque de vos employeurs. Non seulement c'est de très mauvais goût, mais cela est valorisé négativement par toute personne menant un entretien. Dans ce cas, soyez élégamment hypocrite et parlez bien de tous.

Il est évident qu'un employeur en puissance ne devra pas vous poser des questions en rapport avec votre vie privée, mais il va, en revanche, s'intéresser à votre état civil, votre âge (ne mentez pas), votre nationalité et le nombre d'enfants que vous avez. Il peut aussi vous poser des questions sur votre santé. Mais les questions d'un autre ordre peuvent (et doivent!) être éludées aimablement mais avec fermeté.

Il est normal que vous demandiez quel sera le salaire offert et votre interlocuteur doit répondre sans détour à cette question. Les réponses évasives du genre

"cela dépend de vous...", "nous verrons...", etc., ont un caractère bien peu professionnel. Obligez-le aimablement à vous fournir cette information, faites même le plus beau de vos sourires... mais soyez ferme!
S'il le faut, devant de telles échappatoires concernant votre éventuel salaire, dites la somme que vous vous attendez à recevoir. Choisissez un chiffre raisonnable, qui rentre dans les possibilités de la société pour laquelle vous désirez travailler.
Renseignez-vous également sur les bénéfices annexes qu'offre l'entreprise... assurance-vie, santé, vacances, jours de congé, etc.
Si l'entretien est terminé, n'ayez pas honte de demander quand vous aurez une réponse au sujet de la décision prise à votre égard. C'est normal... Faites-le!
Vérifiez mentalement que vous n'avez oublié aucune des questions que vous vouliez poser; il est de très mauvais goût de revenir sur ses pas pour discuter d'un sujet qui n'a pas été abordé.

****2. Permiso de trabajo para extranjeros**

¿Qué debes hacer para solicitar el permiso de trabajo y residencia en España si tu país forma parte de la CEE?

1. Obtener un visado de residencia por cuestiones laborales. Te lo tramitarán en el Consulado español más cercano a tu domicilio.

La documentación que debes presentar es la siguiente: copia del pasaporte, certificado de disponer de recursos económicos suficientes y un contrato de trabajo con una empresa española (o el compromiso formal de colocación efectuado por la empresa que te vaya a contratar).

2. Una vez en España, tramitar el permiso de residencia y trabajo (se obtiene simultáneamente).

Documentación: pasaporte, certificado médico, copia del contrato de trabajo y visado.

La deberás presentar en la Comisaría de Policía del lugar donde vayas a residir, en el plazo de 15 días desde tu entrada en España.

Tipos de permisos que puedes conseguir:
— Tarjeta temporal de residencia: Validez de más de tres meses a menos de 12.
— Tarjeta provisional de residencia: Validez máxima de tres meses.
— Tarjeta de residencia: Validez 5 años, automáticamente renovables.

Permis de travail pour étrangers

Que devez-vous faire pour obtenir le permis de travail et le permis de résidence en Espagne si votre pays fait partie de la CEE?*

1. *Obtenir un visa de séjour pour raisons professionnelles. Vous l'obtiendrez au consulat espagnol le plus proche de votre domicile.*

Les documents que vous devez présenter sont les suivants : une photocopie du passeport, un certificat justifiant de moyens financiers suffisants et un contrat de travail passé avec une entreprise espagnole (ou à défaut, l'engagement formel d'embauche de l'entreprise qui doit vous employer).

2. *Une fois en Espagne, vous devrez encore obtenir les permis de travail et de résidence (qui sont donnés simultanément).*

Remarquez que l'espagnol tutoie alors que le français vouvoie.

Documents exigés : passeport, certificat médical, copie du contrat de travail et visa. Vous devrez présenter tous ces documents au Commissariat de police dont dépend votre lieu de résidence dans un délai de quinze jours à partir de la date de votre arrivée en Espagne.
Vous avez le choix entre trois types de cartes :
— la carte temporaire de résidence valable pour un séjour supérieur à trois mois et inférieur à un an;
— la carte provisoire de résidence d'une validité de trois mois maximum;
— la carte de résidence valable cinq ans et automatiquement renouvelable.

****3. El contrato laboral**

Existen muchos tipos de contrato, los que más te pueden interesar son : temporal, en prácticas, para la formación, eventual y a tiempo parcial. Todos ellos por un limitado espacio de tiempo y con la obligatoriedad de ser formulados por escrito. Ten en cuenta tus derechos.
— Para ser contratado en España es necesario tener 16 años, aunque hasta los 18 es necesaria la autorización paterna.
— No existe la obligación de trabajar más de 40 horas semanales, ni más de 9 al día.
— Exige un contrato de trabajo si lo crees conveniente o si está estipulada su obligatoriedad. Al menos, consigue las hojas de paga.
— La empresa se hará cargo del seguro de enfermedad.
— Si trabajas de 10 de la noche a 6 de la mañana, deberán pagarte el 25 % más de sueldo.
— Los mayores de 16 años y menores de 18 no pueden realizar trabajos nocturnos ni horas extras.
— Lo mínimo que puedes cobrar es el salario interprofesional que se revisa anualmente.

Le contrat de travail

Il existe de nombreux types de contrat, les plus intéressants pour vous étant : le contrat temporaire, de stage, d'apprentissage, de mise à l'essai, à temps partiel. Tous sont à durée déterminée et se font obligatoirement par écrit.
Connaissez vos droits.
— Pour travailler en Espagne, il faut avoir 16 ans, mais jusqu'à 18 ans une autorisation paternelle est obligatoire.
— On ne peut vous obliger à travailler plus de 40 heures par semaine ni plus de 9 heures par jour.
— Exigez un contrat de travail si vous le jugez nécessaire ou si son caractère est obligatoire. Demandez au moins vos feuilles de paie.
— L'assurance-maladie est à la charge de l'entreprise.
— Si vous travaillez de 10 heures du soir à 6 heures du matin, on devra augmenter votre salaire de 25 %.
— Pour les 16-18 ans, le travail de nuit et les heures supplémentaires sont interdits.
— On ne peut pas toucher moins que le salaire minimum interprofessionnel, lequel est réajusté tous les ans.

*4. Trabajo "au pair"

Es un sistema por el que jóvenes de 17 a 30 años pasan una temporada en una casa, en la que reciben alojamiento, comida y dinero de bolsillo. A cambio deberán ayudar en las tareas domésticas y en el cuidado de los niños. La jornada de trabajo es de cinco o seis horas, con un día libre a la semana.

Travail au pair

C'est un système grâce auquel des jeunes de 17 à 30 ans sont reçus dans une maison où ils sont logés et nourris et où ils touchent de l'argent de poche. En échange, ils doivent participer aux travaux domestiques et s'occuper des enfants. La journée de travail est de cinq à six heures; ils ont un jour libre par semaine.

**5. Correspondencia con su banco pidiendo una domiciliación de pagos

lugar y fecha

Banco...

Muy Sres. míos :

Les ruego que, a partir de esta fecha y hasta nuevo aviso, se sirvan pagar con cargo a mi cuenta corriente n°... los recibos de la Compañía de gas de mi vivienda, situada en la calle... n°... piso..., que figuran a mi nombre.

Atentamente les saluda.

(firma)

Domiciliation de paiements

lieu et date

Banque...

Messieurs,

Je vous prie de bien vouloir prélever, à partir d'aujourd'hui et jusqu'à nouvel ordre, sur mon compte n°..., les factures de la Compagnie de gaz concernant mon domicile situé au n°... de la rue... et figurant à mon nom.

Veuillez croire, Messieurs, à l'expression de mes sentiments les meilleurs.

(signature)

**6. Cancelación de cuenta

lugar y fecha

Banco...

Muy Señores, míos :

Agradecería cancelasen mi cuenta corriente n°..., traspasando el saldo que hay en ella a mi libreta de ahorro n°...

Atentamente.

(firma)

Fermeture de compte

lieu et date

Banque...

Messieurs,

Je vous serais reconnaissant de fermer mon compte courant n°..., et de verser le solde sur mon livret de caisse d'épargne n°...

Je vous prie de croire, Messieurs, en l'expression de mes salutations distinguées.

(signature)

** 7. Informalidades de Lima

Basta un recorrido por las calles del centro de Lima para palpar la informalidad. Miles de coches circulan en un permanente desafío a casi todas las leyes de la física, incluida la de la gravedad, porque de milagro no se caen a pedazos. A pesar de eso, se mueven y funcionan como taxis con un simple cartel que indica su condición de tales. No llevan taxímetro ni hay tarifa que regule el precio de las carreras, que se negocian en cada caso antes de subir.

En una esquina de Miraflores, un quiosquero vende periódicos extranjeros, entre ellos EL PAIS. Se trata de los periódicos sobrantes de los aviones que aterrizan en Lima. A veces ocurre que el comprador se encuentra con un periódico con el crucigrama resuelto. No importa.

Detrás de la fachada de una elegante casa de un barrio residencial se puede esconder un taller con una docena de costureras que fabrican ropa de alpaca, que por extraños caminos llega hasta alguna casa de Nueva York. Casada con un catedrático de universidad que gana menos de cien dólares al mes, Susana optó por la informalidad, tiene éxito y calcula que consigue de 500 a 600 dólares diarios de beneficios con su negocio.

José COMAS, *País semanal*, 19-1-91.

Lima et les économies parallèles

Il suffit de parcourir les rues du centre de Lima pour vivre l'économie parallèle. Des milliers de voitures circulent dans un défi permanent à presque toutes les lois de la physique, y compris celle de la gravité, car c'est un miracle si elles ne tombent pas en morceaux. Malgré cela, elles circulent et font office de taxis, munies d'une simple pancarte indiquant qu'elles le sont. Elles n'ont pas de taximètre et il n'existe pas de tarif réglementant le prix des courses que l'on négocie à chaque fois avant de monter.

Au coin d'une rue de Miraflores[1], dans un kiosque, un marchand vend des journaux étrangers, parmi lesquels le PAIS. Il s'agit des surplus des avions qui atterrissent à Lima. Il arrive parfois que l'acheteur du journal trouve ses mots croisés résolus. Ça ne fait rien.

Derrière la façade d'une élégante maison d'un quartier résidentiel peut se cacher un atelier employant une douzaine de couturières qui fabriquent des vêtements d'alpaga ; par des voies étranges, ceux-ci arrivent jusqu'à une maison de New York. Mariée à un professeur d'Université qui gagne moins de cent dollars par mois, Suzanne a choisi l'économie parrallèle ; cela lui a réussi : elle calcule que son commerce lui rapporte 5 à 600 dollars de bénéfices par jour.

---

1. Miraflores : quartier résidentiel de Lima.

**8. Los mercados más hermosos del mundo

México está en los mercados. No está en las guturales canciones de las películas, ni en la falsa charrería de bigote y pistola. México es una tierra de pañolones color carmín y turquesa fosforescente. México es una tierra de vasijas y cántaros y de frutas partidas bajo un enjambre de insectos. México es un campo infinito de magueyes de tinte azul acero y corona de espinas amarillas.
Todo esto lo dan los mercados más hermosos del mundo. La fruta y la lana, el barro y los telares, muestran el poderío asombroso de los dedos mexicanos fecundos y eternos.

Pablo NERUDA, Confieso que he vivido, 1974.

Les marchés les plus beaux du monde

Mexico est tout entier dans ses marchés. Il n'est pas dans les chants gutturaux des films, ni dans le pittoresque douteux des moustaches et des pistolets. Mexico, c'est un pays de châles couleur carmin et turquoise phosphorescent. Mexico, c'est un pays de pots et de cruches, et de fruits coupés couverts d'un essaim d'insectes. Mexico, c'est, jusqu'à l'infini, un champ d'agaves d'un bleu d'acier couronné d'épines jaunes. Voilà tout ce que donnent les marchés les plus beaux du monde. Le fruit et la laine, la terre et les métiers à tisser montrent l'étonnant pouvoir des doigts mexicains féconds et éternels.

**9. Sueño de ejecutivo

Desearía irse a plantar patatas, por ejemplo. César era un hombre de ciudad, un producto de barrio, y era incapaz de distinguir un roble de una encina, las lechugas de las malas hierbas. Para él, el campo había sido esa extensión plana que se veía al otro lado de las ventanillas del coche cuando se desplazaba de una ciudad a otra. Pero ahora empezaba a considerar que el destripar terrones podía ser el único remedio para la enfermedad ejecutiva. Porque en el campo no necesitabas estar luchando constantemente para mantener tu identidad; en el campo sencillamente eras. Se era labrador o pastor o vaquero desde el nacimiento hasta la muerte; mientras que el directivo tenía que conquistar su espacio y su sustancia cada día. Qué situación tan envidiable... Y tener por enemigos al hielo y al granizo, y no a tus compañeros de despacho.

Rosa MONTERO, Amado amo, 1988.

Rêve de cadre

Il souhaiterait aller planter des pommes de terre, par exemple. César était un homme de la ville, un produit de quartier, et il était incapable de faire la différence entre un chêne et un chêne vert, les laitues et les mauvaises herbes. Pour lui, la campagne avait été cette étendue plane que l'on voyait de l'autre côté des vitres de la voiture quand il se déplaçait d'une ville à une autre. Mais maintenant, il commençait à penser que retourner les mottes de terre pouvait être le seul remède contre le mal des cadres. Parce qu'à la campagne, on n'a pas besoin de lutter constamment pour conserver son identité; à la campagne, on est, tout simplement. On est paysan ou berger ou vacher de la naissance à la mort; tandis que le cadre devait conquérir son espace et son être jour après jour. Quelle situation enviable... Et avoir pour ennemis le gel et la grêle, et non ses collègues de bureau.

17. Tiempo libre

Loisirs

el tiempo libre, el ocio : *les loisirs*
ser aficionado, a (a) : *être amateur (de)*
   Sonia es aficionada a la música (le gusta la música). *Sonia est amateur de musique (elle aime la musique).*
interesarse por : *s'intéresser à*
dedicarse à : *se consacrer à*

pasear por el campo : *se promener à la campagne*
irse ♯ de paseo : *aller se promener*
dar ♯ una vuelta, dar ♯ un paseo : *faire un tour, faire une promenade*

EL JUEGO

jugar [ue] : *jouer*
un juego : *un jeu*
la muñeca : *la poupée*
los naipes : *les cartes*
un juego de azar : *un jeu de hasard*
la quiniela : *le loto sportif*
la lotería : *la loterie*
un cupón : *un billet*
La ONCE (Organización Nacional de Ciegos Españoles) es responsable de una lotería que tiene un gran éxito en España. *La ONCE (Organisation Nationale des Aveugles Espagnols) est responsable d'une loterie qui connaît un grand succès en Espagne.*

un premio : *un prix, un lot*
 A mí, me ha tocado un premio en la tómbola y a Eva le han tocado dos.
 Moi, j'ai gagné un lot à la tombola et Eva en a gagné deux.
tocarle el gordo : *gagner le gros lot (construction, voir p. 91)*
 Me ha tocado el gordo. *J'ai gagné le gros lot.*
una máquina tragaperras : *une machine à sous*
apostar [ue] : *parier*
una apuesta : *un pari*
 ¡A que no lo haces! : *T'es pas cap! (Je te parie que tu ne le feras pas.)*
ganar ≠ perder [ie] : *gagner, perdre*
tener buena o mala suerte : *avoir ou non de la chance*

EL DEPORTE

el deporte : *le sport*
una actividad deportiva : *une activité sportive*
un deportista : *un sportif*
un atleta : *un athlète*
un equipo : *une équipe*
un jugador : *un joueur*
un campeón : *un champion*
practicar un deporte : *pratiquer un sport*
correr, una carrera : *courir, une course*
un partido : *un match*
el baloncesto : *le basket-ball*
el fútbol : *le football*
la pelota : *la balle*
el campo : *le terrain*
marcar un gol : *mettre un but*
la piscina : *la piscine*
nadar — bañarse : *nager — se baigner*
la Vuelta **a** España : *le Tour d'Espagne*

LOS ESPECTÁCULOS

los espectáculos : *les spectacles*
asistir a una sesión de cine : *assister à une séance de cinéma*
una película, un filme : *un film*
una función de teatro : *une représentation théâtrale*
un concierto : *un concert*
sacar las entradas : *acheter les billets*
reservar un asiento : *réserver une place*
una obra seria ≠ divertida : *une œuvre sérieuse ≠ amusante*
un espectáculo emocionante : *un spectacle émouvant*

reírse [i] : *rire*
morirse [ue, u] de miedo : *mourir de peur*
llorar : *pleurer*
el programa : *le programme*
un actor, los actores : *un acteur, les acteurs*
actuar, trabajar : *jouer*
   ¿Quiénes son los que actúan (trabajan) en esta película? *Qui est-ce qui joue dans ce film?*
famoso, a : *célèbre*
la pantalla : *l'écran*
el escenario : *la scène, les "planches"*
un artista : *un artiste*
tocar un instrumento de música : *jouer d'un instrument de musique*
cantar una canción : *chanter une chanson*
bailar : *danser*
sacar a bailar : *inviter à danser*
la discoteca, la disco : *la discothèque*

ENTRETENIMIENTOS

un entretenimiento : *une distraction*
radio, televisión, prensa : *radio, télévision, presse*
ver la televisión : *regarder la télévision*
apagar : *éteindre*
escuchar la radio : *écouter la radio*
el vídeo : *1. le magnétoscope; 2. la cassette vidéo*
en color ≠ en blanco y negro : *en couleurs ≠ en noir et blanc*
el mando a distancia : *la télécommande*
el magnetófono : *le magnétophone*
la cinta : *la bande*
el casete : *la cassette*
el walkman, los cascos : *le baladeur*
el disco laser, el compact disc : *le disque compact*
la cadena estéreo : *la chaîne stéréo*
el tocadiscos : *le tourne-disque, la platine*
poner ≠ un disco : *mettre un disque*
la música : *la musique*
el programa : *l'emission, le programme*
las noticias : *les nouvelles*

el telediario : *le journal télévisé*
el boletín informativo : *le bulletin d'informations*
el pronóstico del tiempo : *la météo*
la publicidad : *la publicité*
¿Qué echan? : *Qu'est-ce qu'on passe?*
¿Cuándo lo ponen? ¿Cuándo lo echan? : *Quand est-ce qu'on le passe?*
el ordenador : *l'ordinateur*
teclear : *pianoter*
leer un artículo de prensa : *lire un article de presse*
un periódico : *un journal*
un periodista : *un journaliste*
una revista : *une revue*
la actualidad : *l'actualité*
un tebeo, un cómic, una historieta : *une bande dessinée*
una foto : *une photo*
el fotógrafo : *le photographe*
sacar una foto : *prendre une photo*
una máquina fotográfica, una cámara : *un appareil photo*
una cámara de cine : *une caméra*
una videocámara : *un camescope*
un anuncio : *une annonce, une pub*
un libro : *un livre*
una novela policiaca : *un roman policier*
un poema : *un poème*

EXPOSICIONES

una exposición : *une exposition*
el museo : *le musée*
una galería : *une galerie d'art*
un cuadro : *un tableau*
pintar : *peindre*
un dibujo : *un dessin*
una escultura : *une sculpture*
una obra maestra : *un chef-d'œuvre*
una obra de arte : *une œuvre d'art*
antiguo, a : *ancien, enne*
moderno, a : *moderne*
clásico, a : *classique*
original : *original, e*

1. Fiestas

El calendario de las grandes fiestas españolas comienza ya en enero, con las *Cabalgatas de los Reyes Magos*. Pero son los *Carnavales*, a lo largo del mes de febrero, los primeros acontecimientos festivos del invierno que atraen a mayor número de turistas; destacan, por su especial colorido, los de Cádiz y Tenerife. El 19 de marzo, Valencia celebra sus *Fallas de San José* entre el estruendo de tracas y fuegos artificiales, preludiando el comienzo de la primavera. Cuando ésta hace realmente su aparición tiene lugar la tradicional *Semana Santa*, con sus procesiones de imágenes. Es ésta una exteriorización de los sentimientos religiosos, que cuenta con matices distintos en cada región española. Así, en Castilla, las procesiones son graves y solemnes, mientras que en Andalucía adquieren un aire bullicioso. También son famosas las *Tamborradas* de los pueblos de Teruel y las celebraciones de la *Passió* en Cataluña.

En la Semana de Pascua de Resurrección tiene lugar en Murcia el típico *Bando de la Huerta* y el pintoresco *Entierro de la Sardina*, al igual que en otras ciudades de España. Pasada la Semana Santa, Sevilla se llena de alegría con motivo de la celebración de la *Feria de Abril*, en la que se pueden ver calesas tiradas por hermosas jacas andaluzas y disfrutar bailando sevillanas en las casetas. La *Feria de Mayo*, en Córdoba, es otro ejemplo de la exótica Andalucía.

En la región valenciana son dignas de ser reseñadas las fiestas de *Moros y Cristianos*, que tienen especial relevancia en Alcoy, Elda, Villajoyosa, Villena y otras localidades.

Madrid celebra sus fiestas de *San Isidro* a mediados de mayo. Las corridas de toros y sus verbenas en diferentes barrios de la ciudad son su mayor atractivo. En estas últimas podemos saborear las rosquillas del santo y, por qué no, "marcarte" un "chotis", baile típico de Madrid.

Cuando el calor comienza a sentirse, allá por los inicios de junio, Andalucía vuelve a vestirse de fiesta para celebrar la famosa *Romería del Rocío*. En carretas o caballos, los romeros atraviesan pinares y marismas hasta llegar al santuario de Almonte, en Huelva, donde se halla la Virgen del Rocío, popularmente conocida como la Blanca Paloma.

El 7 de julio, Pamplona festeja *San Fermín*. Los mozos, provistos de traje blanco y pañuelo rojo al cuello, bailan en espera de la suelta de los toros, ante los que correrán por la calle de la Estafeta.

El verano también es rico en *romerías*, que se celebran en casi todos los pueblos de España. Especial colorido tienen las de Galicia, donde se puede saborear un buen pulpo y degustar el vino del país.

En la costa mediterránea, en la *noche de San Juan*, se rinde culto al fuego. Alicante enciende las *Fogueres de Sant Joan*, y Barcelona, iluminada por las hogueras, celebra su tradicional verbena.

El 24 de septiembre, Barcelona celebra la *Fiesta de la Merced*, en la que se alternan celebraciones religiosas con manifestaciones folklóricas y culturales.

Ya en el mes de octubre, Zaragoza festeja las *Fiestas del Pilar*, donde se dan cita diferentes grupos venidos de todo Aragón para bailar la típica "jota".

Las fiestas que hemos citado representan una mínima parte de las que tienen lugar en España a lo largo del año, pero, aun así, la muestra es suficiente para que el visitante se haga una idea de la riqueza de costumbres y tradiciones que ostenta este país.

Les fêtes

Le calendrier des grandes fêtes espagnoles commence avec les Cavalcades des Rois Mages. Mais les Carnavals sont les premières fêtes de l'hiver qui attirent le plus de touristes; ceux de Cadix et de Ténérife se détachent par leur éclat particulier.

Le 19 mars, Valence fête ses Fallas de San José dans le fracas des pétards et des feux d'artifices, préludant ainsi au début du printemps. Lorsque celui-ci fait réellement son apparition, la traditionnelle Semaine Sainte est célébrée avec ses processions de statues religieuses. C'est une extériorisation des sentiments religieux, qui prend des nuances différentes dans chaque région espagnole. Ainsi, en Castille, les processions sont graves et solennelles, tandis qu'en Andalousie elles sont bruyantes. Les Tamborradas des villages de Teruel et les célébrations de la Passió en Catalogne sont également renommées.

Pendant la semaine de Pâques, on peut voir le typique Bando de la Huerta et le pittoresque Enterrement de la Sardine, à Murcie et dans d'autres villes d'Espagne. Après la Semaine Sainte, Séville se remplit d'allégresse à l'occasion de la Foire d'Avril, où l'on peut voir des calèches tirées par de magnifiques chevaux andalous et prendre plaisir à danser les "sevillanas" dans les "casetas". La Foire de Mai, à Cordoue, est un autre exemple de l'Andalousie exotique.

Dans la région de Valence, les fêtes des Maures et Chrétiens sont dignes d'être signalées. Elles sont d'un intérêt particulier à Alcoy, à Elda, à Villajoyosa, à Villena et dans d'autres localités.

Madrid célèbre ses fêtes de San Isidro à la mi-mai. Les courses de taureaux sont avec ses kermesses dans les différents quartiers de la ville, leurs plus grands attraits. Dans ces dernières vous pourrez savourer les "rosquillas del santo" et, pourquoi pas, suivre le rythme d'un "chotis", danse typique de Madrid.

Lorsque la chaleur commence à se faire sentir, vers les premiers jours de juin, l'Andalousie remet ses habits de fête pour faire le fameux Pèlerinage du Rocio. En roulotte ou à cheval, les pèlerins traversent pinèdes et marécages pour se rendre au sanctuaire d'Almonte, dans la province de Huelva, où se trouve la Vierge du Rocio, populairement nommée la "Blanche Colombe".

Le 7 juillet, Pampelune fête San Fermín. Les jeunes gens, vêtus de blanc, un foulard rouge autour du cou, dansent en attendant le lâcher des taureaux, devant lesquels ils courront dans la rue de la Estafeta.

L'été est également riche en pèlerinages célébrés dans presque tous les villages d'Espagne. Ceux de Galice où l'on peut savourer un excellent poulpe et déguster le vin de pays sont particulièrement pittoresques.

Sur la côte méditerranéenne, la nuit de la Saint Jean, un culte est rendu au feu. Alicante allume les Fogueres de Sant Joan et Barcelone, illuminée par les feux de joie, fête sa traditionnelle kermesse.

Le 24 septembre, a lieu à Barcelone la Fiesta de la Merced, où alternent les célébrations religieuses et les manifestations folkloriques et culturelles.

Au mois d'octobre à Saragosse, ce sont les Fiestas del Pilar, où différents groupes venus des quatre coins d'Aragon se donnent rendez-vous pour danser la typique "jota".

Les fêtes que nous avons mentionnées ne représentent qu'une partie minime de celles qui ont lieu en Espagne tout au long de l'année : cependant cet échantillon permet au visiteur de se faire une idée de la richesse des coutumes et traditions de ce pays.

**2. Novilladas y corridas

De marzo a octubre se suceden las corridas de toros a lo largo y a lo ancho de España. Hay muchas novilladas — festejos con toros jóvenes y toreros que empiezan — y buenas corridas de toros: animales de quinientos kilos para diestros que han tomado la alternativa (el doctorado de la profesión). Los principales acontecimientos taurinos coinciden con las ferias y fiestas de los lugares, aunque en las ciudades importantes haya corrida muchos domingos de la temporada y novillada casi todos. En Madrid y Barcelona las plazas abren sus puertas también algunos días entre semana.

La corrida empieza a la hora justa que anuncian los programas. Siempre por la tarde. Con medio coso bullente de sol y la otra mitad pintado por la sombra. Suelen lidiarse seis toros, dos por cada matador, que antes fueron sorteados entre los diestros. La lidia de cada uno deberá durar veinte minutos.

"Novilladas" et corridas

De mars à octobre, les "novilladas" et corridas se succèdent dans toute l'Espagne. Les premières sont réservées aux toréadors débutants qui affrontent de jeunes taureaux (novillos); et les secondes, les "vraies", pour toréadors qui ont reçu "l'alternative" (le doctorat de la profession), se déroulent avec des animaux de cinq cents kilos... Les principales manifestations taurines sont organisées à l'occasion des "ferias" et des fêtes locales bien que, dans les villes importantes, des corridas et surtout des "novilladas" aient lieu presque tous les dimanches de la saison. À Madrid et à Barcelone les "plazas" (arènes) ouvrent également leurs portes certains jours de semaine.

La corrida commence juste à l'heure annoncée dans les programmes. Toujours l'après-midi. Une moitié de l'arène se trouve baignée d'ombre et l'autre de soleil. Le programme comprend généralement la mise à mort de six taureaux, deux par matador (diestro), qui ont été au préalable tirés au sort entre eux. La "lidia" (combat) de chaque animal doit durer vingt minutes.

**3. Prensa, radio y televisión

Más de un centenar de diarios se publican en España, ello sin contar el elevado número de revistas de información general y publicaciones especializadas que con una determinada periodicidad ven la luz.

La mayoría de los periódicos diarios que se publican en provincias no cuentan con tiradas muy elevadas, en contraste con los grandes periódicos de Madrid o Barcelona, cuyos ejemplares llegan a todos los puntos de España y el extranjero.

"El País", "Diario 16", "ABC" y "Ya", en Madrid, y "La Vanguardia" y "El Periódico", en Barcelona, son los diarios de mayor tirada y difusión.

Además de las grandes cadenas de radio que emiten en todas las provincias de España, existen otras de carácter local o de carácter regional de cobertura más limitada.

En todas ellas encontrarás aquello que más se ajuste a tus preferencias. Desde programas de música y entretenimiento hasta noticiarios y espacios dedicados a la actualidad, dispondrás de un extenso abanico de posibilidades.

En España existe una cadena de televisión (TVE) de titularidad estatal, con dos canales de emisión. Su programación es ininterrumpida desde las 7 horas de la mañana hasta la 1 de la madrugada aproximadamente. Además, cada Comunidad Autónoma cuenta con espacios limitados para la información regional, que suelen emitirse antes de la sobremesa.

Madrid, Galicia, Andalucía, País Vasco, País Valenciano y Cataluña cuentan con un tercer canal de televisión con programación propia.

Asimismo, existen tres canales de televisión privada: Antena 3, Tele 5 y Canal + Todos ellos incluyen noticias, magazines, concursos, películas, reportajes informativos, espacios dedicados a los niños y jóvenes, etc.

Presse, radio et télévision

Plus d'une centaine de quotidiens sont publiés en Espagne, cela sans compter le grand nombre de revues d'information générale et de publications spécialisées qui paraissent avec une certaine périodicité.

La majorité des journaux quotidiens qui paraissent en province n'ont pas de tirages très élevés, contrairement aux grands journaux de Madrid ou Barcelone, qui circulent dans toute l'Espagne et à l'étranger.

"El País", "Diario 16", "ABC" et "YA", à Madrid et "La Vanguardia" et "El Periódico" à Barcelone, sont les journaux dont le tirage et la diffusion sont les plus importants.

Outre les grandes chaînes de radio qui émettent dans toutes les provinces espagnoles, il en existe d'autres à caractère local ou régional d'une portée territoriale plus limitée.

Toutes ces chaînes vous apporteront ce qui s'adapte le mieux à vos préférences. Entre les programmes de musique et de distraction, les informations et les émissions consacrées à l'actualité, vous disposerez d'un large choix.

Il existe une chaîne de télévision (TVE), propriété d'État, qui émet sur deux canaux. Ses programmes sont ininterrompus de 7 heures à 1 heure du matin environ. De plus, il est attribué à chaque Communauté Autonome des espaces limités pour l'information régionale programmés généralement avant la fin du déjeuner.

Madrid, la Galice, l'Andalousie, le Pays Basque, le Pays Valencien et la Catalogne sont dotés d'une troisième chaîne de télévision avec des programmes spécifiques.

Il existe également trois chaînes de télévision privée : Antenne 3, Télé 5 et Canal +. Toutes présentent des informations, des magazines, des concours, des films, des reportages d'informations, des émissions consacrées aux enfants et aux jeunes, etc.

**4. México, un país de fiestas

El solitario mexicano ama las fiestas y las reuniones públicas. Todo es ocasión para reunirse. Cualquier pretexto es bueno para interrumpir la marcha del tiempo y celebrar con festejos y ceremonias hombres y acontecimientos. Somos un pueblo ritual. Y esta tendencia beneficia a nuestra imaginación tanto como a nuestra sensibilidad, siempre afinadas y despiertas. El arte de la Fiesta, envilecido en casi todas partes, se conserva intacto entre nosotros. En pocos lugares del mundo se puede vivir un espectáculo parecido al de las grandes fiestas religiosas de México,

con sus colores violentos, agrios y puros, sus danzas, ceremonias, fuegos de artificio, trajes insólitos y la inagotable cascada de sorpresas de los frutos, dulces y objetos que se venden esos días en plazas y mercados.
Nuestro calendario está poblado de fiestas. Ciertos días, lo mismo en los lugarejos más apartados que en las grandes ciudades, el país entero reza, grita, come, se emborracha y mata en honor de la Virgen de Guadalupe o del General Zaragoza. Cada año, el 15 de septiembre a las once de la noche, en todas las plazas de México celebramos la Fiesta del Grito; y una multitud enardecida efectivamente grita por espacio de una hora, quizá para callar mejor el resto del año. Durante los días que preceden y suceden al 12 de diciembre, el tiempo suspende su carrera, hace un alto y en lugar de empujarnos hacia un mañana siempre inalcanzable y mentiroso, nos ofrece un presente redondo y perfecto, de danza y juerga, de comunión y comilona con lo más antiguo y secreto de México. El tiempo deja de ser sucesión y vuelve a ser lo que fue, y es, originariamente: un presente en donde pasado y futuro al fin se reconcilian.

Octavio PAZ, *El laberinto de la soledad*, 1959.

Le Mexique, un pays de fêtes

Le solitaire mexicain aime les fêtes et les réunions publiques. Tout lui est occasion de se réunir. Tout prétexte est bon pour interrompre la marche du temps et célébrer par les fêtes et des cérémonies les hommes et les événements. Nous sommes un peuple rituel. Cette tendance favorise notre imagination et notre sensibilité, toutes deux toujours en éveil. L'art de la Fête, avili presque partout, se conserve intact chez nous. En peu d'endroits du monde, on peut vivre un spectacle semblable à celui des grandes fêtes religieuses du Mexique, avec leurs couleurs violentes, acides et pures, leurs danses, leurs cérémonies, leurs feux d'artifice, leurs costumes insolites et l'inépuisable cascade de fruits, de confiseries et d'objets qui se vendent ce jour-là sur toutes les places et marchés.
Notre calendrier est peuplé de fêtes. Certains jours, dans les endroits les plus reculés aussi bien que dans les grandes villes, le pays tout entier prie, crie, mange, s'enivre et tue en l'honneur de la Vierge de Guadalupe ou du Général Zaragoza. Chaque année, le 15 septembre à onze heures du soir, sur toutes les places du Mexique, nous célébrons la Fête du Cri; et une multitude exaltée crie en effet pendant une heure, afin peut-être de mieux se taire le reste de l'année. Durant les journées qui entourent le 12 décembre[1], le temps suspend son cours, observe une halte, et au lieu de nous entraîner vers un lendemain toujours hors d'atteinte et fallacieux, nous offre un présent plein et parfait, un présent de danse et de ripaille, de festin et de communion avec ce qu'il y a de plus antique et de plus secret au Mexique. Le temps cesse d'être succession, et devient ce qu'il a été, et ce qu'il est originellement : un présent où le passé et le futur enfin se réconcilient.

(Traduction de Jean-Clarence Lambert.)

---

1. *Fête de la Vierge de Guadalupe.*

**5. América latina baila tango...

El domingo 23 de junio, desde el Río Bravo del Norte hasta la Tierra del Fuego, remate del Cono Sur, América entera vibró al unísono, y el siempre gustado tango dejó oír sus notas por todas las latitudes al celebrarse el cincuentenario de la muerte del que fue máxima figura del tango argentino, el gran Carlos Gardel.
No hay país latinoamericano en el que no se admire, se cante y se baile el tango. Es como el segundo himno nacional de cada patria latinoamericana, y en él se expresa esa añorada unidad que sueñan todos los latinoamericanos. El tango, expresa muchas de las vivencias de nuestros países. ¿No hay allí y en tantas formas esa ansia de liberación y la condena de todas las formas de opresión y esclavitud? El tango canta el alma de los países sureños, habiendo derivado de la milonga que es patrimonio de varios de ellos, pero esa alma musical se ha identificado con todos los demás hermanos latinos.

Summa, 5-7-85.

L'Amérique latine danse le tango...

Le dimanche 23 juin, du Rio Bravo au Nord à la Terre de Feu, à la pointe extrême du Cône Sud, l'Amérique tout entière a vibré à l'unisson, et le tango toujours apprécié a fait entendre ses notes sous toutes les latitudes à l'occasion du cinquantenaire de la mort de celui qui fut la figure suprême du tango argentin, le grand Carlos Gardel. Il n'est pas de pays latino-américain où le tango ne soit admiré, chanté et dansé. C'est comme le deuxième hymne national de chacune des patries latino-américaines; il s'y exprime cette unité regrettée dont rêvent tous les Latino-américains.
Le tango exprime bien des aspects de la vie de nos pays. N'y trouve-t-on pas, et sous bien des formes, ce désir véhément de libération et la condamnation de toutes les formes d'oppression et d'esclavage? Le tango chante l'âme des pays du Cône Sud, il vient de la "milonga" qui fait partie du patrimoine de plusieurs d'entre eux, mais cette âme musicale s'est identifiée à celle de tous ses autres frères latins.

**6. Los españoles y el juego

En España, algunas encuestas señalan que una familia media gasta en torno al 15 % de sus ingresos en apostar de una forma u otra (se dice que es, junto con Filipinas, el país donde más se juega). Repartidas por el territorio nacional, hay más de 370.000 máquinas con premio, mientras que en Alemania son unas 240.000; en el Reino Unido, 170.000; en Irlanda, 50.000, y en Austria, 4.000. En Francia e Italia no están autorizadas las máquinas con premio, salvo en locales especializados. Según la Comisión Nacional del Juego, el 8 % de los españoles juega alguna vez a las tragaperras; el 5,2 %, al bingo, y el 1 %, en los casinos. El Estado recauda más de 500.000 millones de pesetas anuales en concepto de juegos, y es difícil acabar con la gallina de los huevos de oro. Cada vez se investiga más sobre la informatización del juego, lo cual es peligrosísimo. Se están haciendo ya estudios para apostar sin salir de casa, a través de los ordenadores personales y las tarjetas de crédito. La informatización, por ejemplo, de la Lotería Primitiva, con los sistemas *On line* permite sellar el boleto hasta dos horas antes del sorteo y cobrar a las pocas horas. Cuanto mayor accesibilidad al juego y menos tiempo transcurra entre el momento de la apuesta y el del resultado, mayor adicción se crea.

El País, 16-02-92.

Les Espagnols et le jeu

En Espagne, certaines enquêtes indiquent qu'une famille moyenne dépense environ 15 % de ses revenus en paris divers (ce serait, avec les Philippines, le pays où l'on joue le plus). Sur l'ensemble du territoire national, il y a plus de 370 000 machines à sous, alors qu'il y en a 240 000 en Allemagne, 170 000 au Royaume-Uni, 50 000 en Irlande et 4 000 en Autriche. En France et en Italie, ces machines ne sont pas autorisées, sauf dans les locaux spécialisés. Selon la Commission Nationale des Jeux, 8 % des Espagnols jouent parfois aux machines à sous, 5,2 % au bingo et 1 % dans les casinos.

L'État recouvre plus de 27 milliards de francs au titre des jeux et il est difficile de tuer la poule aux œufs d'or. Des recherches de plus en plus nombreuses sont menées sur l'informatisation du jeu, ce qui est extrêmement dangereux. Des études sont réalisées pour que l'on puisse parier sans sortir de chez soi en utilisant son ordinateur personnel et sa carte de crédit. Par exemple, l'informatisation de la Lotería Primitiva *avec des systèmes* On line *permet d'enregistrer son billet deux heures avant le tirage et de toucher son gain quelques heures après. Plus il est facile de jouer, plus le laps de temps entre le moment du pari et celui du gain est réduit, plus grande est la dépendance du joueur.*

* 8. En qué emplean los españoles su tiempo libre

	Con frecuencia	De vez en cuando	Nunca
Practicar algún deporte	12	11	65
Hacer bricolage	4	10	74
Practicar instrumento musical	3	4	82
Ver televisión	51	36	4
Ir al cine-teatro-espectáculos	6	20	49
Juegos de cartas, de mesa, sociedad	8	17	58
Asistir a conciertos, ópera	2	8	76
Camping, excursiones al aire libre	6	24	48
Ir de tiendas, de compras	7	42	21
Asistir a competiciones deportivas	6	14	62
Lectura	22	23	30

Comment les Espagnols occupent leurs loisirs

	Souvent	De temps en temps	Jamais
Pratiquer un sport	12	11	65
Bricoler	4	10	74
Jouer d'un instrument de musique	3	4	82
Regarder la télévision	51	36	4
Aller au cinéma-théâtre-spectacles	6	20	49
Jouer aux cartes, à des jeux de société	8	17	58
Assister à des concerts, aller à l'opéra	2	8	76
Partir en camping, excursions en plein air	6	24	48
Faire les magasins, les courses	7	42	21
Assister à des compétitions sportives	6	14	62
Lire	22	23	30

18. Viajar

Voyager

DE VIAJE

ir de viaje : *aller en voyage*

1. **Los transportes :** *les transports*

   el medio de transporte : *le moyen de transport*
   viajar en avión : *voyager en avion*
   en tren, en barco : *en train, en bateau*
   en autobús : *en autobus*
   el coche : *la voiture*
   la bicicleta, la bici : *la bicyclette, le vélo*
   la moto : *la moto*
   subir al avión ≠ bajar del autobús : *monter dans l'avion ≠ descendre de l'autobus*
   el viaje : *le voyage*
   un viajero : *un voyageur*
   un pasajero : *un passager*
   el aeropuerto : *l'aéroport*
   la estación : *la gare*
   la parada del autobús : *l'arrêt d'autobus*
   el puerto : *le port*

2. **Sacar un billete :** *prendre un billet*

   ida y vuelta : *aller et retour*
   viajar en grupo : *voyager en groupe*
   una litera : *une couchette*
   primera o segunda clase : *1re ou 2e classe*
   una reducción : *une réduction*
   un billete **de** tarifa reducida : *un billet à tarif réduit*

comprar : *acheter*
costar [ue], valer ♯ : *coûter, valoir*
caro, a ≠ barato, a : *cher ≠ bon marché*
el precio : *le prix*
pagar : *payer*
la agencia de viajes : *l'agence de voyages*
información : *bureau des renseignements*
reclamar : *faire une réclamation*
la taquilla, la ventanilla : *le guichet*
preguntar, hacer ♯ una pregunta : *demander, poser une question*
coger el tren : *prendre le train*
RENFE : REd Nacional de Ferrocarriles Españoles : *Réseau National des Chemins de Fer Espagnols*
salir ♯ ≠ llegar : *partir ≠ arriver*
la salida ≠ la llegada : *le départ ≠ l'arrivée*
el horario : *l'horaire*
llevar retraso : *avoir du retard*
esperar : *attendre*
llegar temprano (antes de tiempo) ≠ tarde : *arriver en avance (avant l'heure) ≠ en retard*
perder [ie] el tren : *rater le train*
darse ♯ prisa : *se dépêcher*
la línea (de ferrocarril, aérea...) : *la ligne (de chemin de fer, aérienne...)*
el vuelo : *le vol*
la azafata : *l'hôtesse*
la tripulación : *l'équipage*

3. El equipaje

facturar el equipaje : *enregistrer les bagages*
llevar una maleta : *porter une valise*
coger un bolso : *prendre un sac*
el equipaje de mano : *le bagage à main*
(no) pesar mucho : *(ne pas) être trop lourd*
no pesa nada : *c'est tout léger*

4. El coche : *la voiture*

conducir ♯ : *conduire*
el conductor : *le conducteur*
un coche : *une voiture*
un camión : *un camion*
la carretera : *la route*
un camino : *un chemin*
el desvío : *la déviation*
obras : *travaux*
una autopista **de** peaje : *une autoroute à péage*
el carril : *la voie*
la velocidad : *la vitesse*
correr mucho : *aller très vite*

Cruce

Curva a la derecha

Dirección prohibida

Ceda el paso

Parada en el cruce

Prohibido adelantar

a cien (kilómetros) por hora : *à cent kilomètres à l'heure*
rápido ≠ despacio : *vite ≠ lentement*
el peligro : *le danger*
peligroso, a : *dangereux, euse*
una curva peligrosa : *un virage dangereux*
la seguridad : *la sécurité*
abrochar el cinturón : *attacher sa ceinture*
un atasco, un colapso : *un embouteillage*
una caravana de coches : *une file de voitures*
seguro, a : *sûr, sûre*
mucho tráfico ≠ poco tráfico : *beaucoup de circulation ≠ peu de circulaion*
las señales de tráfico : *les panneaux de signalisation*
un semáforo : *un feu de signalisation*
pasar un semáforo **en** ámbar (en rojo, en verde) : *passer à l'orange (au rouge, au vert)*
un paso de peatones, un paso de cebra : *un passage pour piétons*
a pie : *à pied*
cruzar la calle : *traverser la rue*
arrancar, ponerse ≠ en marcha : *démarrer, se mettre en route*
parar : *(s') arrêter*
aparcar : *se garer*
un aparcamiento, un parking : *un parking*
el policía : *le policier*
la documentación : *les papiers*
poner una multa : *mettre une contravention*
echar gasolina (normal o súper) : *mettre de l'essence (normale ou super)*

lleno : *le plein*
el aceite : *l'huile*
la estación de servicio, la gasolinera : *la station-service, la pompe à essence*
controlar la presión de los neumáticos : *contrôler la pression des pneus*
una avería : *une panne*
(no) funcionar : *(ne pas) marcher*
estar estropeado, a : *être abîmé, e*
arreglar : *réparer*
el garaje : *le garage*
el taller : *l'atelier*
el mecánico : *le mécanicien, le garagiste*
estar asegurado : *être assuré*
el seguro : *l'assurance*

EL ITINERARIO

el itinerario : *l'itinéraire*
el mapa : *la carte*
buscar : *chercher*
hallarse, enc**o**ntrarse [ue] : *se trouver*
ir ≠ por buen camino : *suivre le bon chemin*
equivocarse : *se tromper*
p**e**rderse [ie] : *se perdre*
el norte, el sur, el este, el oeste : *le nord, le sud, l'est, l'ouest*
recto, todo seguido : *tout droit*
doblar a la izquierda, a la derecha : *tourner à gauche, à droite*
cruzar : *traverser*
un cruce : *un croisement*
al final de la calle : *au bout de la rue*
la esquina : *le coin (de la rue)*
la plaza : *la place*
lejos ≠ cerca : *loin ≠ près*
la distancia : *la distance*
¿A cuántos kilómetros está Sevilla? : *À combien de kilomètres se trouve Séville?*

PASAR LA FRONTERA

pasar (cruzar) la frontera : *passer (traverser) la frontière*
el control de pasaportes : *le contrôle des passeports*
un extranjero : *un étranger*
un turista : *un touriste*
el visado : *le visa*
el DNI (el Documento Nacional de Identidad), el documento de identidad, la documentación : *la carte nationale d'identité*
la aduana : *la douane*

¿Tiene algo que declarar? : *Avez-vous quelque chose à déclarer?*
traer ≠ (del lugar de donde se viene) ≠ llevar (al lugar adonde se va) : *rapporter ≠ emporter*
cambiar dinero : *changer de l'argent*
¿A cuánto está hoy la peseta? : *Quel est le cours de la peseta aujourd'hui?*

ALOJARSE

alojarse : *se loger*
el hotel : *l'hôtel*
una pensión : *une pension*
un albergue (de juventud) : *une auberge (de jeunesse)*
reservar una habitación : *réserver une chambre*
un hotel tranquilo ≠ ruidoso : *un hôtel tranquille ≠ bruyant*
el ruido : *le bruit*
molestar : *gêner*
la vista : *la vue*
la llave : *la clé*
pensión completa : *pension complète*
pedir [i] la cuenta : *demander la note*
pagar : *payer*
el camping : *le terrain de camping*
la tienda de campaña : *la tente*

EL TURISMO

el turismo : *le tourisme*
el turista, la turista : *le ou la touriste*
el parador nacional : *hôtel d'État en Espagne*
  Una tercera parte de los paradores son monumentos históricos restaurados. *Le tiers des ''paradores'' sont des monuments historiques restaurés.*
un castillo : *un château*
un monasterio : *un monastère*
un palacio : *un palais*
la mezquita de Córdoba : *la mosquée de Cordoue*
el alcázar de Sevilla : *l'''alcazar'' (le château arabe) de Séville*
las pirámides mayas : *les pyramides mayas*
el templo : *le temple*
las ruinas : *les ruines*
  Este monumento está en ruinas. *Ce monument est en ruines.*
visitar : *visiter*
ir ≠ de excursión : *faire une excursion*
una guía : *un guide (un livre)*

un guía : *un guide (l'homme)*
un folleto turístico : *un dépliant touristique*
disfrutar, pasarlo bien : *s'amuser, passer un bon moment*
    Los niños disfrutan en la playa. *Les enfants s'amusent bien à la mer.*
disfrutar (de) algo : *profiter de quelque chose*
    Disfrutar sus vacaciones. *Bien profiter de ses vacances.*

**1. Viajes : billetes para jóvenes

Viajar en tren
El tren es un medio de transporte cómodo y más o menos barato, sobre todo para los jóvenes, que pueden beneficiarse de sustanciosos descuentos :
• Tarjeta "Inter-Raíl"
Si tienes menos de 26 años, con esta tarjeta puedes viajar durante un mes sin límite de kilómetros, por cualquier trayecto de los países adheridos (CEE, Austria, Finlandia, Hungría, Marruecos, Noruega, Rumanía, Suecia, Suiza, Turquía y Yugoslavia).
Los viajes se efectuarán en segunda clase, y tienen una reducción del 50 % sobre la tarifa general. Todo suplemento tendrás que abonarlo íntegramente.
Esta tarjeta la podrás adquirir en las oficinas de viajes de las compañías ferroviarias adheridas al convenio, en las estaciones y agencias de viajes habilitadas.
• Billete BIJ
El billete BIJ tiene el mismo límite de edad que la tarjeta Inter-Raíl (veintiseis años) y sirve para los mismos países. La principal diferencia con respecto a la anterior es que su duración es de dos meses, y su utilización se limita obligatoriamente al recorrido que tú mismo hayas planeado. El precio varía según el destino, y los descuentos oscilan entre el 25 y 50 % de los precios normales.

Viajar en avión
Iberia, compañía aérea española, ofrece un billete especial para extranjeros con el que, por muy poco dinero, puedes recorrer tanto la Península como las Islas. El precio depende del recorrido. Conseguirás estos pasajes en las agencias de viajes de tu país. En España es ABSOLUTAMENTE IMPOSIBLE.
Por otra parte, los menores de 26 años tenéis la posibilidad de obtener hasta un 40 % de descuento en los vuelos nacionales e internacionales, pero eso sí, debéis efectuar la reserva con sólo 24 horas de antelación.

La forma más económica de viajar en avión son los vuelos charter, algunos de los cuales están destinados especialmente a jóvenes y estudiantes.

Viajar en autocar
El autocar es el medio de transporte más barato.
Existen numerosas líneas internacionales que unen prácticamente todos los países de Europa con España. Infórmate en agencias de viajes y centros de información juvenil de tu ciudad.
En España, "Eurolines", consorcio de transporte internacional, organiza este tipo de viajes a través de las carreteras europeas.

Voyages : tarifs jeunes

Voyager en train
Le train est un moyen de transport commode et plus ou moins bon marché, surtout pour les jeunes qui peuvent bénéficier de réductions importantes.
* *Carte "Inter-rail"*
Elle permet aux jeunes de moins de 26 ans de voyager sans restrictions, durant un mois sans interruption, sur n'importe quel trajet des réseaux nationaux des pays adhérents (CEE, Autriche, Finlande, Hongrie, Maroc, Norvège, Roumanie, Suède, Suisse, Turquie et Yougoslavie).
Les voyages s'effectuent en 2e classe et avec une réduction de 50 % sur le tarif général. Tout supplément devra être payé intégralement.
Cette carte peut être retirée dans les agences de voyages des compagnies de chemin de fer qui adhèrent à la convention, dans les gares et agences de voyages habilitées.
* *Billet BIGE*
Le billet Bige a la même limite d'âge que la carte Inter-Rail (26 ans) et est valable pour les mêmes pays. La principale différence par rapport à celle-ci est que sa durée est de deux mois et que son utilisation est obligatoirement limitée au parcours choisi. Le prix varie selon la destination et les réductions vont de 25 à 50 % des tarifs normaux.

Voyager en avion
La compagnie aérienne espagnole Iberia offre un billet spécial pour les étrangers leur permettant de parcourir de façon économique aussi bien la Péninsule que les Iles. Le prix dépend du parcours effectué. Vous obtiendrez ces billets dans les agences de votre pays. En Espagne, cela est ABSOLUMENT IMPOSSIBLE.
D'autre part, les moins de 26 ans ont la possibilité d'obtenir jusqu'à 40 % de réduction sur les vols nationaux et internationaux, mais ne peuvent réserver que 24 heures à l'avance.
La façon la plus économique de voyager en avion consiste à emprunter les vols "charters" dont certains sont spécialement destinés aux jeunes et aux étudiants.

Voyager en autocar
L'autocar est le moyen de transport le moins onéreux.
Il existe de nombreuses lignes internationales reliant pratiquement tous les pays d'Europe à l'Espagne. Renseignez-vous dans les agences de voyages et les centres d'information pour la jeunesse de votre ville.
En Espagne, le consortium de transport international "Eurolines" organise ce type de voyages sur les routes d'Europe.

**2. Publicidad RENFE

Publicité RENFE

Si tu as entre 12 ans révolus et moins de 26 ans – tu as tout à fait le droit d'avoir ta carte Jeune à la RENFE (SNCF espagnole) – Pour 200 ptas seulement – Pour qu'avec ta carte Jeune de la RENFE tu puisses parcourir en train tous les kilomètres que tu voudras... – cent kilomètres minimum au départ. – Juste à moitié prix – et en plus un parcours gratuit en couchette... – Il n'y a que deux conditions à remplir : 1° que tu voyages à l'intérieur du pays... – 2° que ton jour de départ soit un jour bleu compris entre le 1er mai et le 31 décembre – Tu vois, la carte Jeune de la RENFE, ça bouge super super... kilomètres ! – CARTE JEUNE DE LA RENFE – Ça bouge.

**3. Facturación en trenes

Si decides viajar en tren podrás llevar contigo de manera gratuita y bajo tu vigilancia los bultos de mano y equipaje que contengan las prendas de uso habitual, sin que excedan de 20 kilogramos. Aquellos bultos de mano que no puedan viajar contigo deberás facturarlos y pagar una tasa por exceso de equipaje.

Por regla general, el plazo de facturación es de una hora hasta quince minutos antes de la salida del tren.

Enregistrement pour les transports en chemin de fer

Si vous décidez de voyager en train, vous pourrez emporter avec vous, gratuitement et sous votre contrôle, les sacs de voyage et bagages contenant les objets d'usage courant ne dépassant pas 20 kilos. Vous devrez faire enregistrer les sacs qui ne peuvent pas voyager avec vous et payer une taxe pour excédent de bagages. En règle générale, le délai d'enregistrement est d'une heure à quinze minutes avant le départ du train.

*4. Transporte dentro de las ciudades

El transporte más extendido dentro de las ciudades españolas es el autobús. Las tarifas varían según las ciudades, pero siempre puedes conseguir un "Bono Bus" de diez viajes, que supone un importante descuento con respecto a los billetes normales. Cómpralo en estancos, quioscos de prensa y oficinas de las Empresas Municipales de Transportes.

Las únicas ciudades que disponen de metro en España son Madrid, Barcelona y Valencia.

En Madrid, el precio de un billete sencillo es de 125 pesetas, pero puedes hacerte con un bono-metro de 10 viajes por 495 pesetas. Especial para turistas, las tarjetas Metrotur, válidas para realizar un número ilimitado de viajes en cualquier trayecto, durante tres (675 pesetas) o cinco (975 pesetas) días consecutivos a partir del momento en el que son expedidas.

Transports urbains

Le moyen de transport le plus répandu à l'intérieur des villes espagnoles est l'autobus. Les tarifs varient d'une ville à l'autre, mais vous pouvez acheter un "Bono Bus" de dix voyages, très avantageux par rapport au prix des billets normaux. Vous les trouverez dans les bureaux de tabac, les kiosques à journaux et les bureaux des Entreprises Municipales de Transports.

Les seules villes qui disposent du métro en Espagne sont Madrid, Barcelone et Valence.

À Madrid, le prix d'un billet simple est de 125 ptas, mais vous pouvez acheter un "bono-metro" valable pour dix voyages pour 495 ptas. Les cartes Metrotur réservées aux touristes donnent droit à un nombre illimité de voyages sur n'importe quel trajet, durant trois (675 ptas) ou cinq (975 ptas) jours consécutifs à partir du jour de leur délivrance.

**5. Alquilar un coche

Si quieres alquilar un coche en España deberás tener, como mínimo, veintitrés años y haber sacado el carnet de conducir seis meses antes.
Al efectuar la gestión del alquiler deberás pagar una fianza.
El pago de la gasolina y las multas corren por cuenta del cliente, siendo reembolsados los demás gastos que se produzcan en concepto de mantenimiento por la compañía, previa presentación de recibos.
Por otra parte, las tarifas de las compañías de alquiler de vehículos incluyen, aparte del mantenimiento, un seguro de responsabilidad civil, daños a terceros y cobertura en caso de incendio o robo del vehículo. Pero no cubre los casos de daños o pérdida de la mercancía transportada.
El importe del alquiler de un vehículo está en función de los siguientes aspectos : modelo elegido, tiempo por el que se efectúa, kilometraje y época del año en que se lleve a cabo el alquiler.

Louer une voiture

Si vous voulez louer une voiture en Espagne, vous devez avoir au moins 23 ans et posséder le permis de conduire depuis six mois minimum.
Au moment de passer le contrat de location, vous devrez payer une caution.
Les frais d'essence et les contraventions sont à la charge du client, mais les frais occasionnés par l'entretien du véhicule vous seront remboursés par la compagnie sur présentation des justificatifs.
D'autre part, les tarifs des entreprises de location de véhicules comprennent, outre l'entretien, une assurance sur la responsabilité civile, les dommages causés aux tiers et une garantie en cas d'incendie ou de vol du véhicule. Mais les dommages ou pertes des marchandises transportées ne sont pas couverts.
Le prix de location d'un véhicule varie en fonction des critères suivants : modèle choisi, durée de la location, kilométrage et période de l'année.

**6. Seguros

Cualquiera que sea la modalidad que elijas, ya sea por tren, avión, en grupo o por tu cuenta, hay ciertas eventualidades que deben ser previstas. Existen diversos tipos de seguros que pueden ayudarte a salir de los contratiempos que se produzcan en el transcurso del viaje, cubriéndote todo lo relacionado con accidentes, averías de coche, robo del dinero, de la documentación, etc.
Las modalidades de seguros de las cuales puedes beneficiarte son :

Seguridad Social
En cualquiera de las ausencias temporales fuera de tu domicilio habitual, si eres beneficiario del Seguro de Enfermedad de tu país, podrás percibir prestaciones sanitarias en ambulatorios y hospitales de la red pública española, presentando el formulario E-111.

Europe Assistance
Mediante el pago de una cuota determinada, que varía según períodos de tiempo y lugar, asegura la asistencia médica y cualquier tipo de percance que pueda surgir con el automóvil. E.A. tiene delegaciones en todas las capitales europeas, donde podrás suscribir tu seguro.

Assurances

Quelle que soit la formule de voyage choisie, soit en train, soit en avion, en groupe ou individuellement, certaines éventualités doivent être prévues. Il existe plusieurs types d'assurances qui peuvent vous aider à surmonter les contretemps susceptibles de surgir au cours du voyage, couvrant tout ce qui concerne les accidents, les pannes mécaniques, le vol d'argent, de papiers, etc.

Les formules d'assurances dont vous pouvez bénéficier sont :

Sécurité Sociale
Pour toute absence temporaire, hors de votre domicile habituel, si vous êtes bénéficiaire de l'Assurance Maladie, vous pourrez recevoir des prestations sanitaires dans les dispensaires et hôpitaux du réseau public espagnol en présentant le formulaire E-111.

Europe Assistance
Le paiement d'une cotisation, qui varie selon la durée du séjour et le lieu, donne droit à l'assistance médicale et couvre tous les problèmes concernant l'automobile. E.A. a des délégations dans toutes les capitales européennes, où vous pourrez souscrire votre assurance.

19. Ir de compras

Faire des courses

DE COMPRAS

una tienda : *une boutique*
un gran almacén : *un grand magasin*
   En España, el Corte Inglés y Galerías Preciados son grandes almacenes como lo son en Francia le Printemps o les Galeries Lafayette.
un supermercado : *un supermarché*
un hipermercado : *un hypermarché*
el mercado : *le marché*
comprar ≠ vender : *acheter ≠ vendre*
el escaparate : *la vitrine*
aprovechar ø : *profiter de*
   aprovechar una oferta : *profiter d'une offre*
las rebajas : *les soldes*
la tienda de recuerdos : *le magasin de souvenirs*
envolver [ue] (p. passé : envuelto) : *envelopper*
el precio : *le prix*
valer, costar [ue] : *valoir, coûter*

¿Cuánto vale? ¿Cuánto cuesta? **¿Cuánto es?** : *Combien ça coûte ? C'est combien ?*
Son tres mil trescientas pesetas : *Ça fait 3 300 pesetas*
pagar : *payer*
barato, a ≠ caro, a : *bon marché ≠ cher, chère*
no tener cambio : *ne pas avoir de monnaie*
el dinero : *l'argent*
buscar : *chercher*
enc**o**ntrar [ue] : *trouver*
dev**o**lver [ue] (p. passé : devuelto) : *rendre*
cambiar : *échanger*
la cartera : *le portefeuille*
el monedero : *le porte-monnaie*
pagar en efectivo : *payer en espèces, avec de l'argent liquide*
pagar con un talón, un cheque : *payer par chèque*
pagar con la tarjeta de crédito : *payer par carte de crédit*
fimar el recibo : *signer le reçu*
p**e**rder [ie] : *perdre*
robar : *voler*

PESOS Y MEDIDAS

pesos y medidas : *poids et mesures* (cf. p. 71-72)
pesar : *peser*
el peso : *le poids*
pesado, a ≠ ligero, a : *lourd, e ≠ léger, ère*
pesar mucho ≠ pesar poco : *peser lourd ou non*
un kilo : *un kilo*
cien gramos : *cent grammes*
un cuarto de kilo : *une demi-livre, 250 grammes*
ø medio kilo : *une livre, 500 grammes* (pas d'article indéfini devant "medio")
un metro : *un mètre*
un centímetro : *un centimètre*
un litro : *un litre*
ø medio litro : *un demi-litre* (pas d'article indéfini devant "medio")
poco : *peu*
  (Esto) es poco. *C'est peu.*
bastante : *assez*

Este pastel no es bastante grande. *Ce gâteau n'est pas assez grand.*
demasiado : *trop*
Hoy no compro tomates: están demasiado caros. *Aujourd'hui je n'achète pas de tomates, elles sont trop chères.*
poco, a, os, as ø : *peu de*
suficiente, es, bastante, es ø : *assez de*
¿Tienes bastantes patatas? *As-tu assez de pommes de terre?*
demasiado, a, os, as ø : *trop de*
He comprado demasiados limones. *J'ai acheté trop de citrons.*
bastar (con) : *suffire*
Me basta con medio kilo. *Une livre me suffit.*
más : *davantage*
¿Le basta así o quiere más? *Ça vous suffit comme cela ou vous en voulez davantage?*
más ø : *plus de*
Póngame más naranjas. *Mettez-moi plus d'oranges.*

LAS PRENDAS DE VESTIR

las prendas de vestir : *les vêtements*
la ropa : *le linge – les habits*
lavar la ropa y ponerla a secar : *laver le linge et le faire sécher*
quitarse la ropa : *ôter ses vêtements*
la ropa de cama : *les draps et la taie d'oreiller*
la ropa interior : *la lingerie*
un vestido : *1. une robe – 2. un vêtement*
un traje : *un costume d'homme*
el pantalón/los pantalones : *le pantalon*
el pantalón vaquero/los pantalones vaqueros : *le jean*
el bolsillo : *la poche*
la chaqueta : *la veste*
la camisa y la corbata : *la chemise et la cravate*
la blusa : *le corsage*
la manga : *la manche*
el niqui : *le tee-shirt*
la falda : *la jupe*
un jersey : *un pull-over*
el tejido : *le tissu*
es de lana : *c'est en laine*
es **de** algodón : *c'est en coton*
es **de** cuero : *c'est en cuir*
es **de** punto : *c'est en tricot*
un cinturón : *une ceinture*
un abrigo : *un manteau*

un impermeable : *un imperméable*
un paraguas : *un parapluie*
los zapatos, los calzados : *les chaussures*
un par de zapatos (**de** tacón alto) : *une paire de chaussures (à talons hauts)*
los calcetines : *les chaussettes*
las medias : *les bas*
los leotardos : *les collants*
una joya : *un bijou*
un sombrero : *un chapeau*
un pañuelo : *1. un foulard – 2. un mouchoir*
un reloj : *une montre*
llevar : *porter*
   Lleva un impermeable . *Elle porte un imperméable.*
vestir(se) [i] : *(s')habiller*
   Sonia se está vistiendo. Sonia está vistiéndose : *Sonia s'habille.*
pr**o**barse [ue] un vestido : *essayer une robe*
ponerse ≠ el abrigo : *mettre son manteau*
quitarse el jersey : *ôter son pull*
limpio, a ≠ sucio, a : *propre ≠ sale*
pasado, a, de moda : *démodé, e*
de buen o mal gusto : *de bon ou mauvais goût*
el color : *la couleur – cf. p. 15*
estar grande ≠ pequeño, a : *être trop grand, e ≠ trop petit, e*
   Estos pantalones te están grandes. *Ce pantalon est trop grand pour toi.*
s**e**ntar [ie] bien (o fatal) : *aller bien (ou pas du tout)*
   Este peinado te sienta muy bien. *Cette coiffure te va très bien.*
ancho, a ≠ estrecho, a : *large ≠ étroit, e*

**** De compras**

Además de los "typical souvenir", tales como castañuelas, monteras de torero, panderetas con madroños y muñecas vestidas de "bailaoras", suponemos que le atraerán a usted los productos artesanos auténticos que se hacen en España con tradición de siglos.

Permítanos recomendarle Baleares y Cataluña, para el vidrio; Talavera y Manises, para la cerámica; Andalucía, para los cueros repujados; Toledo, para los damasquinados y la orfebrería; Lagartera, Oropesa y Canarias, para bordados; Granada y Almagro, para mantillas; para trabajos de forja, Mallorca y Cuenca. Estas artesanías son las más conocidas, pero casi todas las comarcas tienen cerámicas peculiares y bellas labores artesanas de todo tipo.

Puede comprar prendas de vestir sensiblemente baratas en España. Elija siempre artículos de primera calidad, aunque le cuesten un poco más. A la larga, claro es, son los más económicos.

También le atraerá comprar, dada su calidad y baratura, cigarros, vinos de Jerez y coñacs. Los aduaneros españoles serán también muy comprensivos cuando usted salga; pero recuerde que los reglamentos le autorizan a usted a sacar de España consigo sólo hasta 300 cigarrillos y sólo hasta un litro de bebidas alcohólicas.

Les achats

Outre les souvenirs classiques, tels que les castagnettes, les monteras de toréador, les tambourins ornés de pompons et les poupées vêtues en Andalouses, nous supposons que vous serez attiré par les produits authentiques de l'artisanat qui sont de tradition séculaire en Espagne.

Permettez-nous de vous recommander les Baléares et la Catalogne, pour le verre, Talavera et Manises, pour la céramique; l'Andalousie pour les cuirs gaufrés; Tolède pour les objets damasquinés et l'orfèvrerie; Lagartera, Oropesa et les Canaries pour les broderies; Grenade et Almagro pour les mantilles; Majorque et Cuenca pour le fer forgé. Ces productions sont les plus connues, mais presque toutes les régions ont des céramiques particulières et leur artisanat propre.

Vous pouvez aussi acheter des vêtements et autres articles d'habillement qui sont assez bon marché. Choisissez toujours une bonne qualité, même si c'est un peu plus cher car, à la longue, vous vous y retrouverez.

Vous ne manquerez pas non plus d'acheter, étant donné leur qualité et leur prix, des cigares, du vin de Xérès et du cognac. Les douaniers espagnols seront très compréhensifs, mais rappelez-vous que les règlements vous autorisent à emporter seulement 300 cigarettes et un litre de boisson alcoolisée.

20. Comer y beber

Manger et boire

PONER LA MESA

poner la mesa : *mettre la table*
el mantel : *la nappe*
el plato : *l'assiette*
los cubiertos : *les couverts*
el tenedor : *la fourchette*
el cuchillo : *le couteau*
la cuchara : *la cuiller*
un vaso : *un verre*
la servilleta de papel : *la serviette en papier*
una taza : *une tasse*
una botella : *une bouteille*
una jarra : *un pichet*

LAS COMIDAS

la comida : *le repas, la nourriture*
la bebida : *la boisson*
¡A comer! : *À table!*
desayunar, el desayuno : *prendre le petit déjeuner, le petit déjeuner*
   Desayunar chocolate con churros. *Prendre un chocolat et des churros (beignets) au petit déjeuner.*
almorzar [ue], la comida, el almuerzo : *déjeuner, le déjeuner*
cenar, la cena : *dîner, le dîner*
merendar [ie], la merienda : *goûter, l'en-cas, le goûter*
preparar la comida : *préparer le repas*
servir [i] : *servir*

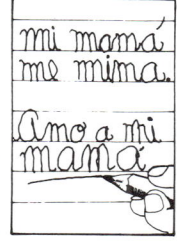

la sopa : *la soupe*
la carne : *la viande*
un bistec : *un beefsteak*
el pescado : *le poisson*
freír [i] (p. passé : frito) : *frire*
asar : *griller*
cocer [ue] : *cuire*
la salsa : *la sauce*
un par de huevos fritos : *deux œufs frits (sur le plat)*
una tortilla : *une omelette; au Mexique : une galette*
    La tortilla española es una tortilla de patatas muy cocida; la tortilla francesa se hace con huevo solamente. La tortilla mexicana, cf. lectura 3.
el jamón : *le jambon*
las verduras : *les légumes*
las patatas : *les pommes de terre*
el arroz : *le riz*
la ensalada (de lechuga y tomate) : *la salade (de laitue et de tomates)*
la sal : *le sel*
la pimienta : *le poivre*
un trozo de pan : *un morceau de pain*
ø pan con ø mantequilla : *du pain avec du beurre* (remarquez l'absence d'article partitif en espagnol)
el queso : *le fromage*
el postre : *le dessert*
    ¿Qué quieres de postre? *Que veux-tu comme dessert?*
la fruta : *les fruits*
la manzana : *la pomme*
la naranja : *l'orange*
la uva : *le raisin*
un pastel, una tarta : *un gâteau*
un helado **de** vainilla y chocolate : *une glace à la vanille et au chocolat*

frío, a ≠ caliente : *froid, e ≠ chaud, e*
soso, a : *fade*
salado, a : *salé, e*
amargo, a : *amer, amère*
agrio, a : *aigre*
duro, a ≠ tierno, a : *dur, e ≠ tendre*
goloso, a : *gourmand, e*
apetecer : *faire envie (même construction que gustar, cf. p. 91)*
    ¿No te apetecen estos pasteles? *Ces gâteaux ne te font pas envie?*
Se me hace la boca agua. *J'en ai l'eau à la bouche.* "boca" est le sujet du verbe "se hace", "agua" est attribut du sujet "boca", le pronom personnel "me" remplace un possessif ("mi boca").
gustar : *aimer* − construction voir p. 91
    ¿Te han gustado los pasteles? *Tu as aimé les gâteaux?*

LAS BEBIDAS

las bebidas : *les boissons*
beber ø vino : *boire du vin (remarquez l'absence d'article partitif)*
el agua mineral : *l'eau minérale (mot féminin :* la → el *cf. p. 34)*
un zumo : *un jus (de fruits)*
una cerveza, una caña : *une bière, un demi*
un café : *un café*
un té **con** limón : *un thé au citron*
el azúcar : *le sucre*
la leche : *le lait*
tomar algo : *prendre quelque chose*
  ¿Qué tomas? – Un tinto. *Qu'est-ce que tu prends? – Un verre de vin rouge.*
tomar una copa : *prendre un verre*
un refresco : *un rafraîchissement*

COMER FUERA

comer fuera : *manger à l'extérieur*
el restaurante : *le restaurant*
la cafetería : *le snack-bar*
un bar : *un bar*
una tasca : *un bistrot*
autoservicio : *self-service*
un camarero : *un serveur*
p**e**dir [i] : *demander*
unas tapas : *des "tapas" (des amuse-gueule dans les bars)*
un bocadillo de jamón : *un sandwich au jambon*
un perro caliente : *un hot dog*
la carta, el menú : *la carte, le menu*
el**e**gir [i] : *choisir*
¿Qué desea? : *Que désirez-vous?*
Tráeme/tráigame más agua. *(Apporte) Apportez-moi encore de l'eau. (L'Espagnol tutoie souvent alors que le Français vouvoie.)*
la cuenta : *la note*
una propina : *un pourboire*

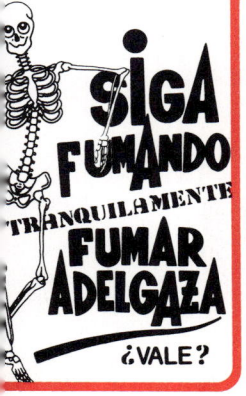

(está) Prohibido fumar : *Interdiction de fumer*
el tabaco : *le tabac*
un puro : *un cigare*
un cigarrillo : *une cigarette*
¿Tienes fuego? : *Tu as du feu?*
las cerillas : *les allumettes*
un cenicero : *un cendrier*
¿Te molesta que fume? : *Ça te dérange si je fume?*

Quand vous entrez dans une auberge espagnole, voilà ce que vous n'avez pas besoin d'apporter.

Crevettes : un goût et un prix séduisants.

Escargots : Goûtez-les avant de dire que vous ne les aimez pas

Olives : de rigueur avec un verre de Xérès.

Moules : beaucoup de protéines sans matières grasse. Trouvez mieux.

Jambon "Serra Ibérico, Teruel ou Granadino ? A vous de choi

Cornichons au vinaigre : à déguster avec un vin blanc sec d'Espagne.

Poulpe : préparé à la Galicienne, un vrai régal avec un vin blanc du pays.

En Espagne, nous avons tout fait pour que les rues vous mettent l'eau à la bouche.

De Compostelle à Grenade, de Malaga à Tarragone en passant par le village le plus petit ou le plus perdu, vous trouverez toujours une auberge espagnole prête à vous accueillir : "tapas", palourdes et jambons de pays, il vous suffit de fermer les yeux et de sentir, découvrir l'Espagne à travers ses sensations, ses odeurs, ses vins aussi comme l'Albarino, le Rioja, le Jerez et leur bouquet unique.

Vous aimerez aussi la grande cuisine espagnole, riche et sophistiquée qui offre aux gastronomes des moments forts et privilégiés.

Venez et vous verrez que la seule chose que l'on apporte dans les auberges espagnoles, c'est son goût de connaisseur.

Pour tous renseignements, contactez l'Office National Espagnol du Tourisme : 43 ter, avenue Pierre 1er de Serbie – 75381 Paris Cedex 08.

L'Espagne. Tout sous le soleil.

**1. El "chateo"

Otra costumbre española bastante agradable es la del "chateo" o "copeo". Consiste en recorrer una serie de bares o tabernas antes de comer o cenar — en lo que se llama "hora del aperitivo" — tomando "chatos" de vino o "cañas" de cerveza principalmente, y pinchando aquí y allá de las infinitas y suculentas "tapas" que adornan las barras de estos locales. Unas veces será usted invitado y otras deberá pagar usted. Cada consumición del grupo se llama una "ronda". Es ésta una tertulia peripatética y más superficial que la parlamentaria de la hora del café.

Le "chateo"

Le chateo *ou* copeo *est une autre coutume espagnole assez agréable. Elle consiste à aller de bar en bar ou de café en café avant de déjeuner ou de dîner, c'est-à-dire aux heures de l'apéritif, en buvant des* chatos *(petits verres) de vin ou des* cañas *(bocks) de bière, que l'on vous servira, accompagnés de* tapas, *ces amuse-gueule succulents qui sont joliment présentés sur le comptoir. Dans certaines occasions vous serez invité, dans d'autres, vous devrez payer. La "tournée", s'appelle ici* ronda. *Le* chateo *est donc en définitive une* tertulia *péripatétique plus superficielle que celle de l'heure du café.*

**2. Cocina regional española

Una de las formas de conocer un país es a través de su gastronomía. España posee un mapa culinario de lo más rico y variado, no sólo en sus platos, sino en las materias que utilizan en su preparación.

En la zona central de la Península Ibérica, formada por las dos Castillas y La Rioja, los platos más populares se elaboran con productos provenientes de la ganadería, muy abundante en estas regiones. El cordero y el cochinillo asados, además del cocido madrileño y los quesos de Burgos y Villalón, son productos muy típicos de esta zona. Por otra parte, La Rioja es mundialmente conocida por la calidad de sus vinos.

El norte de España se caracteriza por su riqueza en productos del mar. Así, Galicia tiene como plato más conocido el pulpo a la gallega. Otro de sus productos típicos es la empanada gallega, compuesta de pescado o de carne. El lacón con grelos y el caldo gallego, junto con el marisco, son otras de las especialidades de la cocina gallega, que, acompañada de un buen vino de Ribeiro, harán las delicias de cualquier comensal.

Siguiendo por la Costa Cantábrica, la sidra asturiana y la fabada son dignas de ser reseñadas, siendo ambos productos auténticamente asturianos.

Cantabria y el País Vasco son regiones conocidas por sus platos marineros. El bacalao al pil-pil o a la vizcaína y la merluza a la vasca son sus especialidades más típicas.

Navarra es de gran riqueza vitícola, siendo la trucha a la navarra el plato más conocido de la región.

Los platos que ofrece la cocina aragonesa, fundamentalmente cordero y pollo, se preparan con chilindrón: salsa compuesta por tomates, cebollas y pimientos de la tierra. El ternasco es también un plato muy popular. Por lo que respecta a los vinos, la zona de Cariñena, en la provincia de Zaragoza, produce algunos de los mejores vinos blancos de España.

La cocina típica catalana está compuesta, fundamentalmente, por escudella y carn d'olla. Las butifarras y las carnes a la brasa son también muy conocidas. Los vinos del Penedés y los cavas, con denominación de origen, son los mejores caldos de Cataluña.
En la región Levantina, la especialidad gastronómica más importante es la paella, cuya preparación ha trascendido las fronteras de esta región, por cocinarse en cualquier punto de España.
El plato andaluz más típico es el gazpacho, consistente en una sopa fría elaborada con los productos de la huerta: tomates, pimientos y pepinos. En el litoral andaluz, la especialidad más popular es el pescado frito, que habitualmente se consume como tapa o segundo plato. Los jamones de Jabugo también son dignos de mención, debido a que son conocidos en todo el mundo. De prestigio mundial son también los vinos que se producen en Andalucía: Jerez, Montilla y Moriles.
En Extremadura son particularmente conocidos los embutidos y jamones de Montánchez, al igual que el cochinillo asado.
El producto más típico de Baleares es la ensaimada mallorquina, que consiste en una pasta enroscada rellena de cabello de ángel.
Y cómo no citar la cocina canaria, que es una de las más exóticas del país, fruto indudablemente de la influencia de las tierras americanas. Entre sus platos típicos figuran el gofio, elaborado con diversos cereales (trigo, cebada y maíz) torrefactados, que son amasados con agua o leche hasta formar una pelota que acompaña, a modo de pan, otros alimentos. El puchero canario y el sancocho son otras de las especialidades de las islas, junto con el mojo, salsa elaborada con pimiento, cilantro y picante, que nunca puede faltar en un plato de carnes o pescados.

La cuisine régionale espagnole

Il est possible de découvrir un pays à travers sa gastronomie. L'Espagne possède une cuisine très riche, variée non seulement dans ses plats, mais également dans les matières premières utilisées pour leur préparation.
Dans la zone centrale de la Péninsule Ibérique, constituée par les deux Castilles et La Rioja, les plats les plus populaires sont élaborés avec des produits provenant de l'élevage, très abondant dans ces régions. L'agneau et le cochon de lait rôtis, ainsi que le cocido madrileño *(pot-au-feu) et les fromages de Burgos et de Villalón, sont des produits typiques de cette zone. D'autre part, La Rioja est mondialement connue pour la qualité de ses vins.*
Le nord de l'Espagne se caractérise par sa richesse en produits de la mer. Ainsi, le plat le plus connu de Galice est le pulpo a la gallega. *La* empanada gallega, *préparée avec du poisson ou de la viande est tout aussi typique. Le* lacón con grelos *(jambon cuit avec des feuilles de navets) et le* caldo gallego *(soupe) ainsi que les fruits de mer, sont d'autres spécialités de la cuisine de Galice, qui, accompagnées d'un bon vin de Ribeiro, feront les délices de n'importe quel convive.*
En continuant par la Côte Cantabrique, le cidre asturien et la fabada *(à base de gros haricots blancs) sont dignes d'être signalés, car ce sont deux produits authentiquement asturiens.*
La Région Cantabrique et le Pays Basque sont connus pour leurs plats marins. Le bacalao al pil-pil *ou* a la vizcaína *(deux façons de préparer la morue) et la* merluza a la vasca *(colin) sont leurs principales spécialités.*

La Navarre est très riche en vins. Le plat le plus connu de cette région est la truite à la navarraise.

Les plats qu'offre la cuisine aragonaise, agneau et poulet fondamentalement, sont préparés avec du chilindrón : *une sauce faite avec des tomates, des oignons et des piments. Le* ternasco *(agneau rôti) est également un plat très populaire. En ce qui concerne les vins, la zone de Cariñena, dans la province de Saragosse, produit quelques-uns des meilleurs vins blancs d'Espagne.*

La cuisine catalane typique est essentiellement composée par la escudella *et la* carn d'olla *(viandes en sauce). Les* butifarras *(saucisses) et les viandes grillées sont également renommées. Les vins du Penedés et les* cavas *(vins produits selon la méthode champenoise) d'appellation d'origine contrôlée, sont les meilleurs crus de Catalogne.*

Dans la région levantine, la spécialité gastronomique la plus importante est la paella, *qui a franchi les frontières de cette région pour s'installer partout en Espagne.*

Le plat andalou le plus typique est le gazpacho, *soupe froide élaborée avec les produits du potager : tomates, piments et oignons. Sur le littoral andalou, la spécialité la plus populaire est le poisson frit, habituellement consommé comme amuse-gueule ou plat de résistance. Les jambons de Jabugo sont également dignes d'être mentionnés, car ils sont connus dans le monde entier. Les vins produits en Andalousie jouissent aussi d'un prestige international :* Xérès, Montilla *et* Moriles.

En Extrémadure, les saucissons et jambons de Montánchez sont particulièrement réputés, ainsi que le cochon de lait rôti.

Le produit le plus typique des Baléares est la ensaimada mallorquina, *gâteau fourré de cédrat confit.*

Et comment ne pas parler de la cuisine des Canaries qui est l'une des plus exotiques du pays, sans doute sous l'influence des terres américaines. Parmi ses plats typiques, on trouve le gofio, *élaboré avec diverses céréales (blé, orge et maïs) torréfiées, pétries avec de l'eau ou du lait de façon à former une boulette qui accompagne, en guise de pain, d'autres aliments. Le puchero canario et le sancocho (deux sortes de pot-au-feu), sont d'autres spécialités des îles ainsi que le* mojo, *sauce piquante préparée avec du piment et du coriandre, qui ne saurait manquer d'accompagner le plat de viande ou de poisson.*

**3. América en su cocina

América ha dado al mundo no pocas plantas que sirven hoy de base para muchos de nuestros platos: la patata, el maíz, los frijoles, el tomate, el aguacate, la piña, la yuca, el plátano, etc. Europa ha aportado a América especies que adaptaron los indígenas para mejorar su cocina: el ajo, la cebolla, la vid, nuevas carnes (ternera, cerdo, gallina) y con ellas la manteca de cerdo, el café y la caña de azúcar.

La herencia india

Algunos países han conservado más que otros la herencia indígena: tal es el caso de México y de los países andinos; pero la influencia india se extiende por toda América latina:

El maíz, los frijoles, las patatas y los plátanos siguen siendo la base de la alimentación: el consumo de la *tortilla* (torta de harina de maíz) está muy difundido entre las clases populares, sobre todo en Méjico; es muy pobre en proteínas y vitaminas, por eso se equilibra la dieta comiendo también frijoles, ricos en proteínas. Los *tacos*, el bocadillo mejicano, son una tortilla rellena (el relleno puede ser cualquier cosa, desde pimiento hasta carne); las *enchiladas* se parecen a *tacos* pero con relleno más refinado; también se guisan mucho el *atole*, gacha (masa medio líquida) a base de maíz, y los *tamales* tan característicos de Centroamérica (llamados *humitas* en la América Occidental o *hallacas* en Venezuela), masa de maíz rellena (de carne) y envuelta con la vaina de la mazorca o la hoja del plátano.

La patata guisada de mil maneras y muchas veces con ají (pimiento chile) es la reina de la sierra donde no crece el maíz. Los peruanos han inventado un proceso de conservación de la patata, válido para otros alimentos, que hace pensar en las modernas técnicas de congelación y liofilización: dejan a más de 4.000 metros de altura los alimentos, que se congelan por la noche, se descongelan de día y van perdiendo así poco a poco su humedad. *Chuño* es el nombre de la patata así desecada.

En las regiones tropicales, el plátano se come a veces crudo pero sobre todo cocido: la torta de plátano acompaña cualquier plato de carne. Se utiliza tanto la fruta como la hoja que sirve para envolver los alimentos que después se cuecen al vapor *(tamales)*.

Todos estos manjares se comen con salsa muy picante: existen más de 140 especies de pimientos en América. Los mexicanos son expertos en *moles* (salsas a base de muchos ingredientes).

En la forma de cocer los alimentos, también se nota la influencia indígena: los indios no tenían aceite ni grasa, por lo que guisaban los alimentos al vapor o en agua caliente, o asados sobre *comales* — o sea piedras redondas colocadas encima de un fogón — o en hornos cavados en la tierra y tapizados de piedras caldeadas por el fuego (la *barbacoa* mejicana, el *pachamanca* peruano, el *curanto* chileno).

Con el maíz (*pulque* mexicano y *chicha* latinoamericana) y el maguey (o agave: *tequila* y *mescal* mejicanos) fermentados se hacen bebidas tradicionales.

En las zonas rurales del Cono Sur (Argentina y Uruguay) — las ciudades la van abandonando por el café — se bebe una infusión de yerba mate con una bombilla, tubito de caña o de metal por el que se sorbe el líquido.

Los dulces americanos se hacen a base de frutas o de hortalizas (mucha calabaza).

Los aportes del viejo mundo, la cocina criolla.

El ajo y la cebolla, aportados por los españoles, son muy utilizados en toda la cocina americana.

La carne (vaca, carnero, cerdo) ocupa un lugar muy importante sobre todo en los países del Cono Sur y en Venezuela donde se ha desarrollado la ganadería. Los asados se guisan al horno, las parrilladas se asan a la parrilla, las empanadas son carne encerrada en masa y cocida después generalmente en el horno, el *matambre* es carne de vaca rellena de hortalizas y huevos duros. La manteca de cerdo se utiliza en toda América latina para cocer ciertos platos, lo mismo que se ha generalizado el consumo de pollo en un continente que tenía pocos animales domésticos y comestibles (el perro azteca, el guajolote o pavo, el cuy — conejillo de Indias —, la llama y la alpaca en los Andes, caza menor y mayor; el pescado es poco apreciado por los indios).

Otros aportes que han sido adoptados con entusiasmo son el café y la caña de azúcar. Los americanos beben muchísimo café (en Colombia y Brasil el consumo medio por habitante es de unas 20 tazas diarias): el *tinto*, como lo llaman, es café puro − sin leche − muy azucarado (mitad azúcar, mitad café). La vid fue también introducida por los españoles y crece por todo el continente, pero donde más vino se consume y de mejor calidad es en Argentina y sobre todo Chile. El *pisco* es un aguardiente chileno a base de uva.
A nivel gastronómico, también se ha generalizado el mestizaje.

Básico 2, 1992.

L'Amérique à travers sa cuisine

L'Amérique a donné au monde de nombreuses plantes qui sont l'élément de base d'une grande partie de nos plats : la pomme de terre, le maïs, les haricots, la tomate, l'avocat, l'ananas, le manioc, la banane, etc. L'Europe a apporté à l'Amérique des espèces que les indigènes ont adaptées pour améliorer leur cuisine : l'ail, l'oignon, la vigne, de nouvelles viandes (bœuf, porc, poulet) et avec elles, la graisse de porc, le café et la canne à sucre.

L'héritage indien

Quelques pays ont conservé plus que d'autres l'héritage indigène : c'est le cas du Mexique et des pays andins; mais l'influence indienne s'étend sur toute l'Amérique latine.

Le maïs, les haricots, les pommes de terre et les bananes restent la base de l'alimentation : la consommation de la tortilla *(galette de farine de maïs) est très répandue parmi les classes populaires, surtout au Mexique; elle est très pauvre en protéines et vitamines, c'est pourquoi on équilibre le régime alimentaire en consommant également des haricots, riches en protéines. Les* tacos, *le sandwich mexicain, sont des galettes de maïs fourrées (la farce est très variable, depuis le piment jusqu'à la viande); les* enchiladas *ressemblent aux* tacos, *mais la farce est plus raffinée; on confectionne aussi beaucoup l'*atole, *qui est une bouillie (pâte à moitié liquide) à base de maïs, et les* tamales *si caractéristiques de l'Amérique Centrale (appelés* humitas *dans l'ouest de l'Amérique ou* hallacas *au Venezuela), et qui sont une pâte de maïs farcie (de viande) et enveloppée dans une feuille de maïs ou de bananier.*

*La pomme de terre, préparée de mille façons et très souvent avec de l'*aji *(piment fort), est la reine des Andes, le maïs n'y poussant pas. Les Péruviens ont inventé un procédé de conservation de la pomme de terre, qui s'utilise aussi pour d'autres aliments et rappelle les techniques modernes de congélation et lyophilisation : les aliments sont transportés à plus de 4 000 mètres d'altitude, où ils gèlent la nuit et dégèlent le jour et perdent peu à peu l'eau qu'ils contiennent. Les pommes de terre ainsi déshydratées sont appelées* chuño.

Dans les régions tropicales, la banane est consommée parfois crue mais surtout cuite : la torta de plátano *sert de garniture aux plats de viande. On utilise aussi bien le fruit que la feuille avec laquelle on enveloppe les aliments qui cuisent ensuite à la vapeur* (tamales). *Tous ces plats sont accompagnés d'une sauce très relevée : il existe 140 espèces de piments en Amérique. Les Mexicains sont experts en* moles *(sauces dans la composition desquelles entrent de nombreux ingrédients). L'influence indigène se fait aussi sentir dans la façon de cuisiner les aliments : les Indiens n'avaient ni huile ni graisse, et cuisaient leurs aliments à la vapeur* ou dans *l'eau bouillante*, ou encore les faisaient griller sur des comales – c'est-à-dire des pierres rondes placées au-dessus du foyer – ou bien cuire dans des fours creusés dans la terre et tapissés de pierres brûlantes (la barbacoa *mexicaine*, le pachamanca *péruvien*, le curanto *chilien*).

Le maïs (pulque *mexicain* et chicha *latino-américaine*) et l'agave (tequila *et* mescal *mexicains*) fermentés servent à faire des boissons traditionnelles.

Dans les zones rurales d'Argentine et d'Uruguay, on boit une infusion de maté que l'on aspire avec un tuyau en bois ou en métal ; les citadins abandonnent le maté *pour le café*.

Les confiseries américaines se font aussi bien à base de fruits que de légumes (particulièrement le potiron).

Les apports de l'Ancien Monde, la cuisine américaine.

L'ail et l'oignon, introduits par les Espagnols, sont très utilisés dans la cuisine américaine.

La viande (bœuf, mouton, porc) occupent une place de choix surtout dans les pays du Cône Sud et le Vénézuela où l'élevage s'est développé. Les asados *sont cuits au four*, les parrilladas *sont grillées*, les empanadas *sont de la viande entourée de pâte cuite ensuite généralement au four*, le matambre *est de la viande de bœuf farcie de légumes et d'œufs durs*. La graisse de porc s'utilise dans toute l'Amérique latine pour cuisiner certains plats, et la consommation du poulet s'est généralisée dans ce continent qui connaissait peu d'animaux domestiques et comestibles (le chien aztèque, le dindon, le cochon d'Inde, le lama et l'alpaga dans les Andes, du gros et du petit gibier ; les Indiens n'apprécient pas le poisson).

L'Amérique a aussi adopté avec enthousiasme le café et la canne à sucre. Les Américains boivent énormément de café (en Colombie ou au Brésil, la consommation moyenne par habitant est d'une vingtaine de tasses par jour) : le tinto, *comme on l'appelle*, est un café noir – sans lait – très sucré (moitié sucre, moitié café).

La vigne *a également été introduite par les Espagnols et elle pousse partout, mais c'est en Argentine et plus encore au Chili qu'on boit le vin de meilleure qualité.* Le pisco *est une eau-de-vie chilienne faite à partir du raisin.*

D'un point de vue gastronomique aussi, le métissage existe.

21. La enseñanza

L'enseignement

LOS ESTUDIOS

los estudios : *les études*
la escuela : *l'école*
el cole(gio) : *le collège*
EGB : Enseñanza General Básica : *classes correspondant à la période de scolarité obligatoire (jusqu'à la 4e incluse — Une réforme du système scolaire est actuellement en cours).*
el instituto : *le lycée*
BUP : Bachillerato Unificado Polivalente : *2e cycle : 3e à 1re incluse*
COU : Curso de Orientación Universitaria : *Terminale*
la universidad : *l'université*
la facultad : *la faculté*
el curso : *la clase*

¿En qué curso estás? *En quelle classe es-tu?*
Estoy en octavo de EGB. *Je suis en 4e.*

el colegio	Primero Segundo Tercero Cuarto Quinto Sexto Séptimo Octavo	de EGB
el instituto	Primero Segundo Tercero COU	de BUP

CP CE1 CE2 CM1 CM2	*Enseignement primaire*
6e 5e 4e 3e	*le collège*
2nde 1re Terminale	*le lycée*

la clase de idiomas : *le cours de langues*
estar # presente : *être présent*
una asignatura : *une matière*
el profe(sor) enseña : *le prof(esseur) enseigne*
el alumno aprende : *l'élève apprend*
estar # atento, a : *être attentif, ive*
leer # y escribir : *lire et écrire*
contar [ue] : *compter*

resolver [ue] un problema : *résoudre un problème*
   El problema está resuelto. *Le problème est résolu.*
la solución : *la solution*
un ejemplo : *un exemple*
por ejemplo : *par exemple*
un ejercicio : *un exercice*

ESTUDIAR

1. estudiar : *étudier*
los estudios : *les études*
los conocimientos : *les connaissances*
la cultura : *la culture*
cursar, estudiar una carrera : *faire des études*
   Estudia Derecho. *Il fait des études de Droit.*
un cursillo, un stage, una práctica : *un stage*
un oficio : *un métier*
hacerse ♯ médico : *devenir médecin*
un examen : *un examen*
examinarse (de inglés) : *passer un examen (d'anglais)*
aprobar [ue] ≠ suspender : *réussir ≠ échouer*
   Le han aprobado (suspendido) en matemáticas. *Il a été reçu (il a échoué) à son examen de mathématiques.*
salir ♯ bien ≠ salir ♯ mal : *réussir ≠ échouer*
   ¿Qué tal te ha salido? *Comment est-ce que ça a marché?*
   Me ha salido bien. *Ça a bien marché.*

2. dominar una lengua : *maîtriser une langue*
un idioma, una lengua : *une langue*
el dominio del español : *la maîtrise de l'espagnol*
conocer ♯ : *connaître*
saber ♯ hablar, leer ♯, escribir : *savoir parler, lire, écrire*
expresarse : *s'exprimer*
entender [ie], comprender : *comprendre*
comprender un poco : *comprendre un peu*
comprenderlo todo : *tout comprendre*
no entender [ie] nada : *ne rien comprendre du tout*
repetir [i], volver [ue] a decir, decir [i] ♯ otra vez : *répéter, redire*
despacio : *lentement*
equivocarse : *se tromper*
un error : *une erreur*
una falta : *une faute*
corregir [i] : *corriger*
significar, querer [ie] ♯ decir : *signifier, vouloir dire*
explicar : *expliquer*
tener ♯ acento : *avoir un accent*
traducir ♯ del/al : *traduire de/en*
   Traducir del francés **al** español. *Traduire du français en espagnol.*

* 1. El sistema educativo español

A grandes rasgos, el sistema educativo español está formado por diferentes niveles: Educación Preescolar, Educación General Básica, Bachillerato y Educación Universitaria.

La Educación Preescolar está destinada a niños de dos a cinco años de edad.
La Educación General Básica abarca ocho cursos, divididos en dos etapas de formación. En este nivel permanecen los niños desde los seis a los trece años. Al término de la Educación General Básica se otorga el título de graduado escolar, que permite el acceso a Bachillerato a los alumnos que han cursado los estudios con aprovechamiento. Los que no obtienen dicho título reciben el certificado de escolaridad, que habilita para el ingreso en los centros de Formación Profesional, estudios estructurados en tres grados, que capacitan para el ejercicio de una profesión.

El Bachillerato se desarrolla en tres cursos, que se cumplen normalmente entre los catorce y los dieciséis años. Al término de este nivel educativo se recibe el título de bachiller, que permite el acceso a la Formación Profesional de segundo grado o seguir el Curso de Orientación Universitaria, que abre el paso a la educación superior.

A la Educación Universitaria se accede tras superar el Curso de Orientación Universitaria (COU) y las pruebas de acceso realizadas por las propias universidades.

Le système éducatif espagnol

En gros, le système éducatif espagnol comporte différents niveaux : école maternelle, enseignement primaire, secondaire et universitaire.

L'école maternelle est destinée aux enfants de deux à cinq ans.

L'enseignement primaire s'effectue sur huit années, divisées en deux étapes de formation. Il est suivi par les enfants de six à treize ans. L'enseignement primaire est sanctionné par le diplôme de "Graduado escolar" permettant d'accéder à l'enseignement secondaire. Ceux qui n'obtiennent pas ce diplôme reçoivent un certificat de scolarité qui leur permet d'entrer dans les centres d'enseignement technique où les études divisées en trois niveaux, préparent à l'exercice d'un métier.

L'enseignement secondaire se déroule sur trois années qui s'effectuent normalement entre quatorze et seize ans. À la fin de ces études on reçoit le diplôme de bachelier, qui donne accès au deuxième niveau de l'enseignement technique ou aux études d'orientation universitaire (un an) qui ouvrent les portes de l'enseignement supérieur.

On accède à l'enseignement universitaire après avoir terminé les "études d'orientation universitaire" (COU) et passé avec succès les examens d'entrée organisés par les universités.

** 2. Formalidades básicas para entrar en España como estudiante extranjero

Si deseas cursar estudios en España, deberás solicitar un visado de estudios en la Embajada o Consulado español más próximo a tu residencia.
Cuando ya te encuentres en la ciudad española donde vayas a realizar tus

estudios, no te olvides de solicitar tu Tarjeta de Estudiante, documento que te permitirá residir legalmente en España durante el curso académico, que se extiende de octubre a junio. Finalizado éste, si decides continuar estudiando en nuestro país, deberás renovar la mencionada tarjeta.

Para obtener este documento son necesarios los siguientes requisitos:
- Pasaporte en vigor.
- Haber entrado con visado de estudios, expedido por el Consulado de España en tu país o en el de tu última residencia.
- Certificación de medios económicos suficientes para cubrir gastos de estancia y regreso a tu país.
- Haber sido admitido como alumno en firme en centros oficiales o reconocidos para realizar cursos cuya duración prevista no sea inferior a tres meses y en los que el horario semanal sea superior a 15 horas lectivas.
- 3 fotografías.
- Impresos de solicitud.

La solicitud de la Tarjeta de Estudiante se realizará en el Departamento de Extranjeros de las comisarías de todas las ciudades españolas.

Formalités de base pour séjourner en Espagne en tant qu'étudiant étranger

Si vous souhaitez faire des études en Espagne, vous devrez aller à l'Ambassade ou au Consulat espagnol le plus proche de votre domicile et demander un visa d'étudiant [1].

Lorsque vous vous trouverez dans la ville que vous aurez choisie pour réaliser vos études, n'oubliez pas de demander votre carte d'Étudiant, document qui vous permettra de résider légalement en Espagne durant l'année académique qui va d'octobre à juin. Si à la fin de celle-ci, vous décidez de continuer vos études dans notre pays, vous devrez renouveler cette carte.

Pour obtenir ce document les conditions suivantes sont nécessaires :
- Passeport en cours de validité.
- Être entré avec un visa d'étudiant délivré par le Consulat d'Espagne de votre pays ou celui de votre dernière résidence.
- Justifier des moyens économiques suffisants pour couvrir les frais de séjour et de retour dans votre pays.
- Avoir été admis dans des établissements officiels ou reconnus pour suivre des cours dont la durée prévue n'est pas inférieure à trois mois et dont l'horaire hebdomadaire est supérieur à 15 heures de classe.
- 3 photos.
- Formulaires de demande.

La Carte d'Étudiant est délivrée par le département Étrangers des commissariats de toutes les villes espagnoles.

---

1. Remarquez que l'espagnol tutoie alors que le français vouvoie.

22. Analizar y comentar

Analyser et commenter
*Vocabulaire et conseils de méthode
pour l'étude d'un texte*

EL TEXTO

explicar un texto : *expliquer un texte*
presentar el texto : *présenter le texte*
el género literario y el autor : *le genre littéraire et l'auteur*
una obra escrita en prosa : *une œuvre écrite en prose*
una novela, un novelista : *un roman, un romancier*
un cuento, un cuentista : *un conte, un conteur*
un artículo de prensa, el periodista : *un article de presse, un journaliste*
una obra escrita en verso : *une œuvre écrite en vers*
un poema, un poeta : *un poème, un poète*
una obra de teatro : *une pièce de théâtre*
Esta página está sacada de ... : *cette page est tirée de ...*
Es una obra del siglo XX (veinte) : *c'est une œuvre du XXe siècle.*
    siglo quince, dieciséis, diecisiete, dieciocho, diecinueve, veinte
Es una obra que se publicó en ... : *c'est une œuvre qui a été publiée en ... (expression de la date : cf. p. 56)*
el título : *le titre*
El texto consta (se compone) de dos partes (dos movimientos) : *le texte se compose de deux parties (mouvements).*
un párrafo : *un paragraphe*
un capítulo : *un chapitre*

EL AUTOR

el autor : *l'auteur*
    Es una persona real, que existió (o existe) realmente y escribió un libro, por ej. : Cervantes es el autor del *Quijote*.
el narrador : *le narrateur*

El que narra, cuenta la historia en una novela. Forma parte de la ficción novelesca; su punto de vista — *son point de vue,* es decir su forma de presentar o comentar los sucesos — puede ser diferente del punto de vista del autor — de lo que opina realmente la persona que escribió el libro. Por ej. : Cide Hamete Benengeli es el primer narrador árabe de las aventuras de don Quijote cuyo autor es Cervantes (cf. Básico 2); otro ejemplo: en la novela picaresca *Vida de Lazarillo de Tormes* (cf. Básico 2), no se sabe quién es el autor, pero no se le puede identificar con el narrador. En este caso, el narrador es el protagonista: la narración se hace en primera persona.

los personajes : *les personnages*

el protagonista : *le personnage principal*

el héroe, la heroína : *le héros, l'héroïne*

La anécdota pasa en tal época/sitio : *l'anecdote se passe à telle époque/à tel endroit (Attention : le verbe ''pasar'' n'est pas réfléchi en espagnol.)*

el propósito del autor : *le but, le propos de l'auteur*

objetivo, a, la objetividad : *objectif, ive, l'objectivité (Attention : il n'y a pas de ''c'' avant le ''t'' en espagnol.)*

comprometido, a, el compromiso : *engagé, e, l'engagement*

destacar, subrayar, poner de relieve, poner de manifiesto : *souligner, mettre en relief*

De esta página se desprende una impresión de ... por ... : *De cette page se dégage une impression de ... à cause de ...*

surtir, producir ≠ un efecto : *produire un effet*

el ambiente : *l'atmosphère*

el tono : *le ton*

ORGANIZAR Y RELACIONAR LAS IDEAS

organizar y relacionar las ideas : *organiser et relier les idées*

primero, en primer lugar, ante todo : *d'abord, en premier lieu*

después, luego, a continuación : *ensuite*

en segundo (en tercer) lugar : *en second lieu, deuxièmement (troisièmement)*

por una parte, por un lado : *d'une part, d'un côté*

por otra parte, por otro lado : *d'autre part, de l'autre (côté)*

por fin, por último, para concluir, para terminar : *enfin, pour conclure*

Para explicar : *pour expliquer*

porque, ya que, dado que, puesto que : *car, étant donné que, puisque*

por eso, por ello, así se explica que… : *c'est pourquoi*

Para insistir : *pour insister*

además : *en outre*

desde luego, claro, por supuesto : *bien sûr, évidemment*

Para oponer : *pour opposer*
pero : *mais*
sin embargo, con todo : *cependant, néanmoins*
al contrario, por lo contrario : *au contraire*
en cambio : *en revanche, par contre*
mientras que : *alors que*
aunque, a pesar de que, si bien : *bien que (pour l'emploi du mode : cf. p. 28)*

Para expresar una consecuencia : *pour exprimer une conséquence*
de ahí que : *d'où*
así, por consiguiente, por lo tanto : *ainsi, par conséquent*
de forma que, de modo que, por lo que : *si bien que, de sorte que*

EXPRESAR UNA OPINIÓN PERSONAL

expresar una opinión personal : *exprimer une opinion personnelle*
experimentar un sentimiento : *éprouver un sentiment*
gustarle algo a uno : *aimer (construction voyez p. 91)*
sorprenderle algo a uno : *surprendre*
   A mí, me sorprende esta metáfora. *Cette métaphore me surprend.*
darle ♯ pena, darle lástima a uno : *faire de la peine, avoir pitié de*
   Al periodista le da pena la miseria de los indios. *Le journaliste est peiné par la misère des Indiens.*
ocurrírsele algo a uno : *avoir l'idée de*
   Al protagonista, se le ocurre mirar por la ventana. *Le protagoniste a l'idée de regarder par la fenêtre.*
olvidársele algo a uno : *oublier*
   Al autor, se le olvida decir que... *L'auteur oublie de dire que...*
ocultársele algo a uno : *ignorer*
   Al autor, no se le oculta que... *L'auteur n'ignore pas que... (Voyez aussi pp. 88-93.)*

LOS PRINCIPALES ENFOQUES

los principales enfoques : *les principaux points de vue*
– **lo cómico (la comicidad) y sus diferentes matices :**
  le comique et ses différentes nuances (attention : **el** cómico : *l'acteur*)
el humorismo, humorístico, a, burlón, ona : *l'humour, humoristique, moqueur*
   El humorismo destaca los aspectos divertidos *(amusants).*

la burla, la farsa : *la moquerie, la farce*
   Lo burlesco *(le burlesque)* es divertido, a veces hasta grosero *(grossier)* o grotesco *(grotesque)* y extravagante.

la ironía, irónico, a : *l'ironie, ironique*
   La ironía consiste en dar a entender, de forma que no deja lugar a dudas sobre el verdadero sentido, lo contrario de lo que se piensa, para hacer reír; por ejemplo : decirle a un tonto que es un lince *(dire à un sot qu'il est une lumière)*.

la parodia, paródico, a : *la parodie, parodique*
   La parodia imita, muchas veces deformando, para burlarse.

el sarcasmo, sarcástico, a : *le sarcasme, sarcastique*
   El sarcasmo es una burla o ironía con que se insulta, humilla o ridiculiza cruelmente a alguien.

la sátira, satírico, a : *la satire, satirique*
   La sátira ridiculiza.

— **didáctico, a** : *didactique*
   Lo didáctico presenta una enseñanza por lo general moral.

— **la epopeya, épico, a** : *l'épopée, épique*
   La epopeya relata poéticamente aventuras heroicas en las que puede intervenir lo maravilloso (cf. Básico 2).

— **el lirismo, lírico, a** : *le lyrisme, lyrique*
   El poeta o el narrador expresa sus sentimientos íntimos. Si es de asunto triste, se habla de "elegía" *(élégie)*.

— **maravilloso, a** : *merveilleux, euse*
   Lo maravilloso no se explica dentro de las leyes naturales; es mágico, fantástico.
   Se habla de "real maravilloso" a propósito de unos autores latinoamericanos — como M.A. Asturias o G. García Márquez — que mezclan elementos sacados de la realidad cotidiana con otros sobrenaturales y mágicos (cf. Básico 2).

— **el mito,** mítico, a : *le mythe, mythique*
   El mito trata de entender la realidad a través de ficciones o imágenes que la hacen comprender de forma más satisfactoria que el conocimiento racional. Por ejemplo : el mito de Edipo *(Œdipe)*.

— **el misticismo,** místico, a : *le mysticisme, mystique*
   Es mística la persona que se dedica a la contemplación de Dios y alcanza el estado de éxtasis *(l'extase)* (cf. Básico 2).

— **el onirismo,** onírico, a : *onirisme, onirique*
   El onirismo es una alucinación visual parecida al sueño.

— **el patetismo, patético, a** : *pathétisme, pathétique*
   El patetismo emplea sentimientos muy intensos; por ello, impresiona o emociona.

— **peyorativo, a** : *péjoratif, ive*
   Se dice de una expresión que es peyorativa cuando presenta las cosas bajo un aspecto desfavorable.

— **picaresco, a** : *picaresque*
   Lo picaresco es divertido, satírico, y muchas veces moralizador. La novela picaresca suele contar en primera persona (relato autobiográfico) las aventuras y burlas de un pícaro *(un fripon)*, lo que da pretexto a una sátira de la sociedad y del hombre (véase Básico 2).

- **poético, a** : *poétique*
  Lo poético subraya el aspecto emotivo de las cosas mediante un lenguaje sugestivo de imágenes, ritmos, musicalidad.
- **la polémica,** polémico, a : *la polémique, polémique*
  Una polémica supone una discusión, una controversia, una actitud conflictiva *(conflictuelle,* de oposición*)*.
- **el realismo, realista** : *le réalisme, réaliste*
  El realismo pretende describir la realidad tal como es, sin atenuación o idealización. La ''literatura realista'' conoció su auge *(son apogée)* en el siglo XIX. De ella se derivan el **''costumbrismo''** (que describe las costumbres de forma pintoresca y anecdótica) y el **''naturalismo''** (realismo crudo y la mayoría de las veces lleno de pesimismo, cf. E. Zola).

LAS FIGURAS RETÓRICAS

Las principales figuras retóricas (de estilo) : *les principales figures de rhétorique (de style)*
el sentido propio : *le sens propre*
  Corresponde a un objeto concreto.
  la rueda de un coche : *la roue d'une voiture*
el sentido figurado : *le sens figuré*
  Es una extensión del significado de una palabra para representar una noción abstracta.
  la rueda de la fortuna : *la roue de la fortune*
la alegoría, alegórico, a : *l'allégorie, allégorique*
  Consiste en presentar una idea abstracta bajo una figura concreta (= un símbolo); por ejemplo : la alegoría de la Justicia está representada por una mujer que tiene los ojos vendados y lleva una balanza *(une balance).*
la alusión, alusivo, a : *l'allusion, allusif, ive*
aludir : *faire allusion*
  Al contrario de ''mencionar'' o ''citar'', aludir es referirse encubierta o indirectamente a algo o alguien.
el anacronismo, anacrónico, a : *l'anachronisme, anachronique*
  El anacronismo introduce elementos en desacuerdo con la época de la que se trata, por ejemplo, introducir un televisor o un teléfono en una película cuya acción se desarrolla en el siglo XVI.
el apóstrofe, apostrofar : *une apostrophe, apostropher*
  Apostrofar es dirigirse a alguien patéticamente o con vehemencia : en el ejemplo siguiente el apóstrofe va dirigido al destino :
  ¡Oh, cruel destino que me persigues! *Oh, cruel destin qui me poursuis!*
una comparación, comparar a/con : *une comparaison, comparer avec*
  La comparación pone en relación dos cosas o más para apreciar sus semejanzas o diferencias (cf. pp. 73-75).
  Te has portado como un niño. *Tu t'es conduit comme un enfant.*

una elipsis, elíptico, a : *une ellipse, elliptique*
La elipsis omite palabras que no son indispensables para la claridad del sentido. Es una figura retórica muy usada por los publicitarios.
¡La trucha! ¡Un alimento nutritivo y sin calorías de más! *La truite, un aliment nutritif avec juste les calories qu'il faut!* (Aquí se sobreentienden los verbos : la trucha **es** un alimento nutritivo y no **tiene** calorías de más.)

el énfasis, enfático, a : *l'emphase, emphatique*
El énfasis supone solemnidad y a veces exageración.
Aquí viene mi Señor Padre. *Voici Monsieur mon Père qui arrive.*

la estilización, estilizado, a : *la stylisation, stylisé, e*
La estilización reduce la representación artística de una cosa a sus elementos más característicos o a la idea que el artista quiere transmitir.

el eufemismo : *un euphémisme*
Es un modo de expresar con decoro ideas demasiado violentas, groseras o malsonantes; se dice también una lítote.
El eufemismo atenúa.
"La tercera edad" es un eufemismo para decir "la vejez".

la hipérbole, hiperbólico, a : *l'hyperbole, hyperbolique*
La hipérbole es una exageración.
Decir que la nariz de Cyrano de Bergerac es "una península" es hiperbólico.

la metáfora, metafórico, a : *la métaphore, métaphorique*
Es una imagen que supone una comparación implícita *(implicite, non dite)* sin término comparativo.
"La primavera de la vida" es una metáfora de la juventud.

una paradoja, paradójico, a : *un paradoxe, paradoxal, e*
Con la paradoja, se afirma algo que va en contra de lo que se suele admitir.
Es una paradoja que el más pobre es el que más gasta. *(C'est le plus pauvre qui dépense le plus.)*

una perífrasis : *une périphrase*
Una perífrasis es un rodeo de palabras para expresar más largamente algo ya dicho.
"El que en buena hora nació" es una perífrasis para designar al Cid en la epopeya.

la personificación, personificar : *la personnification, personnifier*
Se atribuyen vida o acciones propias del ser a cosas inanimadas. Hablar del "llanto" *(des pleurs)* de la guitarra es personificarla pues sólo lloran las personas.

el pleonasmo : *un pléonasme*
Es la repetición de palabras innecesarias para el sentido de la expresión. "Subir arriba", "bajar abajo", "salir fuera" son pleonasmos.

el símbolo, simbolizar : *le symbole, symboliser*
El símbolo representa convencionalmente otra cosa; por ej. : el olivo es el símbolo de la paz, la balanza simboliza la justicia.

LA POESÍA

1. La poesía : *la poésie*

> Le poète joue avec les mots, la multiplicité de leur sens (ce qu'on appelle la polysémie : *la polisemia*), leur pouvoir de suggestion, leur place dans le vers, leur sonorité, le rythme du vers, de la strophe, les rimes ; il invente des métaphores pour créer une émotion et faire passer son message poétique. **L'étude de la forme n'a de sens que si elle aide à comprendre la signification du poème. Il ne faut donc pas la dissocier de celle du fond.**

2. un poema : *un poème*
el poeta : *le poète*
  el yo poético : *le "je" poétique ; le "je" dans le poème n'est pas forcément le poète, cf. p. 188 la différence entre l'auteur, le narrateur et le personnage-narrateur.*
la estrofa : *la strophe*
el ritmo : *le rythme*
el encabalgamiento : *l'enjambement : le 1ᵉʳ vers se continue sur le 2ᵉ sans lequel il n'est pas compréhensible. Exemple :*
  Empieza el llanto
  de la guitarra
una metáfora : *une métaphore*
sugerir [ie, i] : *suggérer*
las sonoridades : *les sonorités*
la aliteración : *l'allitération*
  La aliteración es cuando se repite una misma letra por ejemplo en este verso de Rubén Darío la aliteración del grupo "cla" : "ya se oyen los claros clarines".
una vocal (**la** "a", **la** "e"...) : *une voyelle (le "a", le "e", du genre féminin en espagnol)*
una consonante (**la** "b", **la** "f"...) : *une consonne (le "b", le "f"...)*
  Ciertas consonantes como la "p, b, t, d, k, g", llamadas "oclusivas", tienen un sonido muy duro.
  Otras como la "f, s, z", o las oclusivas situadas entre dos vocales ("apagado"), llamadas "fricativas", resultan más suaves — cf. p. 9.
la sílaba : *la syllabe*

3. **Pour déterminer le nombre de syllabes d'un vers,** on les compte **jusqu'au dernier accent tonique et on en ajoute une :** dans les exemples suivants, la dernière voyelle accentuée est la 7ᵉ, le vers est un octosyllabe :

Si / sal/go un / dí/a a / la / vi/da
1   2   3   4   5   6   7 +1
→ verso de ocho sílabas : octosílabo
El / cam/po / : sus / ver/des / **más**/tiles
1   2   3   4   5   6   7   +1
→ verso de ocho sílabas : octosílabo
La / ca/sa / y el / co/ra/**zón**
1   2   3   4   5 6 7 + 1
→ verso de ocho sílabas : octosílabo

Lorsqu'un mot se termine par une voyelle et que le suivant commence aussi par une voyelle, elles se prononcent en une seule émission de voix : c'est une synalèphe *(una sinalefa).*
Exemple : salg<u>o un</u> − dí<u>a a</u> − <u>y el.</u>

la rima : *la rime*
 − **rima consonante :** se repiten las vocales y consonantes a partir del último acento tónico ; por ejemplo :
   g**esto** − hon**esto**; c**umbre** − cost**umbre**
 − **rima asonante o asonancia :** se repiten tan sólo las vocales a partir del último acento tónico : por ejemplo :
   guit**a**rr**a** − madrug**a**d**a** : asonancia en **a-a**
   f**i**n**a**s − p**a**j**i**za : asonancia en **i-a**
   coraz**ón** − s**on** : asonancia en **ó**

El romance es una poesía de corte popular que ha conocido un gran éxito en España desde la Edad Media hasta nuestro siglo XX. Está escrito en octosílabos asonantados en los versos pares, quedando sin rima los impares (cf. *La Monja Gitana,* p. 10 : asonancia en **í-a**).

Las composiciones escritas en versos de menos de 9 sílabas son llamadas de **Arte Menor.** Las escritas en versos de más de 8 sílabas son de **Arte Mayor** y suelen resultar más solemnes y graves que las de Arte Menor.

LA OBRA DE TEATRO

1. la obra de teatro : *la pièce de théâtre*

> La pièce de théâtre est faite pour être **jouée devant un public qui réagit.** Le rôle du **metteur en scène** qui dirige les **acteurs,** mais décide aussi de **l'éclairage,** du bruitage, des costumes, etc., est très important. Ne l'oubliez pas lorsque vous devez expliquer une scène.

2. una comedia : *une comédie*
una tragedia : *une tragédie*
un drama : *un drame*
una zarzuela : *une opérette*
un acto, una jornada : *un acte*
una escena : *une scène*
el enredo : *l'intrigue*
una equivocación : *un quiproquo*
  por ejemplo, tomar una persona por otra

un lance : *un coup de théâtre*
el desenlace : *le dénouement*
el diálogo, el monólogo : *le dialogue, le monologue*

3. **los personajes :** *les personnages*
    el galán : *le jeune premier*
    la dama : *la jeune première*
    el barba : *le barbon (le vieux père ou le vieux mari)*
    el gracioso : personaje cómico, en general un criado *(un domestique qui fait rire, cf. Básico 2)*

4. **la representación teatral :** *la représentation théâtrale*
    el director : *le metteur en scène*
    el actor, la actriz : *l'acteur, l'actrice*
    desempeñar un papel : *jouer un rôle*
    el escenario : *la scène, le plateau*
    levantar o bajar el telón : *lever ou baisser le rideau*
    el decorado : *le décor*
    la iluminación : *l'éclairage*
    los focos luminosos : *les projecteurs*
    entre bastidores : *en coulisse*
    las acotaciones escénicas : *les indications scéniques*
    la actuación del actor : *le jeu de l'acteur*
    el tono de la voz : *le ton de la voix*
    en voz alta : *à voix haute*
    aparte : *en aparté*

El actor se dirige al público. No lo oyen los demás personajes que están en el escenario. El aparte crea una complicidad con el espectador y permite que éste sepa lo que piensa verdaderamente el personaje.
un guiño : *un clin d'œil*
la actitud : *l'attitude*
un ademán, los ademanes : *un geste, les gestes*
el público : *le public*
el espectador : *le spectateur*

23. Analizar y comentar

Analyser et commenter
*Vocabulaire et
conseils de méthode
pour l'étude d'un
document iconographique*

LA PINTURA

1. La pintura : *la peinture*

> Vous devez **organiser votre commentaire** de façon à **proposer une lecture ordonnée et progressive du tableau :** faites une introduction, une conclusion et structurez votre analyse autour de quelques idées-forces sans jamais oublier que pour le peintre, la composition, les couleurs, les jeux de lumière ou de volumes **servent à faire naître une émotion ou recréer une réalité.**

2. El pintor y su modelo : *le peintre et son modèle*
pintar : *peindre*

la obra : *l'œuvre*
un cuadro : *un tableau*
un lienzo : *une toile*
un grabado : *une gravure*
el marco : *le cadre*
una pintura al fresco, al óleo, al pastel : *une peinture à la fresque, à l'huile, au pastel*
un mural : *une peinture murale*
el muralista : *le muraliste, le peintre qui crée sur les murs*
un tapiz : *une tapisserie*

el tema : *le sujet*
un retrato : *un portrait*
de perfil : *de profil*
una caricatura : *une caricature*
un desnudo : *un nu*
un paisaje : *un paysage*
una marina : *une marine (tableau qui représente une scène de la mer)*
un bodegón : *une nature morte (tableau représentant des*

objets inanimés, des fruits et légumes, du gibier ou des poissons)
una vanidad : *une vanité (peinture évoquant la vanité des occupations humaines, très en vogue au XVIIᵉ siècle. Les vanités représentent en général un crâne humain entouré d'objets symbolisant les cinq sens)*
un dibujo : *un dessin*
trazar una línea : *tracer une ligne*

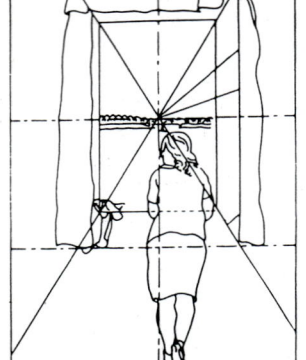

3. La composición, la organización : *la composition, l'organisation*
en el primer término (o plano) : *au premier plan (ce qui est devant)*
en el segundo término (o plano) : *au deuxième plan*
el fondo, los lejos : *l'arrière-plan, le fond*
la perspectiva : *la perspective*
el escorzo : *le raccourci (effet de perspective)*
la proporción : *la proportion*
el relieve : *le relief*
el movimiento : *le mouvement*

4. El color : *la couleur*
el colorido : *le coloris*
un color frío (violeta, azul, verde) : *une couleur froide (violet, bleu, vert)*
un color cálido (amarillo, anaranjado, rojo) : *une couleur chaude (jaune, orangé, rouge)*
el arco iris : *l'arc-en-ciel*
la gama de tonos : *la palette (de couleurs)*
un color pálido, apagado : *une couleur terne*
un color intenso, vivo : *une couleur vive, intense*
un color chillón : *une couleur criarde*
el matiz, los matices : *la nuance, les nuances*

la luz : *la lumière*
la luminosidad : *la luminosité*
la sombra : *l'ombre*
claro, a ≠ oscuro, a : *clair, e ≠ obscur, e*
el claroscuro : *le clair-obscur*
un toque de luz : *une touche de lumière*
una pincelada : *une touche*

el alcance : *la portée*
la significación : *la signification, le sens*
la emoción estética : *l'émotion esthétique (devant la beauté)*

EL DIBUJO HUMORÍSTICO

1. El dibujo humorístico : *le dessin humoristique*

   > **Le dessin humoristique,** s'il est réussi, est lisible au premier coup d'œil. Il fait rire ou sourire, mais le rire peut être amer, grinçant... Pour obtenir cet effet, le dessinateur a choisi des éléments graphiques essentiels, souvent stylisés à l'extrême. Il joue sur les contrastes ou les associations, parfois la métaphore (cf. dessin de Plantu sur la Colombie dans Básico 2), sur les proportions, le cadrage (la composition) et sur une **exagération** qui attire l'attention, crée un choc chez le lecteur, provoque le rire, signe que le message a été compris et qu'une complicité a été établie.
   >
   > **La bande dessinée obéit aux mêmes principes,** avec cette différence qu'elle joue sur une succession de dessins (vignettes), souvent donc sur une anecdote, ce qui fait qu'on l'analysera à la fois comme un dessin et un texte, ou mieux encore, comme un extrait de film. Accordez une importance toute particulière au cadrage (cf. l'analyse filmique p. 203), à la typographie, la forme des bulles, leur taille, la grandeur des caractères, leur aspect...
   >
   > Comme pour tout commentaire, **présentez** le dessinateur et le thème du dessin en introduction, **analysez les moyens** mis en œuvre pour faire passer ce qui est souvent une satire politique, sociale ou morale, **expliquez bien le sens du dessin** ou de la B.D., et **concluez** en en dégageant la portée ou en donnant votre appréciation personnelle.

2. **Describir el dibujo :** *décrire le dessin*
   el dibujante : *le dessinateur*
   un cómic, una historieta, un tebeo (TBO) : *une bande dessinée, une BD*
   una tira : *une bande dessinée (une ligne de)*
   una viñeta : *une vignette*
   la organización, la disposición de las viñetas : *l'organisation, la disposition des vignettes*
   el recuadro : *le cadre*
   el tamaño : *la taille*
   las proporciones : *les proportions*
   la desproporción : *la disproportion*
   el bocadillo, el globo : *la bulle*
   el rabillo : *la queue de la bulle*
   una onomatopeya : *une onomatopée*

La onomatopeya es una imitación, mediante el lenguaje, de un sonido de la vida real; por ejemplo : ¡Chis! ¡Paf! ¡Pum! ¡Zas!

las letras : *les lettres, les caractères (voyez plus bas dans la rubrique "Publicité", p. 202)*

el pie del dibujo : *la légende du dessin*
(Voyez aussi le cinéma p. 203)

la impresión producida : *l'impression produite*

hay un contraste entre ... y ... : *il y a un contraste entre ... et ...*

lo sorprendente, lo divertido es que ... : *ce qui est surprenant, amusant, c'est que ...*

el me**n**saje : *le message*
el significado, el sentido : *la signification, le sens*
el alcance : *la portée*
una sátira : *une satire*
una crítica : *une critique*

LA PUBLICIDAD

1. la publicidad : *la publicité*

> Vous introduirez le commentaire d'une publicité en précisant qui est l'annonceur, quel est le but de la publicité (campagne commerciale ou d'information) et quel est le support publicitaire (journal, revue, mur, télévision, etc.).
> Votre **développement** devra comprendre une brève **description** de la publicité (la mise en page et les différents éléments qui la composent : dessin, slogan, texte, logo, etc.) et une **analyse des moyens employés** (choix des différents éléments, importance relative de chacun d'eux, comment ils se complètent, ce qu'ils suggèrent). N'oubliez pas non plus que la publicité, s'adaptant à l'air du temps, nous renvoie **une image de notre société** – réelle ou désirée – que vous préciserez et commenterez. La publicité peut être belle,

ANALIZAR UNA IMAGEN **201**

> émouvante, drôle, mais elle n'est vraiment réussie que si elle déclenche chez celui qui la regarde l'envie d'obéir au slogan qu'elle donne : demandez-vous donc à quelle partie de nous-mêmes elle s'adresse (raison, sensibilité, agressivité, sexe, etc.) et interrogez-vous **en conclusion** sur **son efficacité.**

2. una campaña publicitaria : *une campagne publicitaire*
el anunciante : *l'annonceur*
el publicitario : *le publicitaire (celui qui crée la publicité)*
el soporte : *le support*
la revista : *la revue*
la pre**n**sa : *la presse*
el cartel : *l'affiche*
la valla : *le panneau*
la radio : *la radio*
la televisión : *la télévision*
un anuncio, un spot : *une pub, un spot publicitaire*
un me**n**saje : *un message*

3. Describir la organización de un cartel : *décrire l'organisation d'une affiche*
constar de, componerse de : *se composer de*
una fotografía : *une photographie*
un dibujo : *un dessin*
un logotipo : *un logo* (símbolo gráfico de una sociedad o empresa)
un eslogan, un lema : *un slogan*
un texto : *un texte*
una sigla : *un sigle*
  Una sigla son las letras iniciales del nombre de la empresa; por ej. : RENFE : REd Nacional de Ferrocarriles Españoles; ONU : Organización de las Naciones Unidas
recortar un cupón-respuesta : *découper un coupon-réponse*

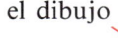
el dibujo

el texto el logo la sigla el eslogan

4. **Estudiar el cartel**
la creatividad artística : *la créativité artistique*
la argumentación, los argumentos desarrollados : *l'argumentation, les arguments développés*
los resortes sicológicos : *les ressorts (les ficelles) psychologiques*
la desviación del significado : *le détournement, le glissement de sens*
el doble sentido : *le double sens*
el juego de palabras : *le jeu de mots*
recalcar, subrayar, poner ♯ de relieve : *souligner*
repetir [i], insistir en : *répéter, insister sur*
   Se repiten las ventajas más importantes del producto, pero no se insiste en los detalles. *On répète les avantages les plus importants du produit, mais on n'insiste pas sur les détails.*
machacar : *asséner, rabâcher, répéter avec insistance*
   El publicitario machaca el mismo argumento a lo largo del texto. *Le publicitaire rabâche le même argument tout au long du texte.*
machacón, machacona : *assommant, e*
   ¡Qué publicidad más machacona! *Quelle publicité lourde, assommante!*
insinuar, sugerir [ie, i], dar ♯ a entender : *insinuer, suggérer, laisser entendre*
silenciar : *taire, passer sous silence*
pasar por alto : *négliger*
   Siempre se pasan por alto los inconvenientes. *On ne dit jamais rien des inconvénients.*
ocultar : *cacher*
el público objetivo : *la cible, le public visé par la publicité*

5. **La letra : *le caractère***
el tamaño, la dimensión : *la taille, la dimension*
en bastardilla : *en italique (caractère incliné)*
en cursiva : *en cursive (comme écrit à la main)*
en mayúsculas : *en majuscules*
en negrilla, en negrita (de trazos más gruesos que los ordinarios) : *en caractères gras (dont les tracés sont plus épais que la normale)*

6. **Dar su opinión : *donner son avis***
acertado, a : *réussi, e*
acertar [ie] : *réussir*
eficaz — la eficacia : *efficace — l'efficacité*
crear, dar ø imagen : *créer, donner une image (de marque)*

24. Analizar y comentar

Analyser et commenter
Vocabulaire cinématographique

EL CINE

El cine : *le cinéma*
una película, un filme : *un film*
rodar [ue] : *tourner*
proyectar : *projeter*
la pantalla : *l'écran*
el guión : *le scénario*
el guionista : *le scénariste, celui qui écrit le scénario*
un reportaje : *un reportage*
el noticiario : *les actualités*
la película de dibujos animados : *le dessin animé*
la película del Oeste : *le western*
un fotograma : *un photogramme*
  Un fotograma es cualquiera de las imágenes que se suceden en el filme, una foto sacada de la película.

EL ENCUADRE

El encuadre : *le cadrage*
Una **película** es el resultado de un **montaje** (*un montage*). El conjunto de fotogramas de una toma (*une prise de vue* – desde que se pulsa el disparador de la cámara hasta que se le suelta) constituye un **plano.**
Según la figura u objeto filmado está más o menos alejado de la cámara, los planos se clasifican en :

plano general *(plan général)* : capta el conjunto de un ambiente. Su valor es descriptivo.

plano de conjunto
(plan d'ensemble) :
presenta el personaje
en pie. Su función es
narrativa.

plano medio *(plan rapproché) :* la imagen es de medio cuerpo. Es más intimista que el anterior.

primer plano *(gros plan) :* se centra en una parte del cuerpo (cara, mano...) o del entorno; resulta muy expresivo.

Primerísimo plano
(très gros plan) :
plasma un detalle
haciéndolo sugestivo.

EL ÁNGULO DE TOMA

El ángulo de toma *(l'angle de prise de vue),* es decir la situación de la cámara respecto al campo, da diversos valores expresivos a la imagen.

En el **picado** *(la plongée),* la cámara está situada por encima del eje de visión e inclinada hacia abajo.

En el **contrapicado** *(la contreplongée),* la cámara está situada por debajo del eje de visión e inclinada hacia arriba.

ALGUNOS PUNTOS TÉCNICOS

El **campo** *(le champ)* es todo lo que se ve a través del visor de la cámara. Con el **contracampo** *(le contrechamp),* el visor abarca el campo opuesto de un plano. Permite, por ejemplo, seguir un diálogo, encuadrando sucesivamente a cada interlocutor.

Una **panorámica** *(un panoramique)* es la toma realizada con la cámara apoyada en un punto fijo y haciéndola girar. Permite describir un paisaje o seguir a un personaje.

Con el **zoom** *(le zoom),* se realizan tomas de aproximación o alejamiento, sin mover la cámara, al contrario del **travelling** *(le travelling)* en el que la cámara es móvil.

El **gran angular** *(le grand angle)* es un objetivo de pequeña distancia focal que, por lo tanto, agranda los objetos de primer plano, haciendo que las cosas parezcan mayores de lo que son.

Existen varias formas de **pasar de un plano a otro** (montaje) : en el **corte en seco** *(le montage cut),* se pasa de un plano a otro instantáneamente, a diferencia del **fundido encadenado** *(le fondu enchaîné)* en el que la imagen se difumina al tiempo que otra distinta aparece gradualmente sobre la primera.

LA BANDA DE SONIDO

La **banda de sonido** *(la bande-son)* registra el sonido (voces, música, ruidos ambientales, efectos sonoros). Se habla de **voz en OFF** *(voix OFF)* cuando no se ve al que habla.

Glosario

Glossaire

Ce glossaire contient les mots espagnols répertoriés dans Básico 1 *(environ 2 100) ainsi que les notions et termes de grammaire en français.*

A

a 34 - **53** - 60 - 63 - **82** - 83 - 113 - 120 - 132 - 138 - 156 - 158 - 184
abajo 50 - 53 - 120
abonar 132
abono 134
abrazo 97 - 98
abrigo 169 - 171
abril 56
abrir (abierto) 120 - 132
abrochar 158
absoluto (en) 71
abuelo 108
acabar 57 - 62
l'accentuation 9
accidente 114 - 115
acción 77
aceite 159
acento 184
aceptar 19
acera 122
acerca de 88
acero 70 - 134
acertado 202
acertar [ie] 202
activo 109
acompañar 96
aconsejar 80
acontecer 77
acontecimiento 77
acordar(se) [ue] 93
acotación 196
acostado 113
acostarse [ue] 113
acostumbrar 64
actitud 196
actividad 135 - 146
activo 109 - 134
acto 77 - 195
actor 147 - 196
actriz 196
actuación 196
actualidad 148
actualmente 56
actuar 147

acudir 96
acuerdo 89
adelante 53
ademán 113 - 196
además 89 - 189
adentro 53
adiós 95
administración 131
adonde, adónde 17 - 40 - 53
adquisitivo 136
adrede 86
aduana 159
adulto 106
les adverbes de lieu 42 - **49**
les adverbes de manière 84
aéreo 157
aeropuerto 156
afectar 136
afeitarse 114
affaiblissement (verbe à) 24 - 28 - **31**
aficionado 145
afirmar 18 - 19
afuera 53
africano 107
agencia 157
agosto 56
agradable 91 - 108 - 123
agradecer # **31** - 92
agrario 134
agregar 89
agricultura 130 - 134
agrio 174
agua 34 - 114 - 122 - 174 - 175
aguantar 96
agudo 9
águila 123
ahí 42 - 49 - 86 - 190
ahora 56
aire 122
ajeno 45
al 34 - 63
al + *infinitif* 64

albergue 160
alcalde 138
alcance 198 - 200
alcázar 160
alegrar 92
alegre 109
alegría 92
alegoría 192
alemán 107
algo 43 - 71 - 72 - 159 - 175
algodón 169
alguien 43
alguno **43** - 49
almorzar [ue] 173
allá, allí 49
alma 109
almacén 167
almohada 120
alojar 160
l'alphabet 7
alquilar 119
alquiler 119
alrededor 50
alternance (verbe à) 24 - 31
altiplano 122
alto 68 - 100 - 171 - 196
aludir 192
alumno 131
alusión 192
alza 135
allí 49
amable 92 - 108
amar 96
amargo 69 - 174
amarillo 69 - 198
ámbar 158
ambiente 121 - 188
americano 107
amigo 95 - 97
amistoso 98
amor 96
amplio 68
anacronismo 192
anáfora

analizar 187
***analyser* 187 à 206**
anaranjado 198
anciano 108
ancho 68 - 171
andaluz 108
andar # 27 - **29** - 51 - 52 - 57 - 95 - 113
anduve cf. andar 29
anécdota 188
angular 206
animal 123
anoche 58
ante 85 - 188
anteayer 58
anterior 58
antes 55 - 56 - 58 - 59 - 157
anticuado 134
antiguo 148
antipático 109
anunciante 201
anunciar 88
anuncio 148 - 201
añadir 89 - 132
año 56 - 108 - 132
apagado 198
apagar 147
aparato 121
aparcamiento 158
aparcar 158
aparecer # **31** - 42
apartamento 115
aparte 196
apellido 106
apenas 71
apetecer # **31** - 174
apostar [ue] 146
apóstrofe 192
apreciar 91
aprender 183
aprobar [ue] 184
aprovechar 167
apuesta 146
aquel 42 - 43 - 58
aquí 49
árbol 122
arco iris 198
argumentación, argumento 202
armario 120
arrancar 158
arreglar 114 - 121 - 159
arriba 50 - 53 - 120
arrojar 135
arroz 174
arte 148 - 195
artesano 130
***l'article* 33 à 36** - 41 - 58 - 62 - 72 - 73 - 106 - 135 - 137
artículo 148 - 187
artista 147

artístico 202
asar 174
ascensor 120
asco 92
asegurar 159
aseo 114
así 84 - 86 - 189 - 190
asiático 107
asiento 146
asignatura 183
asistir 146
asociación 138
asonancia 195
aspecto 88
aspirador 121
asturiano 107
asunto 88 - 137
atasco 158
atención 42 - 95
atender [ie] 131
atentamente 98
atento 183
ateo 109
atleta 146
atraer # **30** - 95
atrás 53
atrever(se a) 79
aún 57
aunque 82 - 190
autobús 156
autónoma (comunidad) 107
autopista 157
autor 187
autoridad 132
autoservicio 175
avenida 106
avería 159
avión 156
***avis (exprimer un)* 89 à 91** - 202
avisar 88 - 97
ayer 58
ayudar 96 - 132
ayuntamiento 138
azafata 157
azar 145
azúcar 175
azul 69 - 198

B

bailar 147
bajar 52 - 156 - 196
bajo 68 - 88 - 100 - 106 - 119 - 123
balance 136
balanza 135
balcón 119
baloncesto 146
banco 132 - 135
banda de sonido 206
***la bande dessinée* 199 à 200**

bañarse 146
baño 119
bar 132 - 175
barato 157 - 168
barba 196
barco 156
barrio 122
bastante 71 - 72 - 168 - 169
bastar 169
bastardilla 202
bastidores 196
beber 173 - 175
bebida 173 - 175
belga 107
beneficio 134
beso 98
bicicleta 156
bien 69 - 81 - 86 - 89 - 90 - 92 - 96 - 113 - 115 - 160 - 184
billete 156
bistec 174
blanco 69 - 147
blando 69
blusa 169
boca 112 - 174
bocadillo 175 - 199
bodegón 198
boletín 148
bolsa 135
bolsillo 169
bolso 157
bombero 115
bombilla 121
bonito 122
bosque 122
botella 173
brazo 112
brillar 124
buen(o) 69 - 70 - 91 - 95 - 123 - 146
burla, burlesco 191
burlón 190
burro 123
buscar 159 - 168
***le but* 85 à 86**
buzón 98

C

caballo 123
cabello 112
cabeza 112
cabo 62
cada, cada uno 43 - 63
cadena 147
caer # **29** - 96
café 175
cafetería 175
caigo cf. caer 29
caja 131
calcetines 171
calefacción 121

calidad 70
cálido 198
caliente 68 - 123 - 174 - 175
calor 68 - 114 - 123
caluroso 123
calzado 171
callar 100
calle 106 - 107 - 122 - 158 - 159
cama 120
cámara 137 - 148
camarero 175
cambiar 52 - 63 - 159
cambio 136 - 168 - 190
cambio (en) 82 - 190
camino 106 - 157 - 159
camión 157
camisa 169
campanario 122
campaña 160 - 201
campeón 146
campesino 130
camping 160
campo 122 - 146 - 205
canción 147
cansado 114 - 131
cantar 100 - 147
cantidad 70
caña 175
capacidad 78
capaz 78
capital 121 - 134
capítulo 187
cara 112
carácter 108
caravana 158
carbón 134
cargo 130
caricatura 197
caridad 15
cariñoso 98
carne 174
carnicería 131
caro 157 - 168
carrera 146 - 184
carretera 157
carril 157
carta 97 - 98 - 175
cartel 201 - 202
cartera 168
casa 35 - 119
casado 108
casar 108
casco 147
casete, cassette 147
casi 64
caso 88
castellano 108
castillo 160
catalán 107
catedral 121

catorce 70 - 107
la cause 84
causa 84 - 85
causar 85
caza, cazar 35 - 134
cebra 158
celebrar 137
cena 173
cenar 173
cenicero 175
centro 137
cepillo 114
cerca 50 - 159
cercano 50
cerillas 175
cerdo 123
cero 70
cerrar [ie] 24 - 31 - 120
certeza 89
certidumbre 89
certificado 98 - 115
cerveza 175
c'est... que / c'est... qui 40 - 41
cesta de la compra 135
chaqueta 169
chaval 108
cheque 136 - 168
chico 108
chillón 198
chiste 96
chocolate 173 - 174
churros 173
cielo 124
cien, ciento 70 - 168
cierto 35 - 89
cifra 70
cigarrillo 175
cinco 70
cincuenta 70
cine 146 - **203 à 206**
cinta 147
cinturón 158 - 169
circular 50
cita 96 - 115
citar 96
ciudad 107 - 121
civil 107
claro 69 - 81 - 89 - 189 - 198
claroscuro 198
clase 35 - 156 - 183
clásico 148
cliente 131
clima 123
club 96
cobrar 132
cobre 134
cocer [ue] 22 - 174
coche 156 - 158
cocina 119 - 121

código postal 107
coger 22 - 115 - 157
colapso 158
colchón 120
colectivo 132
colegio 183
colgar [ue] 97
color 69 - 147 - 171 - 198
colorido 198
comedia 195
comedor 132
comentar 187
comenzar [ie] 62
comer 173 - 175
comercial 98 - 135
comercio 130
cómic 148 - 199
cómico 190
comida 173
comienzo 62
como, cómo 17 - 72 - 73 - 74 - 84 - 95
como si 74 - 82
compañero 132
compañía 130
comparación 73
la comparaison 73 à 75
comparar 73 - 192
competencia 135
completamente 72
completo 72 - 160
complicidad 196
componer # **30** - 187 - 201
composición 198
compra 135 - 167
comprar 119 - 131 - 135 - 157 - 167
comprender 184
comprometer 188
compromiso 188
comunicar 96
comunidad 107
comunista 137
con **38** - **37** - **84** - 85 - 114 - 175 - 190
conceder 135
concentración 134
la concession 28 - 82 - 190
concierto 146
concluir # **31** - 188
la concordance des temps **59** - 80 - 82 - **99**
condición 81 - 131
la condition 28 - 81 à 82
le conditionnel 25 - 26 - 59 - 81
cóndor 123
conducir # **27** - **31** - 157
conductor 157
conferencia 96
conflicto 132

conforme 89
congelador 121
congreso 137
la conjugaison 21 à 31
conjunto 204
conmigo, contigo, consigo 38
conocer # 31 - 42 - 88 - 184
conocimiento 184
consecuencia 86
consecutivo 86
conseguir [i] 79 - 86 - 131
consejo 80 - 137
la conséquence 86 à 87 - 190
conservador 137
conservar 45 - 63
considerar 88
consiguiente (por) 86 - 190
consonante 194
constar 187 - 201
constiparse 115
constitución 137
constituir # 31 - 138
construir # 31 - 119
consumidor 135
consumo 135
contabilidad 136
contar [ue] 24 - 96 - 99 - 183
contento 92
contestar 18 - 97 - 100
continental 123
continuación (a) 62 - 188
continuar 57
contra 49 - 90
contracampo 205
contrapicado 205
contrario 53 - 82 - 190
contraste 200
contrato 119
control 159
controlar 159
convencido 89
convenio 132
conversación 100
convertir [ie, i] 63
convocar 132
cooperativa 134
copa 175
corazón 112
corbata 169
cordialmente 98
cordillera 122
corregir [i] 184
Correos 98
correr 51 - 113 - 146 - 157
la correspondance 97 à 98
corriente 70 - 91
cortar 114
corte 206

Cortes 137
corto 68
cosa 44
coser 121
costa 122
costar [ue] 157 - 167
coste 135
costumbre 64
costumbrismo 192
cotización 135
coyuntura 135
crear 77 - 202
creatividad 202
crecimiento 135
crédito 136 - 168
creer # 31 - 89 - 90 - 109
crisis 135
cristiano 109
crítica 200
cruce 159
cruz 109
cruzar 158 - 159
cuadrado 68
cuadro 148 - 197
cual, cual 17 - 39 - 41 - 43
cualquier (a) 35 - 44 - 84
cuando, cuándo 17 - **56** - 62 - 63
cuanto, cuánto 18 - 63 - **70** - 72 - 159
cuanto a (en) 88
cuarenta 70
cuarto 55 - 71 - 106 - 119 - 168 - 183
cuatro 70
cubrir (cubierto) 173
cuchara 173
cuenta 132 - 160 - 175
cuentista, cuento 187
cuero 70 - 169
cuerpo 112
cuchillo 173
cuestión 88
cultivar 130
cultivo 122 - 134
cultura 184
cumplir 80
cupón 145 - 201
cura 109
curar 115
curriculum 131
cursar 184
cursillo 184
cursiva 202
curso 183
curva 158
cuyo 40

D

dado que 85 - 189
dama 195

dar # **29** - 42 - 45 - 80 - 85 - 88 - 89 - **92** - 96 - 98 - 120 - **145** - 157 - 190 - 202
la date 56 - 58 - 70 - 71
de 45 - **53** - 56 - **70** - **71** - 75 - 78 - 85 - **86** - 88 - 97 - 107 - 113 - 121 - 124 - 132 - 145 - **156** - 157 - 160 - **167** - 169 - 171 - 174 - 175 - 184
de + *infinitif* 82
debajo 50
deber 79 - 135
debido a 84
débil 69
decidir 78 - 86
décimo 71 - 106
decir # (dicho) 27 - **29** - **98** à **99** - 112 - 184
declarar 160
decorado 196
dedicar 145
dedo 112
defender [ie] 88
defensa 138
la défense 80
déficit 134 - 135
dejar (de) 62 - 63 - 81
del 34 - 156
delante 50
delegación 138
delgado 68
demanda 135
demás 72
demasiado 71 - **72** - 169
democracio 137
les démonstratifs 42 à 43
demostrar [ue] 88
dentale 9
dentífrico 114
dentista 115
dentro 50 - 60
de parte de 97
depender 45
dependienta, dependiente 131
deporte 146
deportista 146
deportivo 146
depuis 58 - 61
derecha 49 - 53 - 107 - 137 - 159
derecho 53 - 184
desagradable 91 - 108
desarrollar, desarrollo 135 - 202
desayunar 173
desayuno 173
descansar 114
descanso 114 - 131
desde 53 - 58 - 61 - 89
desde luego 81 - 189

GLOSARIO 211

desdichado 109
desear 77 - 175
desempeñar 196
desempleo 132
desenlace 195
desigual 73
desigualdad 136
desnudo 197
despacio 62 - 158 - 184
despepida 97 - 98
despedir [i] 95
despertar [ie] 114
despido 132
desprenderse 89 - 188
desproporción 199
después 56 - 60 - 62 - 188
destacar 188
destinario 97 - 98
destino 53
desviación 202
desvío 157
detalle 89
detener [ie] # 30 - 51
detrás 50
deuda 135
devenir 63
di cf. dar - decir **29**
día 55 - 56 - 60 - 63 - 95 - 124 - 131
diálogo 100 - 195
diario 63
dibujante 199
dibujo 148 - 198 - **199 à 200** - 201 - 203
dicho cf. decir **29**
diciembre 56
dictador 137
dictadura 137
didáctico 191
dieciséis 70
diente 112 - 114
diez 70
diferencia 73
diferente 73
diferir [ie, i] 73
dificultad 78
difícil 78
diga dije cf. decir 29 - 97
dimensión 68 - 202
dinero 132 - 136 - 159 - 168
dios 109
la diphtongue 23 - 31
diputado 137
dirección 53 - 98 - 106
directivo 130
director 130 - 196
dirigirse 100
disco 147
disculpar 95
discurso 99 - 100
disfrutar 161

disponer # **30** - 135
disposición 199
distancia 50 - 147 - 159
distinto 35 - 73
divertido 146 - 200
doblar 159
doble 71 - 202
doce 70 - 107
doctor 115 - 131
documentación 107 - 158
documento 159
doler [ue] 114
dolor 114
dominar 184
domingo 56
dominio 184
don 107
donde, dónde 17 - 40 - **49** - 50 - 107
dont (les équivalents de) 39 - 40
dormir [ue, u] 24 - **31** - 114
dormitorio 119
dos 70
doscientos 70
le doute 28 - 90
doy cf. dar **29**
drama 195
ducha 119
duda 89 - 90
dueño 45
dulce 69
duración 61
durante 56 - 60
durar 61
la durée 58 - 59 - 61 à 62
duro 69 - 174

E

economía 130 - 134 - 135
económico 135
echar (a) 62 - 96 - 98 - 148 - 158
edad 108
edificio 119
edredón 121
efectivo 136 - 168
efecto 86 - 188
eficacia 202
eficaz 202
ejecutivo 130
ejemplo 184
ejercicio 184
ejército 131 - 137
el **33 à 34** - 39 - 41 - 58
él 37 - 38
electricidad 121
eléctrico 121
electrodoméstico 121
elegir [i] 175
elipsis 193

ella 37 - 38
ello 189
embalse 122
emergencia 115
emoción 198
emocionante 91 - 146
emocionar 92
empezar [ie] 62
empleado 130
emplear 130
empleo 130
empresa 130 - 134
empresario 130
en 40 - **49** - 156 - 158
encabalgamiento 194
encantado 95
encantar 92
encender [ie] 121
encima 50
l'enclise du pronom personnel 38
encontrar [ue] 49 - 131 - 159
enchufar 121
enchufe 121
encuadre 203
energía 134
enero 56
énfasis 193
enfermedad 114
enfermera 115
enfermo 114 - 115
enfoque 190
enfrente 50
enhorabuena 98
enredo 195
ensalada 174
enseñanza 131 - 183
enseñar 42 - 183
entender [ie] 18 - 95 - 184
enterarse de 88 - 97
entonces 58 - 59 - 86
entorno 119 - 121
entrada 50 - 146
entrar 52
entre 50 - 95 - 196
entregar 132
entretenimiento 147
enviar 97
envolver [ue] (envuelto) 167
época 188
epopeya 191
épico 191
equipaje 157
equipo 146
equivocación 195
equivocarse 159 - 184
era cf. ser **30**
error 184
escalera 120
escaño 138
escaparate 167

escaso 135
escena 195
escenario 147 - 196
escorzo 198
escribir (escrito) 97 - 183 - 184
escuchar 112 - 147
escuela 131 - 183
escultura 148
ese 42 - 43
esencial 88
eslogan 201
eso 43 - 85 - 89 - 189
l'espace 49 à 53
espalda 112
español 107
especial 70
espectáculo 146
espectador 196
esperar 78 - 96 - 157
espíritu 109
esquina 159
establecer # **31** - 77
estación 56 - 156 - 159
estadística 135
estado 107 - 113 - 137
estancamiento 135
estar # 27 - **29** - **49** - 57 - 60 - **67** - 69 - 89 - 90 - 92 - **108** - 113 - 114 - 119 - 131 - 132 - 159 - 171
este 42 - 43 - 55 - 56 - 60 - 95
Este 49 - 159
estéreo 147
estética 198
estilización 193
estimado 97 - 98
estómago 112
estrecho 68 - 171
estrella 124
estrofa 194
estropeado 159
estudiante 131
estudiar, estudio 183 - 184
estupendo 89 - 91
estuve cf. estar **29**
eufemismo 193
europeo 107
evidente 42
examen 184
examinar 184
excelente 89
exclamar 100
l'exclamation 72 à 73
excursión 160
existencia 42
existir 42
éxito 86
experimentar 190
explicar 184 - 187 - 188

exportar 135
exposición 148
expresar 92 - 184
expropiar 134
exterior 137
extranjero 107 - 159
extrañar 92
extraño 91
extraordinario 91 - 132
extremeño 108

F
fábrica 130
fácil 78
facturar 157
facultad 183
faenar 134
falda 169
falso 91
falta 184
falta (hacer #) 79
familia 108 - 137
familiar 98
famoso 147
fantástico 91
farmacia 115 - 131
farsa 191
fatal 171
fauna 122
favor 95 - 96
fe 109
febrero 56
fecha 56 - 97 - 107
felicitar 98
feliz 98 - 109
le féminin 33
feo 122
fermeture (verbe à) voir : affaiblissement
ferrocarril 157
festivo 131
fiebre 115
fieles 109
fiesta 131
figura 192
figurado 192
fijar(se en) 42 - 112 - 135
filme 146 - 203
fin 56 - 63 - 85 - 132 - 188
final (al) 159
finca 134
firma 97
firmar 168
físico 113
flor 122
flora 122
foco 196
folleto 161
fondo 198
forastero 107
forma 68 - 190

la forme progressive 57 - 62
foto 148 - 201
fotógrafo 148
fotograma 203
fracasar 86
fracaso 86
francés 107
frase 100
frecuente(mente) 63
freír [i] (frito) 174
frente 112
la fréquence 63 à 64
fresco 68 - 123 - 197
fricative 9
frío 68 - 114 - 123 - 174 - 198
frito 174
frontera 159
fruta 123 - 174
fuego 175
fuera 50 - 175
fuerte 69 - 98
fuerza 109
fui, fue cf. ir-ser **29** - **30**
fumar 175
función 146
funcionar 97 - 159
funcionario 131
fundido encadenado 206
fútbol 146
le futur 25 à 26 - 59 - **60** à 61 - 90

G
gafas 112
galán 195
galería 148
gallego 108
gama 198
gana 78 - 92
ganadería 134
ganado 134
ganar 132 - 138 - 146
garaje 119 - 159
gas 121
gasolina 158
gasolinera 159
gasto 136
gato 123
general 64 - 203
género 187
genio 109
gente 43
le genre 33
le gérondif 28 - 38 - 52 - 57 - 62 - **84**
giro 98
globo 199
gobierno 137
gol 146

GLOSARIO 213

goloso 174
golpe 137
gordo 68 - 146
grabado 197
gracias 84 - 92
gracioso 196
grado 71 - 123
gramo 168
grande 68 - 122 - 171
gratificante 131
griego 107
gripe 115
gris 69
gritar 100
grupo 156
guardar 145
guerra 138
guía 160 - 161
guiño 196
guión, guionista 203
gustar 91 - 92 - 190
gusto 95 - 113 - 171

H

haber # 25 - 27 - 28 - **29**
hábil (día) 131
habitación 119 - 160
l'habitude 59 - 64
hablar 81 - 88 - 96 - 100 - 184
hacer # (hecho) 27 - **29** - 42 - **58** - **61** - 63 - **77** - 93 - 123 - 132 - 157 - 184
hacia 53
hacienda 134 - 137
hago cf. hacer **29**
hallar 49 - 159
hambre 113
hasta 53 - 60 - 72 - 95
hay que 79
haya, he cf. haber **29**
haz cf. hacer **29**
hecho 77
hectárea 134
helado 174
helar [ie] 123
herida 115
herir [ie, i] 115
hermano 108
hermoso 122
héroe 188
heroína 188
hice cf. hacer **29**
hielo 123
hierba 123
hierro 134
hijo 108
hipérbole 193
hipermercado 131 - 167
hipótesis 81
historial 131
historieta 148 - 199

hoja 133
hola 95
hombre 108 - 130
hombro 112
hora 55 - 132 - 158
horario 157
horno 121
horrible 91
hospital 115 - 131
hotel 160
hoy 55
hube cf. haber **29**
huele (cf. oler)
huelga 132
huevo 174
húmedo 69 - 123
humorismo, humorístico 190 - 199
l'hypothèse 81 à 82

I

ida 156
idea 85 - 88 - 90 - 188
ideal 91
identificarse 106
idioma 183 - 184
iglesia 109 - 122
igual 35 - 70 - 73 - 92
igualdad 74
iluminación 196
il y a 58 - 61
imagen 89 - 202
l'imparfait **25** - **27** - **59**
l'impératif **23** - 38 - 80
impermeable 171
impersonnelles (les tournures) 44 - 79 - 91
importancia 71
importante 91 - 135
importar 92 - 135
imposible 78 - 81 - 90
impresión 89 - 188 - 200
impresionar 92
impuesto 132 - cf. imponer
incapaz 78
incertidumbre 90
incluido 119
incluso 72
les indéfinis 43 - 44
indicar 42
l'indicatif 21 - 25 - 26 - **28** - 81 à 82 - 89 - 90 - **98**
industria, industrial 130 - 134 - 135
infantas 137
inferior 75
infinitif 38 - 78 - 79 - 80 - 81 - 90
al + *infinitif* 64
de + *infinitif* 82
inflación 135

información 157
informal 135
informar 88
informativo 148
inglés 107
ingreso 132 - 136
injusto 91
inmediatamente 60
insecto 123
insertar 96
insinuar 202
insistir 189 - 202
instituto 183
instrumento 84 - 147
intención 78 - 85
intenso 198
intentar 78 - 85
l'interdiction 80
interés 88
interesante 91
interesar 92 - 145
interior 169
l'interrogation 17 - 61
intranquilo 109
inútil 91
invernadero 134
inversión 134
invertir [ie, i] 134
invierno 56
invitación 96
invitar 96
ir # 25 - 27 - **29** - **51** - **52** - 57 - 60 - 132 - 145 - **156** - 159 - 160 - 167
iris (arco) 198
ironía 191
isla 122
italiano 107
itinerario 159
izquierda 49 - 53 - 107 - 137 - 159

J

jabón 114
jamón 174 - 175
jardín 119
jarra 173
jefe 130 - 132 - 137
jersey 169
jornada 195
jornal 132
joven 108
joya 171
jubilarse 132
judío 109
juego 145 - 202
jueves 56
juez 137
jugador 146
jugar [ue] 24 - 145
julio 56

junio 56
junta 137
junto 49
justicia 137
justo 91
juventud 160

K
kilo 168
kilómetro 158

L
la **33** - 37 - 39 - 41
laborable 131
laboral 130 - 132
lado 49 - 188
lago 122
lana 70 - 169
lance 195
largo 68
lástima 92 - 190
latifundio 134
lavabo 119
lavadora 121
lavar 114 - 121 - 169
le 37
leche 175
lechuga 174
leer # **31** - 148 - 183 - 184
lejano 50
lejos 50 - 159 - 198
lentamente 62
lento 62
lema 201
lengua 112 - 184
leotardos 171
letra 200 - 202
lettre (écrire une) 97 à 98
levantar 113 - 196
ley 137
liberal 137
libre 131 - 145
libro 148
lienzo 197
ligero 68 - 168
limón 175
limpiar 121
limpieza 121
limpio 114 - 171
línea 157 - 198
lírico, lirismo 191
listo 67
litera 156
literario 187
litro 168
lo 33 à 36 - **37** - 39 - 73 - 75 - 88 - 99 - 160
logotipo 201
lograr 86
loro 123
lotería 145

lucir # **31** - 124
luego 62 - 81 - 86 - 89 - 95 - 188
lugar 49 - 50 - 83 - 85 - 97 - 188
lugar (tener #) 77
luminosidad 198
luminoso 196
luna 124
lunes 56
luz 198

LL
llama 123
llamada 96
llamar 42 - 95 - 96 - 106
llano 9
llanura 122
llave 160
llegada 52 - 157
llegar 52 - 63 - 79 - 131 - 157
llenar 68
lleno 68 - 159
llevar 52 - 53 - 55 - **58** - 60 - 96 - 157 - 159 - 171
llorar 114 - 147
llover [ue] 123
lluvia 123

M
machacar 202
madera 70
madre 108
maestro 131 - 148
magnetófono 147
magnífico 91
mal 69 - 86 - 90 - 96 - 113 - 115 - 184
maleta 157
mal(o) 67 - 69 - 70 - 91 - 114 - 123 - 146
mamá 108
mandar 80 - 97 - 98 - 131
mando 147
manera 84 - 90
la manière 84
manga 169
manifestación 132
manifestar [ie]
manifestarse [ie] 132
manifiesto (poner de #) 42 - 188
mano 112 - 157
mano de obra 134
manta 121
mantel 173
mantener(se) # **30** - 63
mantequilla 174
manzana 174
mañana 55 - 60 - 95
mapa 159
máquina 121 - 146 - 148

maquinaria 134
maquinilla 114
mar 122
maravilloso 191
marcar 96 - 146
marcha 158
marchar 51
marco 197
marido 108
marina 198
marrón 69
martes 56
marzo 56
más 60 - 62 - 72 - 73 - 74 - 89 - 131 - 169
materia 134
material 70
matiz 190 - 198
matrimonio 108
máximo 75
maya 160
mayo 56
mayor 108 - 195
mayúscula 202
me 37
mecánico 159
mecanización 134
media 55
mediados 62
medias 171
medicina 115
médico 115 - 131 - 184
medida 135 - 168
medio 35 - **68** - 84 - 121 - 135 - 156 - 168 - 204
medianoche 55
mediodía 55
mediterráneo 123
mejor 91 - 115
menor 195
menos 55 - 72 - 73 - 74
mensaje 200 - 201
menú 175
mercado 135 - 167
merendar [ie] 173
merienda 173
mes 56 - 132
mesa 120 - 173
meta 85
metáfora 193 - 194
metal 70
metálico 136
método 84
mezquita 160
mi 45
mí 38
microondas 121
miedo 92 - 93 - 147
miembro 96
mientras (que) 82 - 190
mientras (tanto) 62

GLOSARIO 215

miércoles 56
mil 70
militar 131 - 137 - 138
millón 70
mineral 175
ministerio 137
ministro 137
minuto 55
mío 45
mirar 42 - 112
misa 35 - 109
mismo 73
místico 191
mitad 71
mito 191
moda (de) 171
modelo 197
moderno 134 - 148
les modes (emploi) 28 - 81 à 82 - 98 cf. *conditionnel, gérondif, indicatif, infinitif, subjonctif*
modo 81 - 84 - 86 - 190
mojar 69
molestar 92 - 160 - 175
momento 55 - 56 - 57 - 58 - 62 - 83
monarquía 137
monasterio 160
moneda 96
monedero 168
monocultivo 134
monólogo 100 - 195
montaje 203
montaña 122
monte 122
moreno 112
morir [ue, u] (muerto) 28 - 115 - 147
mosca 123
mosquito 123
mostrar [ue] 42
motivo 85
moto 156
mover [ue] 50 - 85 - 113
movimiento 50 - 187 - 198
le moyen 84
muchacha 108
muchacho 108
mucho 58 - 62 - 68 - **71** - 72 - 92 - 157 - 158 - 168
mueble 120
muela 112
muerto cf. morir
mujer 108
mula 123
multa 158
mundo 43 - 130 - 134 - 135
muñeca 145
mural 197
museo 148

música 147
musulmán 109
muy 72 - 81 - 96 - 98

N

nacer # **31** - 107
nacimiento 107
nacionalidad 107
nada 18 - **43** - 69 - 71 - 72 - 157 - 184
nadar 146
nadie 18 - **43**
naipes 145
naranja 69 - 174
nariz 112
narrador 187
natural 91 - 134
naturaleza 122
naturalismo 192
navidad 132
ne ...que 89
necesario 79 - 91
necesitar 79
negar [ie] 18
la négation 18
negocio 130
negrilla, negrita 202
negro 69 - 147
neumático 159
nevar [ie] 123
nevera 121
ni, ni siquiera 19 - 81 - 90
niebla 123
nieve 123
ningún, ninguno **18** - **43** - 49 - 81 - 90
niño 106 - 108
niqui 169
nivel 136
no 18 - 81 - 82 - 89
noche 55 - 56 - 95 - 124
nombre 95 - 106
le nombre 33
normal 70 - 91 - 158
normalmente 63
norte 49 - 159
norteamericano 107
nos 37 - 38
nosotros 37 - 38
noticia 147
noticiario 203
novela 148 - 187
novelista 187
noveno 71 - 106
noventa 70
noviembre 56
novio 108
nube 124
nublado 123
nuestro 45
nueve 70

nuevo 70
la numération 70 à 71 - 106
número 70 - 96 - 106
numeroso 70
nunca 18 - **43** - 63

O

obedecer # **31** - 80
obispo 109
objetividad 188
objetivo 85 - 188 - 202
objeto de (con) 85
l'obligation 79 à 80
obra 134 - 146 - 148 - 157 - 187 - 195 - 197
obrero 130
obtener # **30** - 79 - 131 - 138
obvio 42
ocasionar 85
occlusive 9
ocio 145
ochenta 70
ocho 70
octavo 71 - 106 - 183
octosílabo 195
octubre 56
ocultar 190 - 202
ocurrir 77 - 190
odiar 95
oeste 49 - 159 - 203
oferta 135 - 167
oficina 130
oficio 130 - 184
ofrecer # **31** - 96
oído 112
oiga, cf. oír **29** - 95 - 97
oír # **29** - 69 - 95 - 112
ojalá 78
ojo 112
óleo 197
oler [ue] 69 - 113
olor 69 - 113
olvidar 93 - 190
olvido 93
on (les équivalents de) 44
once 70 - 107
onírico, onirismo 191
onomatopeya 200
operar 115
opinar 89
opinión 89 à **91** - 137 - **190** - 202
oponer # (opuesto) 190
oposición 82
l'opposition 82 - 190
oración 109
orar 109
orden 80
ordenador 148

GLOSARIO

l'*ordre* 23 - 80
oreja 112
organización, organizar 188 - 198 - 199 - 201
origen 53 - 85
original 148
originar 85
oro 70
l'*ortographe* 15 - 16
os 37 - 38
oscuro 69 - 124 - 198
otoño 56
otro 35 - 70 - 71 - 73 - 184 - 188
où (les équivalents de) 40

P

padre 108
paga 132 - 133
pagar 23 - 119 - 132 - 136 - 157 - 160 - 168
página 187
pago 136
país 107
paisaje 122 - 197
pájaro 123
palabra 99 - 100 - 202
palacio 160
palatale 9
pálido 198
pan 174
panadería 131
panorámica 206
pantalón 169
pantalla 147 - 203
pantano 122
pañuelo 171
papa 109
papá 108
papagayo 123
papel 97 - 173 - 196
paquete 98
par 171 - 174
para, para que (qué) 17 - 53 - 60 - 83 - **85** - 90 - 188
parada 51 - 156
paradoja 193
parador 160
paraguas 171
parar (de) 51 - 62 - 158
parcela 134
parecer # **31** - 73 - 89 - 90
parecido 73
pared 119
paréntesis 89
parodia 191
paro 131 - 132
párrafo 187
parte 49 - 72 - 73 - 90 - 97 - 187 - 188
le participe passé **28** - 52 - 58

particular 70 - 119
partida 53
partido 137 - 146
pasado 58 - 171
pasado mañana 60
pasajero 156
pasaporte 159
pasar 50 - 52 - **58** - **77** - 159 - 160 - **188**
pasar por alto 202
pascua 98
pasear 145
paseo 35 - 106 - 145
paso 56 - 158
le passé 26 - 58 à 59
le passé composé 57 - 59
le passé proche 57
le passé simple 26 - 59
le passif 67 - 82
pasillo 119
pastel 174 - 197
patata 174
patético 191
patio 119
patrón 130
paz 138
peaje 157
peatón 158
pedido 136
pedir [i] 24 - 28 - **31** - **80** - 81 - 96 - 160 - 175
pegar 97
peinarse 114
peine 114
película 146 - 203
peligro 158
peligroso 158
pelo 112 - 114
pelota 146
pena 92 - 190
penoso 131
pensar [ie] 89 - 93
pensión 160
peor 91 - 115
pequeño 68 - 122 - 171
percepción 112
perder [ie] 138 - 157 - 159 - 168
perdonar 95
perezoso 109
perfecto 89
perfil 197
perífrasis 193
periódico 148
periodista 148 - 187
permiso 81
permitir 81
pero 82 - 190
perplejo 90
perro 123 - 175
persona 106 - 108

personal 132
personaje 188 - 195
personificación 193
perspectiva 198
pertenecer # **31** - 45
pesado 68 - 168
pésame 98
pesar 92 - 157 - 168
pesar de (a) 82 - 190
pesca, pescar 132
pescado 174
peseta 159
peso 68 - 168
petróleo 134
peyorativo 191
picado 205
picaresco 191
pie 112 - 113 - 158 - 200
piel 112
pierna 112
pimienta 174
pincelada 198
pintar 114 - 148 - 197
pintor 197
pintura 197 à 198
pirámide 160
piscina 146
piso 106 - 115 - 119
plan 85
plano 120 - 198 - 203 à 204
planta 106 - 119 - 122
plantilla 134
plástico 70
plata 70
plato 173
playa 122
plaza 106 - 159
plazo 135
pleonasmo 193
le pluriel 33
población 134
pobre 136
pobreza 136
poco 58 - 62 - 63 - 68 - **71-72** - 158 - 168 - 169 - 184
poder # 27 - **30** - 78 - 81 - 95 - 135 - 137
poema 148 - 187 - 194
poesía 194 à 195
poeta 187 - 194
poético 192 - 194
polémico 192
policía 115 - 158
policiaco 148
política 137
polvo 121
pon, pongo cf. poner **30**
poner # (puesto) 27 - **30** - 42 - 63 - 97 - 114 - 147 - 148 - 158 - 169 - 171 - 173 - 188

GLOSARIO 217

ponerse a # 62
popular 137
por 50 - 55 - 56 - 61 - 62 -
  63 - 64 - 73 - **82** - **84** - 86
  - 88 - 90 - 95 - 98 - 132 -
  135 - 138 - 145 - 158 -
  159 - 184 - 188 - 190
porcentaje 135
porque 84 - 189
portero 121
portugués 107
postada 97
poseer # **31** - 45
posibilidad 78
posible 18 - 78 - 90
posición 113
les possessifs 45 - 46
postal 97 - 107
postre 174
potencial *(conditionnel)* 25
  - 26 - 59
práctica 184
practicar 146
precio 135 - 157 - 167
preciso 79
prefijo 96
les préfixes 15
pregunta 100 - 157
preguntar 89 - 90 - 99 - 157
premio 146
prenda 169
prensa 137 - 147 - 148 - 187
  - 201
preocupar 93
preparar 173
presentar 42 - 88 - 95 - 187
le présent 22 - 56 à 58
presente (estar) 183
presidente 137
presidir 137
presión 159
préstamo 132 - 135
prestar 132 - 135
presupuesto 136
pretender 86
pretérito 26 - 59
prima 134
primavera 56
primer(o) 62 - 71 - 106 - 137
  - 156 - 183 - 188 - 198 -
  204
primo 108
príncipe 137
principio 62
prisa 62 - 157
la probabilité 90
probar [ue] 69 - 171
problema 88
procedente 53
procedimiento 84
procurar 85

producción 134
producir # **31** - 85 - 87 - 134
  - 188 - 200
producto 134 - 135
profesión 130
profesor 131 - 183
profundo 122
programa 147
prohibir 80 - 175
pronóstico 148
pronto 55 - 59 - 60
les pronoms personnels
  37 à 39 - 46 - 75 - 83 - **99**
pronunciar 100
pronunciación 100
propiedad 45
propina 175
propio 45 - 119 - 192
proponer # (propuesto) **30** -
  86
proporción 198 - 199
propósito 85 - 188
propósito (de) 86
prosa 187
próspero 98
protagonista 188
provincia 107 - 122
provocar 85
próximo 50 - 60
proyectar 86 - 203
proyecto 85
psicológico 202
publicar 187
publicidad 148 - **200 à 202**
publicitario 201
público 137 - 196 - 202
pude cf. poder **30**
pueblo 107 - 122 - 137
puede ser 18 - 90
puente 122 - 132
puerta 120
puerto 156
pues 86
puesto 131 - cf. poner **30**
puesto que 85 - 189
punto 53 - 60 - 62 - 169
puro 85 - 122 - 175
puse cf. poner **30**

Q

les quantitatifs 71 à 72
que, qué 17 - **39** - **41** - 55 -
  72 - 74 - 84 - 95 - 159 -
  175 - 184
quedar 58 - 63 - 96
quejarse 93
quemar 115
querer # 27 - **30** - 78 - 85 -
  95 - 184
querido 98
queso 174

quien, quién 17 - **39** - **41** -
  44
química 134
quince 70
quiniela 145
quinientos 70
quinto 71 - 106 - 183
quise cf. querer **30**
quitar 121 169 - 171
quizás 18 - 90

R

rabillo 199
radio 147 - 201
rápidamente 62
rápido 62 - 158
raro 91
rato 55
razón 89
reactivación 135
real 137
realismo, realista 192
realización 77
realizar 77
rebajas 167
recalcar 202
receta 115
recibir 45 - 80 - 96 - 97
recibo 168
recién, reciente 58
recitar 100
reclamar 157
recoger 96
recomendar [ie] 80
recordar [ue] 93
recortar 201
recorrer 51
recorrido 51
recto 159
recuadro 199
recuerdo 167
recurso 84 - 134
redondo 68
reducción 156
reducido 156
referir [ie, i] 88 - 89
reforma 134
les réfléchis 38 - 39
refresco 175
regadío 134
regalar 96
regalo 96
región 122
reglamento 137
regresar 52
regreso 52
regular 135
reina 137
reír [i] 114 - 147
la réitération 64
relación 73 - 95

relacionar 188
les relatifs 39 à 41
relieve (poner de #) 42 - 188 - 198 - 202
religión 109
reloj 171
remitir 93
rendimiento 134
rendre 63
RENFE 157 - 163 - 170 - 201
renta 132
reparto 134
repente (de) 59
repercutir 87
repetido 63
repetir [i] 64 - 95 - 99 - 184 - 202
reportaje 203
representación 196
representante 132
reproducir # **31** - 99
república 137
reservar 146 - 160
resfriado 115
resfriarse 115
resolver [ue] (resuelto) 184
resorte 202
respecto a/de 73 - 88
respetuoso 98
responder 97 - 99 - 100
responsabilidad 131
responsable 131
respuesta 97 - 100 - 201
restaurante 132 - 175
resultado 86
resultar 63 - 87
retirarse, retiro 132
retórica 192
retraso 55 - 157
retrato 197
retrete 119
reunión 96
reunir 96
revista 148 - 201
rey 137
rezar 109
rico 67 - 69 - 136
rima 195
río 122
riqueza 136
ritmo 194
robar 168
rodar [ue] 203
rodillas 113
rogar [ue] 80
rojo 69 - 198
romance 195
romper (roto) 115
ropa 120 - 169
rubio 112
rueda de prensa 137

ruido 160
ruidoso 160
ruina 160
rural 134

S

sábado 56
sábana 121
saber # 18 - 27 - **30** - 69 - 90 - 99 - 113 - 184
sabor 69 - 113
sacar 112 - 132 - 146 - 147 - 148 - 156 - 187
sacerdote 109
sagrado 109
sal 174 - cf. salir **30**
sala 119
salado 69 - 174
salario 132
salida 50 - 157
salir # **30** - 52 - 57 - 86 - 157 - 184
salón 119
salsa 174
saltar 42 - 113
salud 112 - 114
saludar 95
saludo 97 - 98
salvación 109
sanar 115
sanear 135
sangre 112
santo 109 - 132
sarcasmo 191
sátira 191 - 200
satisfacción 92
se 37 - 38 - 44
sé (saber) # 18 - 30
sé cf. ser **30**
secano 134
secar 114 - 169
seco 69 - 123
sector 130 - 134 - 135
sed 113
seguida (en) 60
seguir [i] 22 - 53 - **57** - 62 - 159
según 90
segundo 55 - 71 - 106 - 156 - 183 - 188 - 198
seguridad 132 - 158
seguro 89 - 90 - 158 - 159
seis 70
selva 122
sello 97
semana 56 - 58 - 132
semáforo 158
semejante 35 - 70 - 73
les semi-auxiliaires 57
sentado 113
sentar [ie] 171

sentido 112 - 192 - 200 - 202
sentiment (exprimer un) 92 - 93 - 190
sentimiento 92 - 190
sentir [ie, i] 24 - 81 - 93 - 113 - 115
señal 158
señalar 42
señor 98 - 106 - 107
señora, señorita 106
sepa cf. saber **30**
septiembre 56
séptimo 71 - 106 - 183
ser # 25 - 27 - **30** - 41 - 45 - 55 - 56 - 63 - **67** - 70 - 78 - 79 - 81 - 95 - 107 - **108** - 124 - 130 - 168 - 169
serio 146
servicio, servicios 115 - 130 - 131 - 159
servilleta 173
servir [i] 173
sesenta 70
sesión 146
setenta 70
sexto 70 - 106 - 183
si 81 - 99
sí 18 - 19 - 38 - 89
si bien 190
sicológico 202
siderurgia 135
siempre 62 - 63
siete 70
sigla 201
siglo 56 - 187
significación, significado 198 - 200 - 202
significar 184
sílaba 194
silenciar 202
silla 120
sillón 120
símbolo 193
simpático 109
la simultanéité 64
sin 84
sinalefa 195
sindicato 132
sin embargo 82 - 190
sino 82 - 89
siquiera 19
sistema 84
sitio 49 - 52 - 188
situar 49
sobre 50 - 88 - 97 - 132
sobrino 108
social 95 - 132 - 135
socialista 137
sociedad 135 - 137
sol 123 - 124

GLOSARIO 219

soler [ue] 64
sólo 89
soltero 108
solución 184
sombra 198
sombrero 171
sonido 69
sonoridad 194
soñar [ue] 114
sopa 174
soporte 201
sorprendente 200
sorprender 190
soso 174
le souvenir 93
spot 201
stage 184
le style indirect 98 à 100
su 45
subdesarrollo 135
subir 52 - 156
le subjonctif 22 - 27 - 28 - 55 - 59
 – but 85
 – défense 80 - 98
 – doute 57 - 78 - 90
 – no creer que + *subj.* 90
 – après verbe d'ordre, de volonté, de crainte 77 à 78 - 80 - 81 - 90 - 93 - 98
 – *l'obligation* 79
 – es normal que, me gusta que + *subj.* 78 - 90 - 91
 – valeur de futur dans subordonnée 58 - 60
 – condition, hypothèse 81 - 90
 – como si + impft. du subj. 74
subrayar 42 - 188 - 202
suceder 77
sucesivo 62
suceso 77
sucio 114 - 131 - 171
sueldo 132
suelo 119
sueño 114
suerte 86 - 146
les suffixes 15
suficiente 71 - 169
sugerir [ie, i] 194 - 202
sumergido 135
supe - cf. saber 30
súper 158
superávit 135
superior 75
le superlatif 35 - 73
supermercado 131 - 167
suponer # (supuesto) **30** - 88
supuesto (por) 89 - 189
sur 49 - 159
surtir 87 - 188
suspender 184
suyo 45

T

tacón 171
tabaco 175
tacto 69 - 113
tal 35 - 70 - 95 - 184
tal vez 18 - 90
talón 136 - 168
taller 130 - 159
también 18
tamaño 68 - 199 - 202
tampoco 19
tan/tanto 35 - **71** - **72** - 73 - **74** - **86** - 190
tapas 175
tapiz 197
taquilla 157
tardar 62
tarde 55 - 60 - 62 - 95 - 157
tarifa 156
tarjeta 96 - 97 - 136 - 168
tarta 174
tasa 132 - 135
tasca 175
taza 173
té 175
teatro 146 - 187 - **195 à 196**
tebeo 148 - **199**
techo 119
teclear 148
técnica 84
tejido 169
telediario 148
telefonazo 96
telefonear 96
teléfono 96
telegrama 98
televisión 147 - 201
telón 196
tema 88 - 197
temer 93
temperatura 68 - 123
templado 123
templo 160
temprano 55 - 157
le temps 55 à 64 - cf. conjugaison
ten, tenga - cf. tener 30
tenedor 173
tener # 27 - **30** - **45** - 77 - 78 - 79 - 89 - 90 - 93 - 108 - 113
tener que # 79
tercer(o) 71 - 106 - 136 - 183 - 188
terciario 130
terminar 62 - 188
término 198
termómetro 123
terraza 119
textil 135
texto 187 - 201
ti 38
tiempo **55** - **56** - 58 - 62 - 123 - 145 - 148 - 157
tienda 131 - 160 - 167
tierno 174
tierra 122 - 130
tijeras 114
tinto 175
tío 108
tira 199
tirar 95
título 187
toalla 114
tocadiscos 147
tocar 69 - 113 - 146 - 147
todavía 55 - 57
todo **35** - 43 - 44 - 63 - 72 - 184 - 188
tomar 45 - 53 - 132 - 175
tomate 174
tonique (l'accent) **9** - 23 - 25 - 26 - 27
toque 198
tono 188 - 196 - 198
tormenta 123
toro 123
toser 115
total 86
totalmente 72
tortilla 174
trabajador 130
trabajar 147
trabajo 130 - 131 - 132
traducir # **31** - 184
traer # 27 - **30** - 52 - 159 - 175
tráfico 158
tragaperras 146
tragedia 195
traigo, traje - cf. traer **30**
traje 169
tranquilo 109 - 160
transformación 135
transformar(se) 63
transporte 156
tras 60
trasladar 50
tratar 88
travelling 206
trazar 198
trece 70 - 107
treinta 70
tren 52 - 135 - 156 - 157
tres 70
tripulación 157
triste 109

trozo 174
turismo 160
turista 159 - 160
turístico 161
tu 45
tú 37
le tutoiement 37 - 45
tuve - cf. tener **30**
tuyo 45

U
último 63 - 188
un(o) 33 - 43 - 44 - 70
únicamente 89
único 70
universidad 183
uña 112
urgencia 115
usado 70
uso 95
usted 37 - 38
útil 91
uva 174

V
vaca 123
vacaciones 132
vacío 68
vacuna 115
vacunar 115
vainilla 174
val, valgo - cf. valer **30**
vale 81
valer # **30** - 157 - 167
valor 109 - 132
valorar 90
valla 201
valle 122
vanidad 198
vaquero 169
vario 63 - 71

vasco 107
vaso 173
váter 119
vecino 138
veinte 70
vélaire 9
velocidad 157
ven, vengo - cf. venir **30**
vendedor 131
vender 131 - 135 - 167
venir # 27 - **30** - 51 - 52 - 55 - 57 - 60
venta 135
ventana 120
ventanilla 157
ver # (visto) 25 - **30** - 42 - 112 - 147
verano 56
le verbe 21 à 31
verdad 89
verde 69 - 198
verdura 174
vergüenza 92
versificación 194 à 195
verso 187
vestido 169
vestir [i] 169 - 171
vez 63 - 64 - 184
vía 135
viajar 50 - 156
viaje 51 - 156 - 157
viajero 156
vida 136
vídeo 147
viejo 70 - 108
viento 123
viernes 56
vigilar 132
vine - cf. venir **30**
vino 175
viñeta 199

violeta 198
virgen 109
virtud 109
visado 159
visible 42
visita 96
visitar 96 - 160
víspera 59
vista 42 - 85 - 95 - 112 - 160
visto - cf. ver **30**
viudo 108
vivienda 119
vivir 106 - 119
vivo 198
le vocabulaire 15
vocal 194
volar [ue] 51
volumen 68
voluntad 78 - 109
volver [ue] (vuelto) 52 - 63
volver a [ue] (vuelto) 64 - 184
vosotros 37 - 38
votar 138
voto 138
vouvoiement 37 - 45
voyelle 9
voz 100 - 196
vuelo 157
vuelta 52 - 145 - 146 - 156
vuestro 45

W-Y-Z
walkman 147
ya 19 - 55 - 56 - 57
ya que 85 - 189
yendo - cf. ir **29**
yo 37 - 194
zapato 171
zarzuela 195
zoom 206
zumo 175

Table des matières

LES INSTRUMENTS DU LANGAGE

1. Prononciation et accentuation — 7
    L'alphabet — 7
    La prononciation — 7
    L'accent tonique — 9

2. Vocabulaire et orthographe — 15
    Le vocabulaire — 15
    L'orthographe — 16

3. La phrase — 17
    L'interrogation — 17
    Répondre — 18
    La négation — 18
    Le renfoncement de l'affirmation — 19

4. Le verbe — 21
    Mode, temps et personne — 21
    Les trois présents — 22
    La formation de l'imparfait de l'indicatif — 25
    La formation du futur et du conditionnel — 25
    La formation du passé simple et des temps qui en dérivent — 26
    La valeur des modes — 28
    La formation du gérondif — 28
    La formation du participe passé — 28
    Les verbes irréguliers — 29

5. Le groupe nominal — 33
    La formation du pluriel — 33
    La formation du féminin — 33
    L'article — 33
    Le neutre *lo* — 35

6. Désigner — 37
    Les pronoms personnels — 37
    Les pronoms relatifs ; c'est... qui, c'est... que — 39
    Montrer — 42
    Les indéfinis — 43
    La possession — 45

7. Situer dans l'espace — 49
    L'endroit où l'on se trouve — 49
    La distance — 50
    Le mouvement — 50
    Ir (a) - venir (de) — 51
    La direction — 53
    L'origine — 53

8. Situer dans le temps — 55
- L'heure, le jour — 55
- Parler du présent — 56
- Parler du passé — 58
- Parler du futur — 60
- La durée — 61
- Les moments successifs — 62
- La fréquence — 63

9. Décrire et caractériser — 67
- *Ser / estar* — 67
- Caractériser — 68
- La quantité — 70
- La comparaison — 73

10. Faire — 77
- Le désir de faire quelque chose — 77
- La possibilité de faire quelque chose — 78
- L'obligation — 79
- Demander l'autorisation — 81
- La condition et l'hypothèse — 81
- L'opposition — 82
- L'agent de l'action — 82
- *a* + COD de personne — 82
- Le destinataire de l'action — 83
- Les circonstances de l'action — 83

11. Opinions, goûts, sentiments — 88
- Présenter le sujet — 88
- L'avis — 89
- Apprécier — 91
- Exprimer des sentiments — 92
- Le souvenir — 93

12. Us et coutumes — 95
- Les relations sociales — 95
- Entre amis — 95
- Téléphoner — 96
- Écrire des lettres — 97
- Le style indirect — 98

LE VOCABULAIRE MINIMUM

13. Se présenter — 106
- Le nom — 106
- L'adresse — 106
- L'état civil — 107
- La famille — 108
- Le caractère — 108
- La religion — 109

14. Le corps et la santé — 112
- Le corps — 112
- Les perceptions — 112

Les positions	113
L'état physique	113
La toilette	114
Maladies et accidents	114

15. La maison et l'environnement — 119
Le logement	119
Les pièces de la maison	119
Les meubles	120
Les appareils ménagers	121
Les charges	121
L'environnement	121
La flore et la faune	122
Le climat	123

16. Le monde du travail et l'économie — 130
Le monde du travail	130
L'économie	134
La politique	137

17. Loisirs — 145
Le jeu	145
Le sport	146
Les spectacles	146
Les distractions	147
Les expositions	148

18. Voyager — 156
En voyage	156
L'itinéraire	159
Passer la frontière	159
Se loger	160
Le tourisme	160

19. Faire des courses — 167
Faire les courses	167
Poids et mesures	168
Les vêtements	169

20. Manger et boire — 173
Mettre la table	173
Les repas	173
Les boissons	175
Manger à l'extérieur	175

21. L'enseignement — 183
Les études	183
Étudier	184

22. Analyser et commenter... un texte (conseils de méthode) — 187
Le texte	187
L'auteur	187
Organiser et relier les idées	188
Exprimer une opinion personnelle	190
Les principaux tons en littérature	190

Les figures de rhétorique	192
La poésie	194
La pièce de théâtre	195

23. Analyser et commenter... une image (conseils de méthode) — **197**
- La peinture — 197
- Le dessin humoristique — 199
- La publicité — 200

24. Analyser et commenter... un film — **203**
- Le cinéma — 203
- Le montage — 203
- L'angle de prise de vue — 205
- Quelques points techniques — 205
- La bande-son — 206

Index des mots cités — 207